Unvergessliche Erinnerungen

Unvergessliche Erinnerungen

Swami Purnamritananda Puri

Mata Amritanandamayi Center, San Ramon
Kalifornien, Vereinigte Staaten

Unvergessliche Erinnerungen
Von Svāmi Pūrṇāmṛtānanda Pūri

Erschienen bei:
Mata Amritanandamayi Center
P.O. Box 613
San Ramon, CA 94583
Vereinigte Staaten

——————— *Unforgettable Memories (German)* ——————

© 2009 Mata Amritanandamayi Mission Trust, Amritapuri, Kerala 690546, Indien.
Alle Rechte vorbehalten. Kein Teil dieses Buches darf ohne Erlaubnis des Herausgebers, außer für Kurzbesprechungen, reproduziert oder gespeichert werden oder in sonstiger Form – elektronisch oder mechanisch - fotokopiert oder aufgenommen werden. Die Übertragung ist in keiner Form und mit keinem Mittel erlaubt.

Erstausgabe vom MA Center: September 2016

2016

In Deutschland: www.amma.de

In der Schweiz: www.amma-schweiz.ch

In Indien:
inform@amritapuri.org
www.amritapuri.org

Widmung

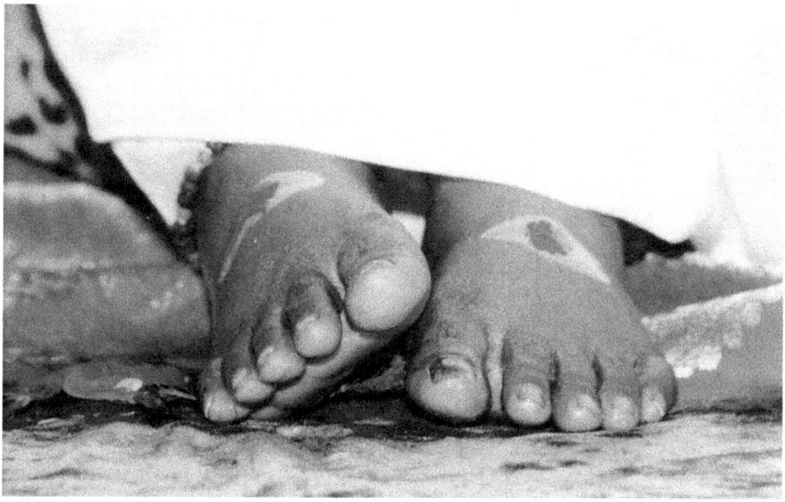

In Demut lege ich dieses Buch meinem Sadguru
Śrī Mātā Amṛtānandamayi zu Füßen.

Inhalt

Vorwort

Große Meister verstehen sich darauf, einen Riesenbaum, der noch in einem winzigen Samenkorn schlummert, aufzuwecken. Amma verwandelt harte, scharfkantige Steine in funkelnde Diamanten. Tief in jedem Menschen befindet sich ein kleines strampelndes Kind, das unentwegt nur: „Mutter, Mutter!" schreit. Durch ihre Berührung lässt Amma die kindliche Unschuld erwachen.

Schon eine einzige Bemerkung von einem *mahātma* (große Seele) kann Tausende von Bedeutungen enthalten. Die Stille, der Blick, das Lächeln, die seine Worte begleiten, sind von unzähligen Blütenblättern umhüllt – und wenn sich diese Blütenblätter öffnen, steigt eine Fülle von Erinnerungen auf, unvergessliche und belebende Erinnerungen, die über den Tod hinauswirken.

Wir leben in einer Zeit, die offensichtlich selbst für die unendlich duldsame Mutter Erde unerträglich geworden ist. Ihre Schrecken suchen uns heim in Gestalt des bedrohlichen Tsunamis oder des tosenden Tornados. Der Intellektuelle ist schockiert angesichts dieses Alptraums, der am Rande der Katastrophe sichtbar wird. Amma hingegen kommt als beruhigender Kuss auf die Stirn, als tröstende Liebkosung, als Liebesflut für ein fieberndes Herz.

Mit dem Teleskop entdeckt die Menschheit schwarze Löcher, die Tausende von Lichtjahren entfernt sind, aber nicht jene, die sich in uns selbst befinden. – Amma bringt Licht in diese dunklen Höhlen.

Die Grenzen von Zeit und Raum sind für sie kein Hindernis. Als Mutter des Universums weiß sie, dass der Schmerz der Seele überall und jederzeit derselbe ist. In ihrer Gegenwart erfahren die durch vergangene Erlebnisse und Beschränkungen gebrochenen Herzen Frieden. Sie werden offen und weit wie das Universum: So tritt das kosmische Individuum ins Dasein.

Die Erinnerungen daran, wie Amma mich aus dem dichten Urwald des Verstandes in den schattigen Garten des Herzens führte, verbanden sich zu Geschichten, die von einer alchemistischen Kunst sprechen, die selbst Unrat in Gold zu verwandeln vermag. Das vorliegende Buch enthält denkwürdige Parabeln darüber, wie Amma, der *sadguru*, den Schüler mit Geheimnissen vertraut macht, die keine Philosophie jemals in Worte fassen kann.

Noch eine kurze Bemerkung zur Sprache: In Übereinstimmung mit den üblichen Gepflogenheiten wird in diesem Buch, wenn von Gott die Rede ist, das männliche Pronomen gebraucht, um schwerfällige Gebilde wie „Er/Sie/Es" zu vermeiden. Es versteht sich von selbst, dass das Höchste alle geschlechtlichen Unterschiede transzendiert. Manchmal wurde das weibliche Pronomen verwendet, um den *guru* zu beschreiben, um damit Amma in der weiblichen Gestalt zu ehren, die sie angenommen hat. Die indischen Wörter werden im Glossar am Ende des Buches erklärt.

Auf Ammas Schoß

1

O Göttin des Universums, darf ich anfangen zu schreiben? Wie soll ich es tun? Wie kann diese Feder eigenmächtig ihr Werk beginnen? Wie kann ich über Dinge schreiben, von denen nicht einmal die Zunge sprechen kann?

Nie hätte ich gedacht, wie klar du Dinge darzulegen vermagst, die mir niemals eingefallen wären, Geheimnisse des Lebens jenseits allen Vorstellungsvermögens. Ich kann nicht begreifen, womit ich dies verdient habe. Es muss deine allmächtige Gnade sein, welcher Kraft sonst sollte ich es zuschreiben?

Zweimal hat Jupiter die Sonne umrundet, seit jener Zeit, da du alle meine vorgefassten Meinungen ausradiert hast und in mein Herz gekommen bist. Alles scheint unglaublich wie ein Traum. Nach wie vor bin ich unfähig, deine Herrlichkeit völlig zu erfassen. Wenn der hochfliegende Satellit, der in den weiten Himmeln seine Bahn zieht, nicht fähig ist, auch nur einen Planeten vollständig zu begreifen, wie kann dann das menschliche Ego die endlosen Sichtweisen ergründen, die es umgeben? Sie lassen es klein und unbedeutend erscheinen. Dieser menschliche Satellit, der von dem Stern namens Amma angezogen wurde, wusste nichts von dessen ehrfurchtgebietender Größe.

Wie lange habe ich gebraucht, um mir die allumfassende Sichtweise zueigen zu machen, dass die, die ich als meine Mutter betrachtete - n u r als meine - die Mutter aller ist! Heute weiß ich, dass ihr Schoß so weit ist wie der Kosmos selbst. Ein Wissenschaftler, der sich nur mit einem Planeten beschäftigt, gerät in Verwirrung, wenn er in einem Teleskop Tausende von Sternen erblickt.

Amma ist kein Phänomen, das man in einem einzigen Dasein ergründen kann. Sie ist eine Schatzkammer unendlicher Geheimnisse, die nicht zu enträtseln sind, wie viele Leben man auch immer damit verbringen mag, sie zu studieren. Sie verkörpert eine Reinheit, die der endliche Geist *(manas)* niemals erkennen und der Verstand niemals beurteilen kann.

In der heutigen Welt gibt es viele Intellektuelle, die vorgeben, nicht zu sehen, was sie doch mit eigenen Augen anschauen können. Sie können einem leid tun, denn sie sind unfähig zu sehen, was man sehen m u s s. Es tut Not, den Schmutz auf dem Spiegel unseres Geistes wegzuwischen, dessen Aufgabe es doch ist, die Welt, wie sie wirklich ist, zu reflektieren. Die verzerrte Widerspiegelung wird nicht notwendigerweise durch den reflektierten Gegenstand verursacht – es kann durchaus auch an den Mängeln des Spiegels liegen. Aufgrund unseres verzerrten Geist-Spiegels ist uns die Vision der Einheit nicht möglich.

Mit einem solchen verzerrten Geist-Spiegel kam ich vor vielen Jahren zum ersten Mal zu Amma. Sie schmolz die zersplitterten Bruchstücke meines Geistes im Hochofen der Liebe; sie läuterte ihn und formte ihn um durch ihre Lehre vom Eins-Sein. Du, die du den Geröllblöcken des menschlichen Gemütes die Politur und Glätte gebleichter Kiesel verleihst und dabei nur trostreiche Liebkosungen des unaufhörlich fließenden Mitgefühls verwendest, ohne sie den lodernden Flammen des Zorns auszusetzen – wie kann man behaupten, du seiest nicht Gott? Welche guten Taten habe ich wohl in früheren Leben vollbracht, dass ich diese segnenden Schauer verdiene?

Nie hätte ich gedacht, dass das Leben so schön sein kann. Nie hätte ich geglaubt, dass Gottes Liebe alle Grenzen überflutet. Bevor ich Amma traf, hatte ich bestimmte Vorstellungen vom Leben. Zwischen diesen Vorstellung und der Wirklichkeit existierte oftmals ein gähnender Abgrund; wie könnte ich das bestreiten? Ammas Forderung, alles als Gottes *prasād* aufzufassen, verlieh mir Stärke und erweckte mein Selbstvertrauen.

Sie erinnerte mich daran, dass Tausende von Menschen in der Welt leiden. Die Erfahrungen jener frühen Tage mit Amma müssen wohl ein Training gewesen sein, ein Herz zu entwickeln, das das Leid Anderer versteht und einen Geist, der dahinschmilzt, wenn ihm die Sorgen der Mitmenschen zu Ohren kommen.

Einmal lag ich nach einem *bhāva-darśan* auf der Veranda der Hütte, die sich vor dem *kalari*[1] befand, und dachte bei mir: „O Gott, lass wenigstens *dies* wahr sein! Wie viele Orte habe ich auf der Suche nach dem Höchsten nicht schon aufgesucht! Wie viele Beweise habe ich gesammelt, um die Nicht-Existenz Gottes zu beweisen! Wie lange kann sich jemand vormachen, nichts von den gräßlichen Dingen gehört zu haben, die im Namen Gottes begangen wurden! In unseren Tagen ruft bereits das Wort ‚Gott' schlimme Befürchtungen hervor. Die religiösen Wortführer beuten den Glauben der Menschen an Gott aus, nur um ihre eigene Religion zu propagieren."

Der Onkel, der mich zuerst zu einem Besuch bei Amma mitgenommen hatte, befand sich in Schwierigkeiten, als es darum ging, mich wieder zum Nachhausegehen zu bewegen. Meine Familienangehörigen hatten mich mit ihm gehen lassen, weil sie dachten, eine weiße farblose Stelle, die eines Tages auf meiner Lippe erschienen war, sei ein Omen für einen bevorstehenden Schlangenbiss. Dieses ‚Omen', das mich zu Amma geführt hatte, erwies sich als Heilmittel gegen die Krankheit der Weltlichkeit. Und innerhalb weniger Wochen kehrte die normale Farbe auf meiner Lippe zurück.

Wie kann ein menschliches Wesen zu Gott werden? Besitzt Gott einen Körper? Ist all das, woran wir glauben, wahr? Der Beobachter in mir ignorierte ganz einfach den zweifelnden Verstand und sonnte sich in den süßen Erinnerungen an Ammas Liebe und Mitgefühl.

Mein *pūrvāśrama*[2] stand in der Nähe eines Reisfeldes, ca. 20 km von Vallikavu entfernt. Dort saß ich oft unter dem Ilanji-Baum

---

[1] Ein Ahnenschrein, wo Amma früher *darśan* gab.

[2] Wörtlich: ‚Vorheriger *āśram*'. Diejenigen, die den Pfad des Mönchtums gewählt haben, durchtrennen alle Verbindungen zu ihrem vorherigen Leben und sprechen im Hinblick auf ihre Familienangehörigen oder

und schaute aufs Feld. Als Kind ließ ich hier Drachen steigen. Oft spazierte ich weite Strecken durch die Feldraine, um das schöne Geräusch zu genießen, das entstand, wenn sich die Reispflanzen im Wind bewegten.

War ich mit dem Fahrrad unterwegs, um die Naturschönheiten auf mich wirken zu lassen, kam es nicht selten vor, dass die Räder auf dem Feldrain wegrutschten. Wenn ich dann mit verschmutzter Kleidung wieder aufstand, fragte ich mich, ob wohl jemand Notiz davon genommen hatte.

Nachdem ich jedoch Amma begegnet war, änderte sich meine Sichtweise völlig. Nun begann ich in jedem Tau- und Regentropfen einen Widerschein von *Jagadīśvarī,* der Herrscherin des Universums, klar zu erkennen. Selbst wenn ich in schmutziges Wasser fallen sollte, fühle ich, dass ich mich immer noch im Schoß *Jagadīśvarīs* befinde. Wie wohltuend waren doch die ersten Lektionen in der Kunst der Anbetung! Es erwachte in mir ein Mitgefühl für die Mäuse, wenn ich sie mit Reis-Ähren davonhuschen sah. Meine Hände schreckten davor zurück, Blumen zu pflücken, selbst wenn sie für die Gottesverehrung bestimmt waren. Als ich einmal die Blüten, die unter dem Ilanji-Baum verstreut lagen, zu einer Girlande verknüpfte, protestierte meine Großmutter: „Mein Liebling, wie kannst du Gott Blüten darbringen, die schon auf dem Boden gelegen haben? Du musst Girlanden aus frisch gepflückten Blüten herstellen.“

Das Gefühl, die Pflanze um Vergebung bitten zu müssen, weil ich ihr Schmerz zufügte, wenn ich ihre Blüten pflückte, wurde immer stärker. Ich stand da und beobachtete, war wie gebannt angesichts des inneren Erwachens durch Ammas *sankalpas* – es waren allesamt Beweise ihrer Segnungen.

Wenn es die Sonne nicht gäbe, besäße dann der Mond auch nur die geringste Schönheit? Was der Welt Licht und Leben

das Haus, in dem sie lebten, bevor sie dem Kloster beitraten, von ihrem *pūrvāśrama*. Pūrvāśrama-Mutter bedeutet also ‚biologische Mutter' (im Unterschied zur spirituellen Mutter).

spendet und sie mit Farben ziert, sind deine unsichtbaren Hände, nicht wahr? Während ich im Pūja-Raum Blumengirlanden knüpfte, wurde mir langsam klar, dass die strahlende Darstellung der Gottheit mehr ist als ein bloßes Bild. Sogar an Orten, wo kein solches Bild vorhanden war, begann ich zu fühlen, wie das unsichtbare Bewusstsein sein Mitgefühl ausstrahlte.

Es gab eine Zeit, da glaubte ich, stark zu sein hieße intellektuell zu sein. Die Wissenschaft, so dachte ich, sei fähig, das ganze Universum zu erobern. Die Vorstellung, die Wissenschaft sei für allen Fortschritt verantwortlich, begann nun dahinzuschwinden.

Einst, als ich noch ein Kind war, ging meine *Pūrvāśrama*-Mutter mit mir für einen besonderen Gottesdienst zu einem Devī-Tempel. Damals glaubte ich, die in Stein gehauenen Götter seien lebendige Wesen. An diesem Tag kroch ich auf den Schoß des Devī-Standbildes und tat so, als ob ich ihre Milch trinken würde, ohne zu bemerken, dass sich eine Menschenmenge um mich versammelt hatte und mich beobachtete. In meiner Kindheit war mir überhaupt nicht bewusst, dass es ein Standbild war. Kinder besitzen die nötige Unschuld, um die Verzückung der Seele zu erfahren – Glückseligkeit, der Höhepunkt, den man sich nur vorstellen kann.

Doch die Veränderung, die die moderne Erziehung mit sich brachte, war immens. Ich begann selbst die Existenz Gottes in Zweifel zu ziehen und fragte mich, ob man überhaupt seine Hilfe benötigte. Es wuchs der Stolz über meine eigenen Fähigkeiten. Die Schulen sind in der Tat zu einer Arena geworden, in der die Unschuld der Kinder zerstört wird. Erst jetzt bemerke ich langsam die Wandlung, die in meinem Geist vor sich gegangen ist. Unschuld, Einfachheit und Furchtlosigkeit sind Kennzeichen von Allwissenheit. Ammas wunderbare Gestalt, die versehen mit den Zeichen der Allwissenheit erstrahlt, wurde für meinen Geist immer klarer und klarer.

Der Tempel von Veṭṭikuḷangara Devī

2

Der Tempel von Vettikulangara Katyayani Devī befand sich in der Nähe meines *Pūrvāśrama.* In der Kindheit lief ich nach der Schule immer dorthin, um auf dem Tempelgelände zu spielen.

Wie oft man an diesem liebreichen Ort auch hinfallen mochte – man verletzte sich niemals dabei. Damals wusste ich noch nicht, dass jener weiße Sand ebenfalls Ammas Schoß ist. Wenn ich vom Spielen müde war, setzte ich mich unter den Banyan-Baum im Tempelareal. Bei dieser Gelegenheit bemerkte ich die kleinen Figuren, die dort aufgestellt waren. In allen Schreinen des Tempels beteten die Menschen zu den Göttern, ohne wirklich die Bedeutung dieser göttlichen Formen zu verstehen. Nichtsdestoweniger war die Glaubensintensität, die durch solch eine Art der Anbetung erweckt wurde, etwas Großartiges.

Meine Großmutter pflegte mir Geschichten von Menschen zu erzählen, die auf ebendiesem Tempelgelände Visionen Devīs gehabt hatten. *Die Göttliche Mutter ließe nicht einmal einen Betrunkenen, der sich auf dem Tempelgrundstück ungebührlich benahm, ungeschoren davonkommen.* Wann immer sie dies sagte, veränderte sich ihr Gesichtsausdruck. Mit Erstaunen wird mir nun die Tatsache bewusst, dass der Geburtsstern der Göttin, die in besagtem Tempelschrein das Heiligtum ist, Kartika – derselbe ist wie der von Amma. Spätere Erfahrungen bestätigten mir, dass dies kein bloßer Zufall ist. Amma muss bestimmte Absichten verfolgt haben, als sie mich während der Jahre, die mich prägten, mit diesem Tempel in Kontakt kommen ließ.

Sind Tempel nicht ein Mittel, durch das der normale Mensch die Gegenwart der Götter auf einfache Weise erfahren kann? Zu diesem Thema sagt Amma: „Wenn der Wind auch überall weht, so ist er für uns unter einen Baum doch eher fühlbar. In der Nähe eines Ventilators wird die Kühle deutlicher empfunden.“ Wenn Gott auch überall ist, so können wir doch Göttlichkeit eher in einem Tempel oder in Gegenwart eines *mahātma* wahrnehmen.

Es steht in der Macht spirituell erleuchteter Wesen, selbst Steinen ihre *prāṇa śakti* (Vitalkraft) einzuflößen und sie mit göttlichem Bewusstsein zu sättigen. Wenn der Stein sich dem Bildhauer vollkommen überantwortet, wird aus ihm ein Standbild. Danach ist sein Platz nicht mehr auf der Treppe sondern im Schrein. Wenn der Stein, der zuvor, als er sich auf der Treppe befand, ruhig das Getrampel, den Missbrauch und die Tritte vieler Menschen ertragen hat, in die Hände eines kundigen Bildhauers gerät, wird er zu einem Götterstandbild, das Tausenden von Seelen Frieden schenkt.

In Tempeln, in denen *mahātmas* die Gottheiten installieren und ihnen ihre *prāṇa śakti* einflößen, verwandeln sich diese Gottheiten zu heiligen Pilgerstätten. Wenn selbst ein Stein, der doch gemeinhin als leblos betrachtet wird, die Stärke erhalten kann, Hundertausenden von Menschen Frieden zu bringen, wieso sollte das für Menschen unmöglich sein?

Die Antwort lautet: Aufgrund von Egoismus und Selbstsucht. Diese, sagt Amma, stehen hinderlich im Weg.

Wie viele Tausende stein-artiger Menschen hat Amma nicht schon zu Verkörperungen geschickter, selbstloser freiwilliger Helfer verwandelt – durch ihre bloße Berührung! Ahalya, die in einem Stein gefangen war, wurde durch die Berührung von Śrī Rāmas Füßen in eine schöne Frau verwandelt.[3] Wieviele Wunder durften nicht auch wir schon bezeugen dank jenes Stroms der Liebe, der die Schönheit der Seele zum Leuchten bringt.

Während meiner Zeit an der Universität begann mein Glaube an Gott dahinzuschwinden. Beim Studium der Wunder der Natur vergaß ich jene Kraft, die hinter ihnen wirkt. Die Wissenschaftler

[3] Dies bezieht sich auf eine Erzählung im *Rāmāyana:* Ahalya wird ihrer Untreue wegen von ihrem Gatten dazu verflucht, die Form eines Steines anzunehmen. Später erlöst Śrī Rāma sie von diesem Fluch, in dem er auf den Stein tritt.

wollen herausfinden, *was* dieses Universum ist. Sie fragen nicht, *warum* es existiert. Spiritualität lehrt uns, darüber nachzusinnen: „Warum gibt es diese Welt? Warum gibt es überhaupt Leben?" Es kann nicht sein, dass eine Welt lediglich bestimmten Gesetzen gehorcht und dabei jeglichen Sinnes entbehrt. Denn diese Welt ist nichts anderes als des Menschen Pfad zur Vollkommenheit.

Alle Erfahrungen hier sind Teil einer Schulung, die dazu dient, dass wir das letzte Ziel erreichen. Für alle, die das Universum als ein Trainingslager begreifen, bietet die Welt eine Fülle göttlicher Erfahrungen.

In Ammas Worten: „Wir sind nur für ein Picknick hier". Wenn wir der Welt übermäßig viel Bedeutung beimessen, sind wir zum Leiden verurteilt. Diejenigen, die zu sehr an weltlichen Dingen festhalten, sind am Boden zerstört, wenn alle diese so hoch geschätzten Dinge verloren gehen. Wir müssen lernen, in dem Bewusstsein zu leben, dass alle Dinge in der Welt vergänglich sind. Während wir uns Stufe um Stufe aufwärts in Richtung Ganzheit bewegen, müssen wir die niederen Stufen hinter uns lassen. Wir verlieren möglicherweise alles, was wir bis dahin erlangt haben.

Amma hat das Geheimnis entdeckt, die Menschheit von den Sorgen des Lebens zu befreien. Dasselbe Geheimnis lernte Prinz Siddhārtha auf seinem Wege zur Buddhaschaft kennen. Worin bestand es? Dass in dieser Welt so etwas wie Kummer gar nicht existiert! Wenn es nämlich keine Welt gibt, wie können dann Sorgen wirklich sein? Die Erfahrungen, die im illusorischen Charakter der Welt ihren Ursprung haben, sind völlig unwirklich. Einzig das Selbst, das der Zeuge von allem ist, besitzt Realität.

Dem Träumer erscheint die Traumwelt als real. Einem Mann, der von einem Alptraum heimgesucht wird und schreit, ist nur auf eine Art zu helfen: Man muss ihn aufwecken. Ist der Träumer aufgewacht, enthüllt sich ihm die Welt des Traums als unwirklich. Nur wer wach ist, kann andere aufwecken.

Amma ist gekommen, uns, die wir unter dem Bann der Traumwelt leiden, aufzuwecken. Sie ist in unsere Träume gekommen, um unsere Sorgen mit uns zu teilen und uns aus dem Schlummer zu befreien. Doch sind wir immer noch in die Tiefen vergnüglichen Schlafes versunken. Wir können einfach nicht genug davon bekommen. Doch werden uns Vergnügungen letztlich nicht zufriedenstellen, wie sehr wir uns dem Genuss, den sie gewähren, auch hingeben. Das deutet darauf hin, dass wir zuvor eine größere Freude erfahren haben.

Wenn ein Säugling schreit, gibt ihm die Mutter heutzutage den Schnuller. Für eine Weile hört er dann auf zu schreien. Fängt er wieder zu weinen an, füllt sie das Milchfläschchen und gibt es dem Kind in die Hände. Doch nach einer Weile beginnt das Kind abermals zu schreien; es schenkt der Milch und dem Spielzeug keine Beachtung mehr. Dieses Mal wird die Mutter ihre Arbeit unterbrechen, ihr Kind auf den Schoß nehmen und es an ihrer Brust stillen. Nun hört das Baby zu weinen auf.

Hätte das Kind nur wegen des Hungers geschrien, wäre es durch das Fläschchen beruhigt worden. Aber dieses kann ihm nicht die Wärme des mütterlichen Busens und ihre liebevolle Zärtlichkeit ersetzen. Das Milchfläschchen wird dem Baby, das einmal die süße Milch der Brust und die Wonne der zärtlichen mütterlichen Liebkosung kennengelernt hat, nie genügen.

Ebenso verhält es sich mit der Seligkeit *Brahmans,* der wir uns erfreuten, als wir eins waren mit Gott, und mit der verglichen die materiellen Vergnügungen nichts sind. Genau daran liegt es, dass diese Annehmlichkeiten zur Ursache für unsere Unzufriedenheit geworden sind. Nichts weniger als die Erfahrung Gottes kann uns zufrieden stellen, denn einst haben wir die Fülle erfahren.

Unser Gefühl von Unvollkommenheit wird mit dem Verlangen nach weltlichen Freuden nur noch verstärkt. Amma ist in die Welt gekommen, um uns zu der Einsicht zu verhelfen, dass wir selbst diese Fülle sind.

VIMAL

Der Durst der Seele

3

Überall kann man die Schreie des *jīvātma* (Einzelseele) hören, der darum kämpft, sich mit dem *Paramātma,* dem höchsten Selbst, zu vereinigen. Jemand, der einen Sonnenuntergang beobachtet, wird die Qualen des Getrenntseins rasch begreifen. Wenn wir genau hinschauen, können wir diesen angestauten Schmerz überall in der Natur beobachten.

Jedes Ding im Universum befindet sich im Gebet, nur der Mensch lebt inmitten selbstsüchtiger Wünsche. Ein jeder sucht nach Gott, der wahren Verkörperung von Glückseligkeit. Die Menschen jedoch finden diese Wonne nicht, selbst wenn sie viele Dinge in ihren Besitz gebracht haben. Ihre Suche nach etwas Neuem geht ständig weiter.

Amma ist zu uns gekommen als ein Schauer göttlichen Nektars, um jenen Seelen Zuflucht zu gewähren, die sich der Verkörperung von Seligkeit entfremdet haben. Sie will ihnen Stärke einflößen, damit sie sich von dem verlockenden Netz des *samsāra* (Kreislauf von Geburt und Tod) befreien können. Die große Mehrheit der Menschen jedoch steckt im Sumpf sinnloser Vergnügungen. Es scheint mir, Amma führt uns in unsere Kindheit zurück, als wir noch voller Freude Elefanten und Pferde in den Wolken sahen.

Wir nehmen keine Notiz von all den Wundern, die uns umgeben. Es gibt sie überall in der Natur. Wenn wir auf die Abermillionen von Sternen im endlos ausgedehnten Nachthimmel schauen, beginnt der Turm des Egos einzufallen.

Wenn wir am Strand stehen und auf den Horizont schauen, wo Meer und Himmel sich treffen, wenn wir das wunderbare Farbenspiel beobachten und über die Tiefen des Ozeans nachsinnen, welkt unser Ego dahin. Ein Mensch, der am Fuß eines riesigen Berges steht, begreift, wie winzig er ist. In ähnlicher Weise werden wir zu einem bloßen Nichts, wenn wir uns in der Gegenwart eines *mahātma* aufhalten. Die hohen, schneebedeckten Gipfel unseres Egos zerschmelzen, werden zu Tränen-Tropfen und schließlich zu einem Ganges-Strom der Hingabe, der all unsere geistigen Unreinheiten fortspült. Es ist möglich, vor Amma zu nichts zu werden. Wenn wir dazu fähig sind, können wir gleichzeitig zu *Allem* werden. Amma flößt uns die Unschuld eines unwissenden Kindes ein. Während die moderne Erziehung uns immer nur mehr vollstopft mit dem Ego endlichen Informationswissens, wird das Herz desjenigen, der sich überantwortet, die Reinheit der goldenen Flöte *Kṛṣṇas* erlangen. Wir bekommen möglicherweise keine bessere Gelegenheit als diese, zu den Glücklichen zu gehören, die das große Ziel des Lebens erreichen. Es besteht darin, zu einer Flöte zu werden, die fortwährend göttliche Musik spielt.

Alle Nachforschungen müssen aufhören. Soll man zwecks weiterer Studien fortfahren, die Universität zu besuchen, wenn man einmal die Gefahren des modernen Ausbildungssystems erkannt hat? Als ich Amma diese Frage vorlegte, sagte sie: „Sohn, alles ist göttlich. Es genügt, wenn du dem Wissen nicht gestattest, Egoismus in dir hervorzurufen. Materialismus und Spiritualität sind nicht zweierlei. Was zählt ist unsere Einstellung. Körper, Gemüt und Verstand sind nur Instrumente. Wir müssen wissen, wie wir sie vernünftig gebrauchen. Wenn wir dann Kenntnisse erlangen, werden wir nicht egoistisch. Selbst im materiellen Leben können wir sehen, dass Menschen, die nach und nach Gottes Macht erfahren haben, sich völlig wandeln."

Wo das höchste Wissen dämmert, kann das Ego nicht weiterexistieren. Es ist sozusagen ‚nicht mehr auf dem Laufenden'. Die Kennzeichen von Allwissenheit sind Einfachheit und Demut. Diese göttlichen Eigenschaften können wir bei Amma immer wieder feststellen.

Der Erkennende, die Erkenntnis und das Erkannte werden eins. Ebenso wie ein Mann, der geträumt hat, beim Aufwachen feststellt, dass die ganze Traumwelt in ihm selbst existierte, so ändert sich auch unsere Perspektive mit der Erkenntnis, dass die ganze Erscheinung des Universums aus dem Innern stammt.

Die bloße Gegenwart eines *mahātmas* wie Amma reicht aus, um wunderbare Veränderungen in uns hervorzurufen. Nichts, was im Leben geschieht, ist Zufall. Es wird gesagt, dass es für alles besondere Gründe gibt. Die Tatsache, dass ich, als ich Amma zum ersten Mal sah, die starke Empfindung hatte, meine Verbindung mit ihr erstrecke sich über mehrere Geburten, deutet auf viele unbekannte Faktoren hin.

Ich entsinne mich eines Vorfalls, der sich ereignete, als ich ein Jahr alt war. Normalerweise ist es ungewöhnlich, dass sich jemand an etwas zurückerinnert, was vor dem zweiten Lebensjahr passierte. Doch dieses ungewöhnliche Ereignis hat sich unauslöschlich in mein Gedächtnis eingraviert. Es steht mir so klar vor Augen wie etwas, das erst gestern stattgefunden hat.

Während ich in meinem Kinderbettchen lag, versuchte meine Pūrvaśrama-Mutter mich in den Schlaf zu wiegen. Nachdem ich, wie es ihr schien, eingeschlafen war, ging sie in die Küche. Tatsächlich war ich jedoch gar nicht eingeschlafen. Als meine Mutter wegging, schlug ich die Augen auf. Ich konnte sie nicht sehen, also schaute ich neugierig durch die Stäbe des Kinderbettes. Da sah ich eine in weiß gekleidete prachtvoll geschmückte Frau, deren ganze Gestalt in Glanz gehüllt war. Sie kam an mein Bett und begann, mich sanft zu liebkosen und mit Liebe zu überschütten. Durch ihre Fremdartigkeit geriet ich in Furcht und begann zu weinen.

Meine Mutter, die mich schreien hörte, kam aus der Küche herbeigelaufen. Als sie mich bewusst- und regungslos liegen sah, spritzte sie mir Wasser ins Gesicht und versuchte, mich wiederzubeleben.

Kurze Zeit später öffnete ich die Augen. Doch der Vorfall wiederholte sich von nun an täglich. Viele Ärzte untersuchten mich; niemand konnte die Ursache meiner Ohnmachtsanfälle herauszufinden. Schließlich ging mein Vater mit mir zu einem Astrologen.

Er benutzte Kauri-Muscheln[4] und gewann so einige Erkenntnisse, die er meinem Vater mitteilte. Er erzählte ihm, ich befände mich in der Gegenwart eines göttlichen Wesens und diese Erscheinung sei überaus förderlich für mein Wohlergehen. Er versicherte meinem Vater, es bestünde keinerlei Notwendigkeit für irgendwelche Bußrituale. Außerdem wies er meinen Vater an, ich sollte einen silbernen Armreif tragen, der im Ettumanur–Tempel geweiht worden war; dies würde meine Furcht beseitigen. Sobald der silberne Ring über meine Hand gestreift worden war, nahm ich die göttlichen Besuche nicht mehr wahr.

Ich sah jene Gestalt nicht mehr bis zu meinem 14. Lebensjahr. Dann machte ich die Erfahrung wieder. Damals war ich Schüler auf dem Gymnasium. Ich lag einfach da, insgesamt wohl mehrere Stunden, ohne jegliche Kontrolle über meinen Körper und durchlebte all die Erfahrungen, die sich zur Zeit des Todes einstellen. Mit der Zeit wurden jene göttlichen Erlebnisse, die unbekannte Bereiche des Daseins enthüllten, für mich natürlich.

Diese Wahrnehmungen inspirierten meine Suche nach Gott. Es war vor allem jene Erfahrung göttlicher Besuche, die mich in Begeisterung versetzten und veranlassten, mehr zu lernen über außersinnliche Fähigkeiten. Es ließ das Verlangen in mir wachsen, mehr über die Geheimnisse des Lebens herauszufinden, die hinter dem Bereich liegen, den man hören und sehen kann.

Meine Suche führte mich schließlich zur heiligen Gegenwart Ammas, der Göttin des Universums. Als ich ihre göttliche Liebe in mich aufnahm, verschwand der Sucher in mir.

Während meines Ingenieursstudiums erhielt ich Gelegenheit, mehr über außersinnliche Kräfte zu erfahren. Ich besuchte verschiedene Orte, wobei mich Freunde begleiteten, die allesamt Rationalisten waren. Plätze, an denen sich angeblich Geister und Gespenster aufhielten oder Spukhäuser, wo vermeintliche Heilige wohnten, die vorgaben, göttliche Kräfte zu besitzen — zu all

[4] Einige Astrologen verwenden zum Zwecke der Weissagung Kaurimuscheln.

diese Stätten ging ich und strebte danach, auf eigene Faust die Wahrheit über sie herauszufinden.

Mir wurde klar, dass Seelen und Geister weitaus ungefährlicher sind als Menschen! Der Glaube der Menschen wird überall missbraucht.

Als ich Amma begegnete, versäumte ich nicht, mit Fragen, die meinen Geist beschäftigten, an sie heranzutreten. Doch erst später begriff ich, dass es eine göttliche Inkarnation war, der ich solche Fragen stellte.

„Amma, ich würde gern meine Zweifel klären. Darf ich dir einige Fragen stellen?"

Als sie meine Bitte hörte, lächelte sie und sagte: „Aber Amma weiß doch gar nichts! Also fange schon an, mein Sohn, und frage! Amma wird einfach irgendeinen Unsinn daherreden."

„Amma, existiert Gott?"

Sofort kam die Antwort: „Mein Sohn, ist das nicht eine dumme Frage? Zu fragen ob Gott existiere, ist dasselbe, also ob du mit deiner eigenen Zunge fragtest: ‚Habe ich eine Zunge?' Warum willst du das wissen, mein Sohn?"

„Weil ich, falls er existiert, genug Wut in mir habe, um ihn zu töten!"

Als Amma meine Antwort hörte, fing sie laut zu lachen an und fragte: „Warum, mein Sohn?"

Ich erklärte ihr, warum ich wütend auf Gott war. „So viele Menschen in der Welt leiden unter Krankheiten und Armut, während andere in Luxus leben. Die Schöpfung ist so eingerichtet, dass jede Kreatur auf dieser Welt die Nahrung für eine andere darstellt. Ich bin zornig auf einen Gott, der solch ein grausames Universum geschaffen hat."

Amma antwortete, als ob sie auf meine Kritik eingehen würde: „Amma mag dich, mein Sohn. Du bist nicht aus irgendeinem selbstsüchtigen Grund zornig sondern aus Mitgefühl für andere. Gott wohnt in den Herzen derjenigen, die Mitgefühl für die Mitmenschen hegen. Er ist nicht jemand, der Strafen verhängt. Er beschützt vielmehr jedes Lebewesen. *Wir* sind es, die uns selbst bestrafen. Alle unsere Handlungen werden in der Natur aufgezeichnet. Wir müssen die Konsequenzen aus ihnen erfahren, in diesem Leben oder in einem anderen. Wenn wir wie Tiere leben, nachdem wir einen menschlichen Körper erlangt haben, werden wir möglicherweise als Tiere wiedergeboren oder werden zur Speise für ein anderes Tier. Gott kann dafür nicht verantwortlich gemacht werden."

„Amma, bist du Gott?"

Amma lachte und sagte: „Mein Sohn, Amma ist ein verrücktes Mädchen. Bis jetzt hat sie nur noch keiner eingesperrt. Deshalb ist sie noch hier. Sohn, Amma sagt nicht, du sollst an einen Gott glauben, der im Himmel wohnt. Es reicht, wenn du an dich selbst glaubst. Wie der Mammutbaum darauf wartet, aus dem Samenkorn zu sprießen, so durchdringt göttliche Kraft das gesamte Universum. Wenn man diese göttliche Kraft durch Gebet, Meditation und gute Handlungen erweckt, kann man die Fülle erreichen. Man kann in Gott aufgehen und so Geburt und Tod hinter sich lassen. Der Tresorraum, der alle Geheimnisse des Universums in sich enthält, wird sich öffnen. In diesem Zustand vermag man Gott in allen Geschöpfen, den beweglichen wie den unbeweglichen, wahrzunehmen. So erlangt man auch die Reinheit, die einen befähigt, alle Wesen zu lieben und ihnen zu dienen. Dies ist der höchste Status, den ein menschliches Wesen erreichen kann."

Langsam schloss Amma die Augen. Ich schaute in dieses Gesicht, das die Verzückung *Brahmans* ausstrahlte. Als ich die unendliche Glorie und Pracht reiner Göttlichkeit in Amma erblickte, war ich unfähig, noch irgendetwas zu fragen.

Mahātmas inkarnieren sich, um die Welt zu lehren, wie ein menschliches Wesen Fülle (*pūrnam*) erlangen kann. Ammas Leben beweist, dass nichts, nicht einmal eine Geburt in überaus ungünstige Lebensumstände, ein Hindernis für die Gottesverwirklichung darstellt

Es wurde mir bewusst, dass nichts im Leben ‚einfach so' passiert. Es tut Not, dass wir zu geistiger Reinheit gelangen, um die Bedeutung, die hinter allem liegt, was sich im Leben ereignet, zu begreifen. Ammas Dasein hier verfolgt klare Absichten und Ziele. Sie muss die notwendigen Vorbereitungen dafür schon vor langer Zeit getroffen haben. Es dämmerte mir, dass sie auch schon vor langer Zeit Vorbereitungen dafür traf, uns vor den Fängen *samsāras* zu schützen. In meinem Innern reifte die Erkenntnis, dass mir ein neues Leben geschenkt worden war. Der Rest meines Lebens ist eine Rückkehr zur Kindheit. Tränen sind Zeugen für die Wahrheit, dass Ammas göttliche Gegenwart ausreicht, um die verlorene Unschuld zu erwecken.

Ubernatürliche Kräfte

4

Über uns nur der endlos weite Sternenhimmel! Welch faszinierendes Universum mit all den Planeten und Satelliten, die um leuchtende, funkelnde Sterne kreisen! Der Himmel, das Meer, die Berge und Täler, die Tiere, Blumen und Bäume bezaubern uns mit ihrem Spiel farbenfroher Schönheit. Wer oder was liegt diesem Zauber der Natur zugrunde? Wie ist all das entstanden? Hat Gott es geschaffen? Wenn Wissenschaftler versuchen, die allgemeinen Erscheinungen zu erforschen, geraten sie bald an die Grenzen von Verstand und Intellekt. Je mehr sie herausfinden, desto mehr erkennen sie, wie abgrundtief ihre Unwissenheit ist. Die Koryphäen der Wissenschaft sind verblüfft, da sie die verborgensten Geheimnisse der Schöpfung nicht lüften können. Die *ṛṣis* (Seher) hingegen fragten nie danach, was dieses Universum sei, sondern vielmehr *warum* es existiert.

Dieses Universum ist das Mittel Gottes, mit dem er die Menschheit zu *pūrṇata*, spiritueller Vollkommenheit, führt. Es ist eine Schatztruhe voller Wunder, die den Menschen unzählige Erfahrungen zuteil werden lässt gemäß ihrer individuellen Geistesverfassung. Es ist der menschliche Geist, der Himmel und Hölle schafft. Jeder Mensch lebt in seiner eigenen Welt. Erfahrungen verändern sich ständig. Alle Erfahrungen sind unwirklich, nur der Erfahrende selbst ist wirklich. Wenn der Erfahrende erkannt wird, verschwindet alles andere. Dann ist die Wahrheit erkannt. Es dämmert die Gewissheit auf, die in dem spirituellen Diktum *Śaṅkaras* zum Ausdruck kommt: „*Brahma satyam, jagan mithyā*" (Brahman, das Absolute, ist die einzige Wahrheit, die Welt ist eine Täuschung). Gott hat uns das Leben geschenkt, damit wir dieses Bewusstsein erreichen können.

Es gibt nichts, was zurückzuweisen wäre. Stattdessen sollten wir mit weitem, offenem Herzen alles begrüßen und umarmen.

Dies lehrt uns Amma: Die Fähigkeit, in allem nur das Gute zu sehen. Durch den *bhāva* (die göttliche Stimmung) der Mutter bringt Amma uns das Geschenk innerer Reinheit dar, durch das wir die Entartungen und Verirrungen unseres Gemütes überwinden und die göttliche Erfahrung ewiger Schönheit erlangen können. So erfüllt sich die Bestimmung unseres Lebens.

Bevor ich Amma begegnete, fing ich oftmals, während ich alleine dasaß, ohne besonderen Grund an zu weinen. In den letzten Stunden mondheller Nächte sehnte sich mein Geist nach einem unbestimmten *Etwas*. Amma, der *antaryāmin* (innewohnender Lenker), muss bereits damals versucht haben, mich zu trösten. Heute weiß ich, dass es ihre Hände waren, die in Gestalt der kühlenden Brise herbeikamen, um meine Tränen wegzuwischen.

Wenn man einem *mahātma*, einer großen Seele wie Amma begegnet, beginnt sich der Geist nach innen zu wenden. Irgendwann kommt der Augenblick, in dem die Fesseln, die uns an die äußere Welt binden, durchtrennt werden. Solch ein Moment ist eine einschneidende Erfahrung im Leben und von allergrößter Tragweite, denn unsere ganze Individualität wird dabei auf den Kopf gestellt. Andere werden uns auf eine neue Art und Weise sehen.

Vor Jahren ging ich mit Freunden, die Rationalisten waren, an verschiedene Orte, um mehr über okkulte, übernatürliche Kräfte herauszufinden. Der Gegenstand unserer Nachforschungen waren Menschen, die behaupteten, es gäbe so etwas wie eine göttliche Kraft, oder Häuser, von denen man annahm, dass es in ihnen spuke. Was wir dabei feststellten, war, dass Gespenster lange nicht so gefährlich sind wie Menschen! Ich erinnere mich an den Besuch eines ‚Geisterhauses' im Norden Keralas. Auf Vorschlag eines Freundes hin entschied ich mich, dort zusammen mit ihm einige Untersuchungen anzustellen. Schon an der Türschwelle des unbewohnten Hauses nahmen wir mehrere unheilvolle Zeichen wahr: Eine Kobra glitt die Stufen zum Teich hinunter, Spinnweben hingen überall an den Hauswänden, wir hörten Fledermäuse mit den Flügeln schlagen. Das reichte aus, eine Furcht erregende

Atmosphäre zu schaffen, von den Gespenstern einmal ganz abgesehen! Mein Freund und ich setzten uns auf die Veranda des verschlossenen Hauses. Mein Blick schweifte über das Grundstück. Selbst bei Sonnenaufgang und Sonnenuntergang berührten die Sonnenstrahlen das Haus nicht. Stattdessen fielen sie auf ein Haus, das dem unseren in südlicher Richtung gegenüber stand und das jemand zur Hälfte abgerissen hatte. Wir erfuhren, dass viele Menschen in dem Teich dort gestorben waren. Deshalb wollte seit Jahren niemand dort aufräumen. Bei Einbruch der Dunkelheit kam der Nachtwächter mit einer Laterne. Ich fragte ihn: „Haben Sie niemals Angst, alleine hier zu sein?“ „Mein Sohn, würde Angst mir etwas nützen? Ich muss überleben, nicht wahr?“, seufzte er. „Ich habe schon vergessen, wann ich das letzte Mal bei meiner Frau und meinen Kindern übernachtet habe. Meine Gesundheit erlaubt mit nicht mehr, eine andere Arbeit zu tun. So bekam ich diese Anstellung, die niemand anderer zu übernehmen wagte.“ Wir hörten seinen Geistergeschichten zu und lachten. Er erzählte, dass er in einem Tempel geweihte Amulette aus Metallfolie mit eingravierten Mantren an den Händen und um den Hals trage, um böse Geister abzuwehren. Deshalb hätte er keine Angst. Ich dachte darüber nach, wie sehr doch unschuldiger Glaube einem Menschen Mut geben kann.

Die Frage ist nicht, ob Gott existiert oder nicht, sondern ob der Glaube an Gott irgendeinen Nutzen bringt. Eine Metallfolie mit eingravierten Mantren kann einen furchtlos machen – es ist dieses Gefühl von Sicherheit, das dem modernen Menschen fehlt. Deshalb werden unsere Ängste immer größer. Angst lässt uns misstrauisch werden. Wenn nichts da ist, was das völlig ungläubige Gemüt beruhigen könnte, beginnt man, in der Wüste des Lebens einer Fata Morgana nachzulaufen. Unfähig, die innere Quelle zu finden, irren wir umher und versuchen unseren Durst zu stillen.

Obwohl wir die beunruhigenden Geräusche von herumschwirrenden Fledermäusen und heulenden Hunden über uns ergehen lassen mussten, verbrachten wir doch einige Tage dort und warteten auf die Geister. Doch wir erfuhren nichts über sogenannte übersinnliche Kräfte. Wir verließen den Ort und kamen zu dem Schluss, dass es sich bei der ganzen Sache – Gespenster, Geister usw. – nur um Phantasieprodukte im Unbewussten der Menschen handeln musste.

Später erfuhr ich, dass viele der sogenannten Spukhäuser unter Missachtung der Regeln der *vāstu sāstras*[5] erbaut worden waren. Es besteht kein Zweifel daran, dass ein Tulasi-Altar vor dem Haus und ein mit Öllämpchen erleuchteter Gebetsraum, auf den man direkt blickt, das Erscheinungsbild des Hauses sehr verändern. Man muss sich davor in Acht nehmen, die Wände mit verunstalteten Bildern oder toten Tierköpfen zu schmücken. Jeder Gegenstand hat einen nachhaltigen Einfluss auf unser Gemüt. Wir sollten unsere Häuser nicht mit unnötigem Gerümpel vollstopfen! Wir fühlen, dass wir ruhiger werden, wenn wir ein Haus betreten, in dem sich ordentlich und wohl überlegt aufgehängte Bilder befinden, die einen an Gott erinnern, oder auch Gegenstände, die eine belebende Wirkung auf uns ausüben.

In Ammas Gegenwart erfahren wir Frieden, wo auch immer sie sich aufhält. Man sagt, es sei unmöglich, *mahātmas* in die Hölle zu schicken. Wenn man sie dorthin bringt, wird selbst die Hölle zum Himmel. Bevor ich Ammas Lotusfüße erreichte, in deren Gegenwart jeder die Glückseligkeit des Himmels erfahren kann, fuhr ich mit meiner Suche nach übersinnlichen Kräften fort. Später suchte ich Altäre mit Gottheiten von furchterregender Gestalt auf. Die Statuen dieser Gottheiten waren nur zu dem Zweck aufgestellt worden, die Feinde des jeweiligen Verehrers zu vernichten. An solchen Orten werden die Schwächen der Menschen ausgenutzt, um damit Geld zu verdienen. Später begriff ich, dass die Bedeutung der *pūjas* zur angeblichen Vernichtung

[5] Die indische Wissenschaft, die sich mit der richtigen räumlichen Anordnung von Gegenständen befasst, um so den Fluss positiver Energie zu nutzen und den Fluss negativer Energie abzulenken, ähnlich dem Feng Shui.

der Feinde nicht darin besteht, ihren Tod herbeizuführen, sondern das Gefühl der Feindseligkeit zu überwinden. Wenn aus Widersachern Verbündete werden, wenn Hass sich in Liebe verwandelt, wenn aus Zorn Mitgefühl wird, dann verschwindet die feindselige Haltung. Doch bevor dies geschehen kann, müssen wir unsere Vorlieben und Abneigungen überwunden haben. In der erfrischenden Brise der Liebe sollen göttliche Eigenschaften zu neuem Leben erweckt werden.

Jede Handlung, die das Ziel hat, anderen zu schaden, führt zu unserem eigenen Verderben. Hasserfüllte Gedanken gehen von uns aus wie abgeschossene Pfeile, fliegen auf das anvisierte Ziel zu, treffen jene Person und schnellen mit zehnfacher Kraft zu uns zurück. Freundliche Gedanken nutzen anderen und kehren als ein segensreicher Schauer zu uns zurück, der um ein vielfaches stärker ist. Deshalb gibt es viele Geschichten, die erzählen wie die Familie eines Künstlers, der solche Furcht erregenden Gottheiten schuf, mit dem Zweck, Feinde zu vernichten, für mehrere Generationen viel Leid zu erdulden hatte. Freundliche Gedanken hingegen gereichen anderen zum Nutzen und kehren hinterher als Schauer von Segnungen zum Urheber zurück, wobei die letzteren ebenfalls vervielfältigt werden.

Ich erinnere mich eines religiösen Festes, das einmal im Ahnentempel meiner Pūrvāśrama-Familie gefeiert wurde. Ich war damals Student. Alle Familienmitglieder waren anlässlich der Feierlichkeiten zusammengekommen. Als Teil des Festes wurden *Kalamezhuttu*-Lieder[6] gesungen, um die *nāga-devas* (Schlangengötter) günstig zu stimmen.

Vor dem Bild, das vor den Schreinen der Schlangenkönigin *(Yakṣi)* und des Schlangenkönigs aufgespannt war, stellten sich junge Mädchen auf. Sänger begannen Hymnen zu Ehren dieser Gottheiten anzustimmen. Der Wohlklang der Begleitinstrumente

---

[6] *Kalamezhuttu* bezieht sich auf dekorative Darstellungen von Gottheiten, die mit rotem Pulver auf den Boden gezeichnet werden. Die hier erwähnten Lieder sind besagten Gottheiten gewidmet.

und die inbrünstigen, dröhnenden Gesänge der Devotees schufen eine berauschende Atmosphäre. „Was hat das alles zu bedeuten?“, fragte ich meinen Vater. „Ein Willkommensgruß für die *Nāga-Yakṣi* und den *Nāga*-König“, antwortete er. Dank dieser Erklärung beobachtete ich alles äußerst gespannt. Die Trommelschläge und das Gejohle[7] weiblicher Devotees erreichten ein Crescendo. Das Gebrüll wurde immer intensiver. Die Mädchen, die bis jetzt mit gesenkten Köpfen dagesessen hatten, änderten nun ihr Verhalten. Man konnte die Gegenwart der *nāga*-Gottheiten in diesen Mädchen deutlich wahrnehmen. Mit Stielen von Blumen in den Händen fingen sie an, wie Schlangen hin- und herzuschaukeln. Ihre Blicke und die Bewegungen ihrer Gliedmaßen verrieten starke Ähnlichkeit mit der Art, wie Schlangen sich zu wiegen pflegen. Hypnotisiert bewegten sie sich im Takt der Musik von einer Seite zur anderen. In völliger Selbstvergessenheit fingen die Devotees nun zu schreien an. Sogar nachdem die festgesetzte Zeit der Veranstaltung vorüber war, tanzten die Mädchen weiter. Die Menschen waren einfach nicht fähig, sie zu bändigen, so sehr sie es auch versuchten. Was hatte die Mädchen so stark gemacht? Die Musik hörte auf. Als der Priester geweihtes Wasser auf sie spritzte, glitten die Mädchen zum Rand des Schreins. Dort warfen sie sich nieder und blieben bewegungslos liegen.

Was war mit diesen Mädchen geschehen? Wie kann die Seele einer Schlange in einen menschlichen Körper fahren? Was ist der tiefere Sinn der *nāga*-Verehrung? Ich fand auf diese Fragen damals keine Antwort, doch war die Tatsache nicht zu leugnen, dass viele Glaubensformen, die ich als blinden Aberglauben abgetan hatte, den Menschen Trost spendeten.

Von Amma erfuhr ich, dass wir uns durch die Erweckung der *kuṇḍalīṇī śakti* (Schlangenkraft), die schlafend im *mūlādhāra cakra* liegt, vieler göttlicher Wahrnehmungen erfreuen können. Wir versuchen, diese göttliche Kraft in uns durch die Anbetung

[7] Bei glückverheißenen Gelegenheiten beginnen Frauen traditionellerweise zu johlen.

Gottes, die die göttlichen Eigenschaften erwachen lässt, anzuregen. Wenn die unbegrenzte Macht, die ihren Sitz im *mūlādhāra cakra* hat und in *Kanyākumārī* ihre Gestalt findet, sich mit *Parameśvara,* der im *sahasrāra cakra* in *Kailas* residiert, vereinigt, werden wir die Wahrheit, das Wesentliche der spirituellen Erfüllung[8] erkennen. In dieser göttlichen Erfahrung, in der man im Nektar der Unsterblichkeit gebadet wird, ist jegliches Gefühl von Individualität überwunden.

Gott hat weder Name noch Gestalt, doch alle Namen und alle Formen gehören ihm an. Unsere spirituellen Erfahrungen gründen auf unserem Glauben und unserer Vorstellung von Gott. Was auch immer unser Begriff von Gott sein mag, für den Allmächtigen ist es kein Problem, diesen zu bestätigen.

Gläubige Menschen machen verschiedene Erfahrungen, je nach ihrer Vorstellung vom Göttlichen. Wir können das Gefäß unseres Gemütes mit göttlicher Energie füllen. Die Form des Gefäßes ist nicht wichtig, wir sind frei, das Gefäß zu wählen, das uns gefällt. Wenn wir den Weg der Hingabe wählen, wird die Verehrung Gottes immer mehr von Freude erfüllt. Die Sehnsucht danach, die Einheit mit unserem *iṣta devatā* (der verehrten Gottheit) zu erlangen, lässt unsere *vāsanās* (unterschwellige Neigungen) schwächer werden. Es ist schwierig, sich für einen Gott zu begeistern, den man niemals gesehen hat. Alle Gottheiten in einem *sadguru* wahrzunehmen, ist einfach. Deshalb stellen sich – vorausgesetzt wir haben Vertrauen in den *sadguru* und unerschütterliche Hingabe an ihn – göttliche Erfahrungen ein, die wir für unerreichbar hielten. Daher besteht für die, die einen *sadguru* gefunden haben, keine Notwendigkeit, andere Gottheiten zu verehren. Ein fortgeschrittener Schüler ist in der Lage, all die

---

[8] Der Prozess der spirituellen Evolution wird hier mit der Legende *Kanyākumārīs* in Zusammenhang gebracht. Gemäß dieser Geschichte wartet die jungfräuliche Göttin an der Südspitze Indiens auf *Parameśvara (Śiva),* der im Himalaya auf dem Berg *Kailas* residiert. Ihrer beider Vereinigung stellt den Kulminationspunkt der spirituellen Entwicklung dar.

verschiedenen *bhāvas* (Aspekte) der 330 Millionen Gottheiten[9] im *guru* zu erkennen.

Einmal besuchte ich das Haus einer Frau, die jeden Tag weinte, nachdem ihr Sohn gestorben war. Ich ging aus einem bestimmten Grund dorthin. Es hatte nämlich den Anschein, als würde die Seele des Sohnes vom Körper der Mutter Besitz ergreifen. In den Momenten der Besessenheit klang ihre Stimme anders. Ihre ganze Wesensart veränderte sich. Die Art zu sprechen und sich zu verhalten glich dann der eines Mannes. Ich bemerkte diese ungewöhnliche Veränderung in ihrem Betragen. Die Frau, deren Gesundheit durch die Trauer geschwächt war, bewegte sich mit der Kraft und Beweglichkeit eines Athleten. Der viel zu frühe Tod ihres Sohnes, der ein Sportler gewesen war, hatte der Mutter das Herz gebrochen. Seitdem benahm sie sich manchmal wie ihr Sohn. An jenem Tag verkündete sie mit lauter, doch undeutlicher Stimme, sie sei der Sohn, der gekommen sei, um seine Mutter zu sehen. Nach einer Weile bat sie um einen Schluck Wasser. Als man es ihr in den Mund goss, schluckte sie es begierig hinunter. Danach schloss sie die Augen. Als man ihr das Gesicht mit etwas Wasser besprengte, öffnete sie wieder die Augen und starrte die Anwesenden an. Sie schien wieder normal zu sein. „Warum haben sich alle hier versammelt?", fragte sie. Es war klar, dass sie sich an nichts von dem erinnern konnte, was soeben passiert war. Wie konnte so etwas geschehen? Es ist ein Beweis dafür, dass der Sohn, obgleich tot, im Herzen der Mutter weiterlebt. Diese Erfahrung – dass der Sohn nicht wirklich tot war, sondern als Teil ihres Wesens weiterlebte – war eine große Erleichterung. In ihrem Unterbewusstsein kannte die Mutter die Gewohnheiten und Handlungsweisen ihres Sohnes sehr genau. In ihrem Herzen sehnte sie sich danach, ihn in sich weiterleben zu lassen, da ihr die Kraft fehlte, die Wahrheit über seinen Tod

[9] Die Hindus glauben, dass es insgesamt 330 Millionen Götter gibt. Dies kann so interpretiert werden, dass die eine unteilbare Gottheit sich in einer unendlichen Zahl von Formen offenbart.

zu akzeptieren. Dies war meine Schlussfolgerung. Die Frau hatte uns nichts vorgemacht. Sie hatte sich vollkommen mit der Persönlichkeit des Sohnes identifiziert. Selbst der Tod kann dieses Band der Liebe nicht durchtrennen. Ich werde mich immer an diese Wahrheit erinnern, dass die Toten in den Herzen derer weiterleben, die sie lieben.

Erleuchtete Seelen können sich mit jedem göttlichen *bhāva* identifizieren. Diese unendlich mannigfaltigen *bhāvas* sind in uns allen. Doch ein normaler Mensch vermag nur menschliche oder dämonische *bhāvas* anzunehmen. Amma hingegen kann sich mit jedem göttlichen *bhāva* identifizieren. Es gab eine Zeit, in der ich Amma während ihrer *bhāva darśans* eingehend beobachtete. Der *guru* mag bei den Narrheiten eines Menschen mitspielen, der sogar nachdem er den *guru* gefunden hat, immer noch versucht, ihn mit dem Intellekt zu begreifen. Auch ich versuchte, die Unendlichkeit, die Amma verkörpert, mit dem begrenzten Maßstab meines Verstandes zu ermessen. Amma, die Verkörperung des Mitgefühls, betrachtete meine Handlungen als die eines unwissenden Kindes und lachte herzlich über meine Torheiten. Wenn der Sohn mit seinem Vater einen Ringkampf veranstaltet, gesteht der Vater gern seine ‚Niederlage' ein. Nicht nur das, er versäumt auch nicht, den Sohn für seine Stärke zu loben! Ein Vater verhält sich so, weil er sein Kind glücklich machen will. Auf ähnliche Weise hörte Amma nicht auf, mich bei meinem Versuch, sie mit dem Intellekt zu erfassen, zu ermuntern. Dies habe ich oft genug erfahren. Als *Duḥṣāsana* versuchte, *Draupadī* zu entkleiden, brach er schließlich erschöpft zusammen.[10]

Bis am Ende auch ich hinfiel, ermattet von meinen Versuchen, die Wahrheit mittels intellektueller Taktik zu enträtseln, wartete Amma die ganze Zeit geduldig und voller Mitgefühl auf mich.

[10] Im *Mahābhārata* befiehlt *Duryodhana* seinem Bruder *Duhṣāsana*, *Draupadī* öffentlich zu entkleiden, um sie zu demütigen. In völliger Hilflosigkeit ruft sie nach *Kṛṣṇa*, durch dessen Gnade sich der Sari, den sie trägt, in einen endlosen Stoffballen verwandelt.

In der Laube des Herzens

5

Selbst in der Stille liegt Musik. Auch in der Ruhe gibt es Tanz. Sogar im Hässlichen ist Schönheit. Die Beruhigung der Glückseligkeit findet sich sogar in der Hitze des Kummers. Wir können es erfahren, wenn die göttliche Liebe in uns erwacht. Dies erkannte ich als Erstes in Ammas heiliger Gegenwart. „Wie könnten wir irgendetwas zurückweisen, mein Sohn? Lasst uns lernen, das Leben zu genießen. Wenn wir uns Gott unterordnen, wird er unsere bisherigen Vorstellungen richtigstellen. Wir benötigen eine Haltung vollkommener Hingabe. Die bisher von uns bevorzugten Ideen verdienen es, ausgelöscht zu werden."

Solange die Sonne scheint, bemerken wir keine Glühwürmchen. Kerzenlicht ist bei Sonnenschein nicht nötig. Wenn die Erkenntnis langsam in uns erwacht, werden alle illusionären Erfahrungen vertrieben. Amma ist diese Weisheits-Sonne, der große Fluss der Barmherzigkeit. Sie führt uns aus dem Schattenreich der Vereinzelung zur Lichtsäule der Vollkommenheit.

Amma war die Antwort auf alle meine zweifelnden Fragen, und sie war auch der lebende Beweis für diese Antworten. Logik und Verstand schwinden in Ammas Gegenwart. Der Himalaya meines Egos schmolz in Tränen dahin, die Ammas heilige Füße wuschen.

Mein Leben wurde zu einer Rückkehr in die verlorene Kindheit. Die Tage, die folgten, brachten mir zu Bewusstsein, dass Kindheit kein Zustand ist, den nur jene erleben können, die einer bestimmten Altersgruppe angehören. Alle, die in Ammas Gegenwart leben, gelangen zu der Einsicht, dass Menschen jeglichen Alters die Süße der Kindheit erfahren können. Das wird in den Augenblicken offensichtlich, in denen wir unser Ego Gott oder dem *guru* unterordnen. Ich bemerkte nicht, dass ich in ihrer Nähe wieder zum Kind wurde. Ihre ebenso wunderbare wie machtvolle

Mütterlichkeit ließ das Gefühl in mir entstehen, wir seien nichts als tapsige kleine Kinder. Angesichts des großen Flusses von Ammas Liebe und Mitgefühl wurde ich zu einem Nichts. Alles, was ich sah und hörte, gewann für mich eine neue Bedeutung.

* * *

Das *Taipuyam*-Fest[11] im Tempel von Harippad. – Tausende drängten sich im Tempel selbst und in den Straßen, um dem *Kavadi*-Tanz zuzuschauen.

Devotees, die ein religiöses Gelübde abgelegt hatten, trugen den *Kavadi* als eine Darbringung an *Muruga*. Viele Kavadi-Träger tanzten im Takt der Trommeln und der Musik. Wie prachtvoll war der Anblick tausender Pfauenfedern, die sich hintereinander bewegten!

Ausgelassen tanzte die Schar der Devotees – gleichsam lebendige Symbole einer Unschuld, welcher alles Künstliche fehlt. Sie tanzten nicht für eine bestimmte Person oder für irgendeine Art von Entlohnung. Der Rausch ihrer Hingabe gipfelte in diesem Tanz. Schon auf den ersten Blick erkannte man, dass es sich hier nicht um bezahlte und alkoholisierte Tänzer handelte. Für diese Devotees, die das Gelübde seit Tagen in allen Details befolgt hatten, die Lord Muruga anbeteten, die um Almosen bettelten, um ihren persönlichen Stolz und ihr Ehrgefühl abzulegen, die sogar dazu bereit waren, ihr Körperbewusstsein Gott zu überantworten, waren dies Momente unbeschreiblicher Seligkeit. Sie waren reine Seelen, die die materielle Welt vollständig, wenn auch

[11] Der Tag des *Puyam*, dem achten aufsteigenden Mondzyklus des Monats Tai. Dieser Tag ist traditionellerweise *Muruga* gewidmet. Enthusiastische Verehrer tragen einen mit Pfauenfedern geschmückten *Kavadi* (gebogene Stange), um *Muruga* freundlich zu stimmen. Viele Kavaditräger tanzen. Einige von ihnen durchstechen ihren Körper mit einem Speer oder einem Dreizack. Als Teil ihres Gelübdes gehen manche auch über ein Bett glühender Kohlen.

nur vorübergehend, vergessen hatten und sich im Rhythmus des großen kosmischen Tanzes bewegten. Diese Devotees wurden in Lord Murugas farbenprächtiges Gefährt verwandelt.

Solche Feste sind eine Gelegenheit, die heilige Erfahrung zu machen, in einen Boten des Göttlichen verwandelt zu werden. Um als Gefährt für das Göttliche zu taugen, sollten unsere Herzen zu geheiligten Schreinen werden. Wie *Śrī Kṛṣṇa* zu *Arjuna* sagte, handelt es sich bei unserem Körper um einen Tempel. Amma erinnert uns daran, dass wir, wenn unsere Seelen zu Tempeln geworden sind, Göttlichkeit in uns wahrnehmen. Ihr Anliegen ist es, uns alle zu solchen lebendigen Tempeln zu machen. Wir müssen zu Boten des Göttlichen werden, die fähig sind, überall im Land Frieden zu verbreiten. Selbst jene, die sich in sinnlichen Vergnügungen ergehen, können durch Gelübde Unschuld und Reinheit der Hingabe erlangen. Die Dreizacke, die in der Haut der Muruga-Devotees stecken, verletzen sie nicht. Sie verbrennen sich auch nicht die Füße, wenn sie über glühende Kohlen gehen. Der Grund dafür ist, dass ihr Geist ganz in Gott aufgegangen ist. Solange dies andauert, legt ihnen die Natur keine Hindernisse in den Weg.

Es gab einen Schüler *Śaṅkarācārya*s, der alles andere vergaß, als er den Ruf seines *guru* vernahm: Er ging einfach über einen Fluss; Lotusblüten öffneten sich, um seinen Füßen Halt zu geben.[12] Die Natur kann nicht umhin, denjenigen zu helfen, die sich im Gedanken an Gott verlieren. Die Augenblicke, in denen wir – zumindest für kurze Zeit – unsere Identifikation mit Körper, Gemüt und Verstand vergessen, gewähren uns wundersame Erfahrungen. „Mein Sohn, gibt es für den, der sein Ego überwunden hat, irgendetwas, was unmöglich wäre?“ Ammas Worte sind nicht irgendwoher entliehen. Wie Nektar fließen sie vom Thron der Allwissenheit, auf dem sie sitzt. Sie ist die göttliche Gegenwart, die selbst Fragen nach Gott unwichtig erscheinen lässt. „Gibt es

[12] Dieser Schüler wurde bekannt unter dem Namen *Padmapāda* (wörtlich: „lotusfüßig“).

irgendetwas, das nicht Gott ist?“ Solche Äußerungen werden nicht ohne weiteres von allen verstanden. Ein gewöhnlicher Mensch kann vielleicht Körper, Gemüt und Verstand teilweise oder völlig überwinden, wenn er die eigene Individualität vergisst. Ein Mann, der an seine Geliebte denkt, bemerkt nicht den Menschen, der direkt an ihm vorbeigeht. Wenn ein Dienstmädchen an ihr Baby denkt, das sie schlafend im Haus zurückgelassen hat, nimmt sie von nichts Notiz, selbst wenn ihre Kleider Feuer fangen. Im Leben normaler Menschen geschieht es manchmal, dass die Sinnesorgane zu funktionieren aufhören, ohne dass es ihnen bewusst ist. Doch können sie diesen Zustand nicht dauerhaft aufrechterhalten. Wenn das Gemüt zur Ruhe kommt, werden die Bereiche göttlicher Erfahrung im Innern aktiviert.

Als ich mich einstmals während eines *Devibhāvas* in Ammas Gegenwart aufhielt, bemerkte ich, wie eine Gruppe von Menschen aus Tamil Nadu tanzte und sich heiser lachte. Mit geschlossenen Augen bewegten sie sich ungemein rasch, und ihre Körper gerieten während des Tanzens nahe aneinander. Der Tanz war so kraftvoll, dass sie, wären sie zusammengestoßen, erledigt gewesen wären! Doch erstaunte mich die Tatsache, dass sie niemals ineinander liefen oder sich stießen, obwohl sie doch mit geschlossenen Augen tanzten. Später erfuhr ich, dass sie beim Schrein des *Madan* in Kollam das Gelübde abgelegt hatten, durchs Feuer zu tanzen. Ebenfalls erfuhr ich, dass sie den Feuertanz erst in Angriff nahmen, nachdem es ihnen von Amma gestattet worden war. Ich fragte sie, warum sie sie um Erlaubnis gefragt hatten. Sie erzählten, dass sie sich immer dann, wenn sie ohne Ammas Erlaubnis den Feuertanz ausgeführt hatten, Verbrennungen zugezogen hatten. Diese Devotees, die gekommen waren, um Ammas Genehmigung zu erhalten, tanzten nun in völliger Selbstvergessenheit. Sie bewegten sich in einem schreckenerregenden Tempo und lachten dabei ausgelassen. Ich begriff nicht, was dieser Lach-Tanz zu bedeuten hatte. Also fragte ich Amma. Sie sagte: „Mein Sohn, sie glauben möglicherweise, dass Gott heftiges Gelächter mag. Es kann sein, das sich uneingeschränkte Glückseligkeit in solchem Gelächter Ausdruck verschafft. Daraus entsteht dann ein Tanz."

Wenn Worte sich als unzureichend erweisen, die Emotionen des Gemütes zu vermitteln, drücken sie sich aus im Tanz. Wenn wir ärgerlich werden, verändern sich unsere Gestik, unser Blick, unsere Bewegungsabläufe, unsere Atemfrequenz wie auch unser Gesichtsausdruck – sie werden tänzerisch. Fühlen wir Liebe, verändern sich ebenfalls unsere Bewegungen; unsere Gestik und Mimik verwandeln sich vollkommen, sie werden zum Tanz. Die Glückseligkeit göttlicher Erfahrung macht uns zu Tänzern.

Wir können das Leben gemäß unseren Begriffen umformen. Wir vermögen den Gott unserer Vorstellung zu verwirklichen. Was immer wir auch werden wollen – wir haben die Möglichkeit dazu. Doch sollten wir zuerst in unserem Geist die richtigen Ideen entwickeln.

In diesem Leben können wir die Fülle der Ganzheit erreichen. Durch ihr Leben zeigt Amma uns den Weg dorthin. Warum dieses Leben verschwenden? Warum uns beschränken auf die Zwangsjacken von Körper, Gemüt und Verstand? Es gilt vielmehr, dieses geheiligte Leben als Gelegenheit zu begreifen, aus der Gefangenschaft im Käfig der Anhaftungen auszubrechen und sich zur Unsterblichkeit emporzuschwingen. Amma arbeitet ständig daran, diese göttlichen Eigenschaften teils durch ihren von Barmherzigkeit erfüllten Blick, teils durch eine tröstende Berührung, teils auch durch nektargleiche Worte in uns zu erwecken. Das Leben wird wunderbar, wenn wir unsere Perspektive ihm gegenüber ändern.

Die Sonne der Erkenntnis

6

Die tiefschwarze Nacht weicht dem Sonnenaufgang. Furcht und Schrecken, die uns die Finsternis einflößt, sind gebannt. Alle Ängste lösen sich auf, und die Strahlen der Sonne erfüllen alles Lebendige wieder mit neuer Kraft. Einen ähnlichen Wandel bewirkt Amma, indem sie die Sonne der Erkenntnis aufgehen lässt. Beunruhigender noch als die Nacht ist die Dunkelheit, die aus der Unwissenheit entsteht. So vermag das Gemüt die Illusion von etwas zu erzeugen, das gar keine Realität besitzt. Umgekehrt ist unser Denken auch die Ursache für das Nichtwissen im Hinblick auf alles, was *wirklich* existiert.

Wenn wir nur die äußere Welt zu verstehen suchen, nicht jedoch uns selbst, können wir die Wirklichkeit nicht erkennen, denn bei allem, was wir sehen und hören, handelt es sich um bloße Projektionen unserer eigenen Vorstellungen.

Ein Mann stand einmal verloren inmitten einer Menschenmenge, die sich in einer ihm fremden Sprache unterhielt. Erst als er den Klang seiner Muttersprache vernahm, fühlte er sich beruhigt. Jemand erklärte ihm, worüber die anderen die ganze Zeit gesprochen hatten — da änderte sich sein Gesichtsausdruck. Unwillkürlich entschlüpfte ihm ein Lächeln.

Der arme Mann war davon ausgegangen, die anderen hätten sich über ihn lustig gemacht. Er erfuhr erst, dass sie sich lobend über ihn geäußert hatten, als jemand, der seine Sprache kannte, auf ihn zukam und ihm geduldig die Sachlage erklärte. Er begriff, dass er seine Zeit mit Selbstmitleid verschwendet hatte, wo er sich doch hätte freuen können.

Es ist großes Glück, dass wir uns bei einem *mahā-guru* (großen Meister) in Gestalt einer Mutter befinden, die unsere vorgefassten Ansichten über das Leben berichtigt.

karayunna tiniyentin akhilēśi
tiruppādattaṇaññenna taṛiññillayō

Warum weinst du?
Weißt du nicht,
dass du die heiligen Füße
des Herrn erreicht hast?

(aus dem *bhajan Akalattākōvilil*)

Man merke sich die Zeilen dieses *bhajans* gut! Doch selbst nachdem wir Ammas *darśan* erhalten haben, wird es möglicherweise immer noch innere Feinde in Form von Zu- oder Abneigungen geben, die uns kummervolle Erfahrungen bereiten. Mit Hilfe des Unterscheidungsvermögens jedoch können wir sie überwinden.

Ich erinnere mich an eine Begebenheit, die sich ereignete, bevor ich in den *āśram* übersiedelte. An einem von Ammas Bhāvadarśan-Tagen hatte ich einmal keine Gelegenheit, mit ihr zu sprechen. Niedergeschlagen setzte ich mich in eine Ecke vor dem *Kalari.* Es war bereits die Zeit der Morgendämmerung. Der *bhāva-darśan* war vorüber, doch Amma war noch nicht schlafen gegangen. Viele Devotees umringten sie vor dem *kalari.* Manche Menschen glaubten, dass sich Amma, sobald der *bhāva-darśan* geendet hatte, wieder in ein einfaches Mädchen verwandelte. Was sie selbst betraf, so scheute sie sich nie, laut zu singen, mit den Devotees zu scherzen oder gar mit ihnen zu ringen. Denen gegenüber, die sie als Kind betrachteten, wusste sie sich auch als ein solches zu benehmen. Sie wusste ebenfalls, wie sie sich für diejenigen, die die göttliche Mutter in ihr sahen, in *Devī* verwandeln konnte. Vielleicht waren diese *līlās* (göttlichen Spiele) nötig, um uns zu zeigen, dass es in ihrer Macht stand, zu allem zu werden, was sie wollte. Wie viel Seligkeit alle in Ammas Gegenwart erfuhren, zeigte sich deutlich auf ihren Gesichtern. Diejenigen, die den morgendlichen Fünf-Uhr-Bus nach Hause nehmen mussten, wollten einfach nicht von ihr fort. Sie waren zu

Symbolen der Unschuld geworden, die sich Raum und Zeit nicht mehr bewusst waren. Sie tanzten und sangen mit ihr.

Plötzlich stand Amma auf und rannte zu mir. Sie setzte sich hin und fragte: „Mein Sohn, warum sitzt du hier allein? Willst du Amma nicht? Bist du stark genug geworden, allein zu sein? Alleinsein ist gut, mein Sohn. Du musst die Erfahrung des Alleinseins genießen.“ Indem sie meinen Kopf auf ihre Schulter bettete, sang sie:

Enne maraññu ñān ennilūṭannoru
tankakkināvil layichu
kōṭiyabdaṅgal pinniṭṭa kathakalen
cāru sirayiludichu yarnnu
Annutoṭṭanyamāy kkāṇān kazhiññilla
ellāmentātmāvennōrttu

Ich vergaß mich selbst und ging auf in einem goldenen
Traum, der aus meinem Inneren aufstieg.
Die Geschehnisse aus vergangenen Jahrmillionen
tauchten in mir auf.
Von diesem Tag an war ich unfähig, irgendetwas als
verschieden oder getrennt von meinem eigenen inneren
Selbst wahrzunehmen.
Alles war ein einziges Wesen.

(aus dem *bhajan Ānandavīthiil*)

Amma sagte: „Sohn, wenn du die Glückseligkeit des Alleinseins erfahren hast, hast du keinen Sinn mehr für ‚Andersheit.‘ Von diesem Tag an konnte ich nichts mehr als getrennt von meinem eigenen inneren Selbst wahrnehmen; alles war ein einziges Wesen.“ – Wieder und wieder sang Amma diese Zeilen.

Diejenigen, die eins geworden sind mit ihrer wahren Natur, diejenigen, die wissen, dass sie aufgegangen sind im Ozean Brahmans, der letzten Wirklichkeit, haben keinen Sinn mehr für das ‚Andere'. Alles ist ihr Eigenes. Überall sehen sie nur ihr eigenes Selbst.

Allein zu sein ist nicht gleichbedeutend mit Einsamkeit. Der Gedanke, dass wir einsam sind, beunruhigt uns und gibt Anlass zu Kummer. Er zerstört das Selbstvertrauen; er ist eine Brutstätte für Angstgefühle und macht das Leben zur Qual. Alleinsein jedoch ist nicht von der Art. Es ist ein Zustand der Einheit mit Gott. Dieser Zustand ist erfüllt mit kostbaren Augenblicken, in denen wir unser Herz Gott ausschütten. Wo ist der Ort, an dem wir allein sein können?

Wenn jeder Ort von Gott erfüllt ist, macht es keinen Sinn, auch nur daran zu denken, wir seien einsam. Wir müssen die Fähigkeit erlangen, das Alleinsein zu genießen.

Das Leben eilt dahin. Wo bleibt Zeit zum Alleinsein, wenn wir verstrickt sind in den Fesseln unserer Anhaftungen? Das materielle Leben wird zu einem Gefängnis. Wenn wir dort bleiben, wie können wir dann die Schönheit der goldenen Morgendämmerung ewiger Freiheit genießen? Deshalb sagt Amma: „Kinder, werdet frei. Begreift, dass das Leben im Moment reine Sklaverei ist. Gebt die Vorstellungen auf, die ihr bisher hochgehalten habt."

Ein Elefant, den man gefangen hat, unterwirft sich schließlich seinen Trainern. Nachdem man ihn einmal dressiert hat, bricht er nicht mehr aus, selbst wenn sein Gehege nur aus Zweigen besteht. Niemand sagt ihm, dass er nur in einem Käfig aus Zweigen eingesperrt ist. In der Vorstellung, von einem eisernen Zaun umgeben zu sein, findet sich der Elefant mit seinem Gefängnis ab.

Wir sind in einem Käfig gefangen, der sogar noch weniger stabil ist als eine Umzäunung aus Zweigen. Ein sinnlicher Mensch jedoch kann sich nicht befreien; ebensowenig jemand, der träge ist. Nur der Mutige ist dazu in der Lage. Wenn wir es schaffen, aus diesem Gefängnis auszubrechen, werden alle unsere bis dahin gehegten Vorstellungen ausgelöscht. Das Leben wird zu einem Spielplatz, auf dem wir grenzenlose Seligkeit erfahren.

Durch spirituelle Praxis können wir uns selbst inmitten einer tobenden Menschenmenge allein fühlen. Dazu aber muss das Gemüt erst erzogen werden. Wenn wir das Selbst inmitten aller Dinge wahrnehmen, beginnt das Gefühl des Verschiedenseins zu schwinden. Seid angefüllt mit der Kraft, die ihr jetzt noch verschwendet! Werdet zu einem Speicher voller Energie! Wenn das Licht des *Ātman* überzufließen beginnt, entsteht das Gefühl, dass das eigene Selbst alles erfüllt. Erinnert euch an Ammas Worte: „Vergeudet eure Energie nicht damit, auf andere zu schimpfen oder euch zu grämen."

Wir müssen die Fähigkeit erlangen, die Seligkeit des Alleinseins zu genießen, statt in Abgeschiedenheit trüben Gedanken nachzuhängen. Wenn wir unseren Schmerz dem Herrn überantworten, werden selbst kummervolle Tränen süß. Wir müssen darauf achten, uns nicht mit den Regenwolken unseres Kummers zu identifizieren. Wolken sind flüchtiger Natur. Wie sollten die Wolken unserer schwachen Gedanken dazu fähig sein, die Sonne des *Ātman*, unseres Selbst, zu verdunkeln? Die Idee, die Wolken könnten die Sonne verfinstern, ist reine Einbildung. Wie kümmerlich klein sind die Wolken, verglichen mit der Größe der Sonne! Schon ein leichter Windstoß reicht aus, um die Wolken der schwachen Gedanken zu zerstreuen! Uns scheint es so, als ob sie die Sonne verdeckten. Tatsächlich jedoch verdunkeln die Wolken lediglich unsere Sicht, nicht die Sonne selbst. Öffnen wir daher das Auge, das nicht durch den Schleier der *māyā* verhüllt werden kann – das Auge der Erkenntnis!

Amma ist gekommen, um unser Auge der Erkenntnis zu öffnen. Dafür nimmt sie die Last unserer Sünden auf sich. Für *mahātmas* (große Seelen), die reines Mitgefühl verkörpern, gleicht selbst *saṁsāra* einem Spielfeld.

Die Reise zum Selbst ähnelt einer Bergbesteigung. Da es sich um eine Expedition zum Gipfel handelt, sollten wir allen überflüssigen Ballast abwerfen; andernfalls wird die Reise mühsam werden. Je leichter unsere Bürde ist, desto einfacher wird die Reise.

In Wahrheit ist nichts, was wir mit uns herumtragen, wirklich notwendig. Wir gleichen dem Wahnsinnigen, der einen Haufen Abfall in Säcke stopft und sie den Berg hinaufschleppt. Übermüdet und unfähig, die Reise zu vollenden, müssen wir uns schließlich in den Tod fügen.

Wir können die Last unserer karmischen Schuld, die wir seit vielen Existenzen mit uns herumtragen, Amma zu Füßen legen. Die Barrieren der Selbstsucht stürzen ein in ihrer Gegenwart, die die kosmische Macht herbeigerufen hat, um Millionen von Seelen zu befreien. Der Kummer des *saṁsāra,* löst sich auf im Angesicht des Wunders allumfassender Mutterschaft.

Die Welt wird durch die verzaubernde Macht der Liebe zusammengehalten. Wo Liebe ist, gibt es keine Distanz. Wenn Liebe vorhanden ist, wird sogar die Sprache überflüssig – Schweigen aber ist die Sprache des *Ātman*, der Seele. Der Ganges der Liebe stürzt herab von der Ebene des *Ātman.* Worte sind unfähig zu definieren, was Schweigen vermitteln kann. In früherer Zeit kommunizierten der *guru* und die Schüler durch das Medium der Stille. Sie hatten einen Zustand erreicht, in dem sie alles verstehen konnten, ohne zu sprechen. Dies ist möglich auf dem Gipfelpunkt der Liebe. Die Mutter weiß, was ihr hungriges Kind braucht, noch bevor sich sein Gesicht verzieht.

Die Weisheit, dic Amma in den frühen Tagen durch die Macht bloßen Schweigens vermittelte, hatte ich zuvor weder in weisen Worten noch in heiligen Büchern entdecken können. Wenn wir aufmerksam sind, erkennen wir, welch große Veränderungen allein infolge der Wandlungen in Ammas Gesichtsausdruck in uns vor sich gehen. Ein einziger Blick von ihr hat mehr Kraft als tausend Worte. Was kann durch Worte nicht gelehrt werden? - *Das*, was der *guru* vermittelt!

Selbst an Tagen, da sie völlig in stiller Meditation versunken war, hörte Amma nicht auf zu lehren. Durch höchste Liebe versucht sie, die menschlichen Herzen zusammenzuführen. Der Schauer der Gnade des *guru* fällt auf denjenigen Schüler, der eine Haltung der Liebe und Ergebenheit einnimmt. Mit dieser Haltung der Selbsthingabe hatte sich *Ekalavya* die Lehren *Droṇācāryas*[13] in der Kunst des Bogenschießens angeeignet.

Wo Liebe ist, fehlt auch Hingabe nicht. Ein *jñānin,* d.h. ein Kenner der höchsten Wahrheit, befindet sich in einer Liebesbeziehung mit dem ganzen Universum. Wie könnte auch jemand, der alles in sich selbst erfährt, zur Liebe unfähig sein? Als der kleine *Kṛṣṇa* seinen Mund öffnete, um *Yaṣodā* das ganze Universum zu zeigen, fiel sie in Ohnmacht. Obwohl Ammas Kinder nicht die geistige Stärke besitzen, die kosmische Vision *(viśvarūpa-darśana)* zu verkraften, so ist sie dennoch bereit, uns alles durch ihre mütterliche Zuneigung verstehen zu lassen.

Mit jedem Gedanken beeinflussen wir die Natur. Daher ist es ein Vergehen, die Natur durch schlechte Gedanken zu verschmutzen. *Manā kṛtam rāma, na śarīra kṛtam kṛtam.* „Der Geist ist der Handelnde, Rāma, nicht der Körper." Dies sagt der Weise *Vasiṣtha* im *Yoga Vāsiṣtha.* Mit anderen Worten: nur eine vom Verstand beabsichtigte Handlung ist als solche zu bezeichnen. Wir müssen , selbst wenn wir etwas umdenken ohne es tatsächlich aus zu führen, die Konsequenzen davon tragen.

Amma ermahnt uns, das Instrument des Gemütes sehr vorsichtig einzusetzen. Die Art und Weise, wie die Menschen mit ihrem Mentalwesen umgehen, ähnelt dem Fall eines Kindes, dem

[13] Im *Mahābhārata* wird die Geschichte erzählt, wie *Droṇācārya,* ein Meister im Bogenschießen, es ablehnte, *Ekalavya* diese Kunst zu lehren, als letzterer ihn um Unterweisung bat. *Ekalavya* jedoch lernte im Verborgenen, indem er *Droṇācārya* heimlich beobachtete und anschließend vor einem Bildnis des Meisters übte. Als *Droṇācārya* davon erfuhr, verlangte er als *guru-dakṣiṇa* (Lehrerhonorar) *Ekalavyas* Daumen. Im Geiste wahrer Hingabe an den *guru* schnitt sich *Ekalvya* freudig seinen Daumen ab und überreichte ihn *Droṇācārya,* obwohl er wusste, dass er sich dadurch der Möglichkeit beraubte, das Bogenschießen je wieder ausüben zu können.

man eine brennende Fackel überreicht. Das Gemüt ohne das rechte Verständnis seiner geheimen Wirkungsweisen zu benutzen, kann zur völligen Zerstörung führen.

Aus diesem Grunde gibt der *guru* uns ein Mantra, damit wir lernen, das Gemüt zu zähmen. Durch die Wiederholung des Mantra können wir den Fluss der Gedanken reinigen. Letztere zu beseitigen ist nicht einfach. Doch wir können mit guten Gedanken andere Gedanken schwächen und sie allmählich zum Verschwinden bringen. Wenn wir, wie Amma sagt, ständig frisches Wasser in einen Eimer mit Salzwasser gießen, nimmt der Salzgehalt allmählich ab. Man erfülle also sein Gemüt mit edlen Gedanken. Dann wird man bald innere Reinheit erlangen.

Verliebt in die Natur

7

In Indien ist Anbetung nichts anderes als eine Art Vorbereitungstraining, um sich in die Natur zu verlieben. Auch heute können wir immer noch die Erfahrung machen, dass jedes Natur-Ding die unschuldigen *saṅkalpas* (Willensakte) von Menschen erfüllt.

Ich entsinne mich eines Vorfalls, der sich ereignete, als ich mich im vierten Schuljahr befand. Ich war im Haus einer Verwandten meiner Pūrvāśrama–Mutter, ganz in der Nähe meiner Schule. Ich genoss es, durch die Zuckerrohrfelder zu laufen und auf schmalen Wegen entlangzuschlendern. Als ich zum Mittagessen nach Hause kam, sagte meine Großmutter: „Mein Junge, nach dem Essen musst du zum *nāga*-Tempel gehen. Dein Onkel wartet dort."

Erst jetzt erinnerte ich mich wieder an das Fest in unserem Familientempel. Großmutter legte großen Wert darauf, dass alle Familienmitglieder an der Verehrungszeremonie teilnahmen.

Ich lief die Steintreppe vor unserem Haus hinunter. Zu laufen ist für ein Kind ganz natürlich; es empfindet Schnelligkeit und nicht Gehen als normal. Müdigkeit ist für Kinder, in denen ja Begeisterung jede Art von Bewegung begleitet, etwas Fremdes. Während ich also hinunterlief, war mir, also ob ich auf etwas Gummiartiges getreten wäre. Ich drehte mich um und schaute nach. Es war eine Kobra mit aufgerichtetem Kopf! Erschreckt lief ich hinter einen Baum und beobachtete, was geschah. Die Schlange glitt langsam vorwärts, bis sie den Weg erreicht hatte, den ich nehmen musste. Dort blieb sie liegen. Wie sollte ich an ihr vorbeikommen? Nun erkannte ich, dass es eine schlechte Idee gewesen war, so zu rennen. Es wäre überhaupt nicht nötig gewesen, eine Abkürzung zu nehmen, wo es doch eine große Straße gab, die ich problemlos hätte entlanggehen können. Ich kehrte nach Hause zurück und dachte über die Schlange nach, die mich nicht gebissen hatte, obwohl ich auf sie getreten war. Als ich das Tor erreichte, sah ich meine Großmutter auf mich warten. Sobald sie mich erblickte, begann sie zu lachen und sprach: „Ich wusste, du würdest kommen. Ich habe zu den Schlangengöttern gebetet."

„Wieso?", fragte ich voller Erstaunen.

„Ich hatte vergessen, dir die Kokosnuss mitzugeben, die eine Opfergabe für den Tempel ist. Also habe ich zu den Schlangengöttern gebetet, dass sie dich zurückkommen lassen." Als ich ihr erzählte, dass ich auf eine Schlange getreten war, lachte meine Großmutter. „Keine Sorge, mein Junge. Die Schlangengötter tun dir nichts." Sie legte eine Kokosnuss in eine Tasche und gab sie mir. „Mein Kind, diese Kokosnuss musst du beim Schrein der Schlangengötter opfern."

Vor langer Zeit war meine Großmutter sehr traurig gewesen darüber, dass die Blüten einer Kokospalme nicht zu Früchten herangereift waren. Damals hatte sie einen Schwur getan: „Wenn diese Kokospalme einmal Früchte trägt, werde ich die ersten Kokosnüsse den Schlangengöttern opfern." Meine Onkel jedoch, die von diesem Schwur nichts wussten, pflückten alle Kokosnüsse, um das Kokoswasser zu trinken. Selbst meine arme Großmutter hatte ihren Schwur vergessen! Als die Palme das nächste Mal Nüsse trug, sahen sie aus wie Schlangen! Die Menschen kamen herbei, um die Kokosnüsse anzuschauen, die Brillenschlangen ähnelten. Alle Kokosnüsse wurden beim Schrein der Schlangengötter geopfert. Als Ausdruck ihrer Reue gelobte meine Großmutter, fortan jedes Jahr eine Kokosnuss zu opfern. Die Nuss, die sie mir gegeben hatte, war die für jenes Jahr bestimmte gewesen.

In solch zartem Alter dachte ich nicht über die Bedeutung dieser Vorfälle nach. In der Kindheit fällt es einem nicht schwer zu akzeptieren, dass ‚die Dinge so sind, wie sie sind' – für Zweifel ist noch kein Raum. Ist aber der Verstand erst herangewachsen, so tauchen Fragen auf. Die gegebenen Erklärungen für diese Erscheinungen erschienen damals natürlich; wirklich erklären können sie nur diejenigen, die die Geheimnisse des kosmischen Geistes ergründet haben. Als ich nach Erklärungen zu suchen begann, musste ich anerkennen, dass es in der Natur viele Erscheinungen gibt, die der Intellekt nicht begreifen kann.

Sowohl die beweglichen als auch die unbeweglichen Wesen (Menschen, Tiere, Pflanzen usw.) können wahrnehmen, wenn sich die Schwingungen des Gemüts in Einklang mit der Natur befinden. Die Reinheit der Unschuld öffnet die Blüten des Herzens. Amma liebkost uns mit der beruhigenden Brise mütterlicher Zuneigung und hüllt uns in den Duft der Liebe ein. Wenn wir erkennen, dass ihre unsichtbaren Hände überall im Universum gegenwärtig sind, entwickeln wir Selbstvertrauen.

Amma sagt, dass durch ein unschuldiges *saṅkalpa* alles erreicht werden kann. Solche Unschuld ist einem *jñāni* angeboren. Wenn auch die Unschuld eines Kindes und die eines *jñanis* ähnlich aussehen mögen, so ist doch die Ursache für die erstere bloße Unwissenheit, während es sich im Falle des *jñani* um Allwissenheit handelt.

Die Schönheit der Unwissenheit eines Kindes und die Schönheit der Weisheit eines *jñani* lassen beide zu einem Anziehungspunkt werden. Der Anblick eines Jungtiers ruft bei allen Menschen Gefühle der Zärtlichkeit hervor, selbst wenn es sich um ein wildes Tier handelt. Wer anders als ein *jñāni* wie Amma ist fähig, gleichzeitig ein Kind wie auch die universelle Mutter zu sein?

Wenn wir bei Amma auch zahlreiche Facetten ihres Wesens unterscheiden können – etwa das Selbstvertrauen, zu allem werden zu können, was sie will, Furchtlosigkeit, Humor oder die demütige Haltung, nichts zu wissen – so webt sie doch selbst auch die Māyā-Schleier, die andere daran hindern zu begreifen, *was* sie wirklich ist. Manchmal erinnere ich mich an die Tage, da ich umherwanderte, ohne mir der Tatsache bewusst zu sein, dass die Erkenntnis des Selbst nicht durch das trübe Licht des Verstandes erhellt wird.

In den Tagen, als ich noch zur Schule ging, war Radfahren ein Hobby von mir. Oft radelte ich durch verlassene Reisfelder. Doch diese Fahrten wandelten sich zu Erlebnissen ganz besonderer

Art, nachdem ich Amma kennengelernt hatte. Von Erstaunen ergriffen entdeckte ich in jedem Naturschauspiel einen Ausdruck von Ammas Zärtlichkeit. Als ich etwa sah, wie die kleinen Frösche durch mein Fahrrad aufgeschreckt wurden und ins Wasser sprangen, wagte ich nicht mehr, den Rain entlang zu fahren; auch brachte ich es nicht übers Herz, den Kreis vielfarbiger Vögel zu stören, die ausgelassen die Felder umschwirrten und so der Landschaft besondere Farbtupfer verliehen. Als ich zu erkennen begann, dass alle Dinge die Glorie Gottes verkünden, riefen solche Szenarien Ströme göttlicher Freude in mir hervor.

Von der Schönheit der Natur können wir nie genug bekommen, wie viel wir davon auch in uns aufnehmen mögen. Falls es uns gelingt, uns vom uranfänglichen Strom der Liebe in der Natur tragen zu lassen, hören unsere Vorstellungen von Raum und Zeit auf. Zukunft und Vergangenheit verschwinden, wenn wir den Gipfel göttlicher Liebe erreichen. Auch die Zeit erlischt. So vermag Liebe uns an die Schwelle von *samādhi* zu führen.

Meine Radtouren durch die reiche Natur mündeten oftmals in Schwierigkeiten. Einmal begab es sich, dass ich bis zur Dämmerung mit dem Fahrrad unterwegs war. Es war eine jener Erkundungsfahrten, bei denen ich keine Ahnung hatte, wohin ich fuhr. Vorne, hinten, rechts und links lagen weite Reisfelder. Als mir klar wurde, dass ich nicht die geringste Idee hatte, wo ich mich befand, wusste ich nicht mehr ein noch aus. Ich überlegte, ob ich jemanden fragen sollte. Doch die Zeit der Feldarbeit war vorbei; niemand befand sich mehr an diesem verlassenen Ort. Also trat ich wieder in die Pedale in der Absicht, meine Tour fortzusetzen, bis ich auf jemanden treffen würde. Ich versäumte nicht die Gelegenheit, das Wunder der Nacht auf mich wirken zu lassen. Silbrige Wolken schienen mich im Mondlicht zu begleiten. Die Angst, allein zu sein, schwand dahin. Dann plötzlich geschah es: Die Lampe an meinem Fahrrad verlosch. Unfähig, den Fahrweg zu erkennen, nahm ich eine Kurve, als das Fahrrad ins Rutschen kam. – Ich fiel in einen kleinen Teich. Als ich sah, dass das schmutzige Wasser meine Kleider ockergelb gefärbt hatte, empfand ich eine gewisse Freude. Vielleicht, so dachte ich, war dies ein Omen für irgendeine große Tat, die ich in der Zukunft einmal vollbringen würde. Ich fischte das Fahrrad aus dem Teich, stellte es auf den Feldrain und schaute es mir genau an. Als ich die Räder drehte, stellte ich fest, dass die Lampe noch gut funktionierte. Doch wie konnte ich nun zurückfahren, ohne vorher meine Kleider zu waschen? In der Nähe war weit und breit kein Haus zu sehen. Jedoch bemerkte ich einen kleinen Tempel unweit der Stelle, an der ich gestürzt war. Er war geschlossen, denn der tägliche Gottesdienst war lange vorbei. Dann sah ich in der Ferne ein Licht und fuhr in diese Richtung. Gott sei Dank, da war ein Haus! Die Lampe, die jemand während der Dämmerung angezündet hatte, war noch nicht verlöscht. Überrascht von dem Anblick jenes seltsam gekleideten Fremden fragte mich der Besitzer des Hauses: „Was ist passiert? So wie du aussiehst, musst du in den Feldern gestürzt sein." Er führte mich ins Haus und ließ mich ein Bad nehmen. Danach nahm ich auf der Veranda Platz. Ich trug meine nasse Kleidung, die ich inzwischen gewaschen hatte.

„Kind, an dieser Stelle auf dem Feld fallen die Menschen immer wieder hin. Keiner weiß, warum. Es ist dies die Route, die die Göttin zu nehmen pflegt. Niemand fährt dort mit dem Fahrrad entlang. Die, die es trotzdem versucht haben, sind alle hingefallen." Der Mann lächelte und fuhr fort: „Wahrscheinlich bist du dort nicht abgestiegen."

Die Frau des Hauses kam und sagte zu mir: „Trink' eine Tasse heißen Kaffee." Als ich die Tasse entgegennahm, dachte ich: „Das ist wirklich erstaunlich! Überall hat Amma Menschen damit betraut, mir mit Liebenswürdigkeit zu begegnen." Ich erinnerte mich an ihre unsterblichen Worte: „Kinder, glaubt nicht, Amma sei auf ihren Körper begrenzt."

Es muss eine unsichtbare Kraft gewesen sein, die dieses Ehepaar dazu inspirierte, einem Fremden so viel Liebe und Freundlichkeit entgegenzubringen. Als mir klar wurde, dass Ammas Hand hinter diesen Begebenheiten steckte, verneigte ich mich im Herzen vor den freundlichen Menschen und kehrte nach Hause zurück.

Der Strom von Ammas Liebe befähigte mich dazu, allen Menschen gegenüber wie ein Kind zu empfinden. Ihr Rat, immer ein Anfänger zu bleiben, raubte dem Ego alle Gelegenheit, sein Haupt zu erheben. Ich verließ jenes Paar erst, nachdem ich genaue Anweisungen über den Rückweg bekommen hatte. Als ich jedoch die Vorderseite des Tempels erreichte, überkam mich das Gefühl, dort für eine Weile unter einem Banyan-Baum auszuruhen. Hinter zertrümmerten Mauern gab es da einen kleinen alten, verfallenen Schrein. Ich setzte mich also für eine Weile unter den Banyan-Baum. Doch merkte ich nicht, dass ich tatsächlich bis zum Morgengrauen blieb. Hinterher versuchte ich mir ins Gedächtnis zu rufen, was geschehen war. Als ich Blumen auf meinem Schoß sah, erinnerte ich mich langsam wieder, was geschehen war.

Während ich unter dem Baum saß, hatte es angefangen zu regnen. Durch den Wind, der den Regen begleitete, fielen zahlreiche Blüten auf meinen Schoß. Als ich aufzustehen versuchte, bemerkte ich, dass ich dazu nicht fähig war, ja ich konnte mich nicht einmal mehr bewegen! Das beunruhigte mich. Doch plötzlich war der ganze Ort von Jasminduft erfüllt. Ich brauchte mich nicht lange zu fragen, wessen Hände es waren, die mich liebkosten. Eine Gegenwart, die der Erhellung durch das Mondlicht nicht bedurfte, beförderte mich in das Reich göttlicher Wonne – seltene Augenblicke, wenn alle Zeit dahinschwindet! Als ich aufwachte, begann ich wie ein Kind zu schluchzen.

Wenn man einmal die Liebe der universellen Mutter in sich aufgenommen hat, kann einen danach nichts mehr fesseln. Zuerst in den Teich fallen – und anschließend in die göttliche Erfahrung stolpern: Ich begriff, dass sich dies alles infolge der Gnade *Jagadīśvarīs,* der göttlichen Herrscherin des Universums, ereignet hatte. Der Friede, den ich unter dem Banyan-Baum erfuhr, war derselbe wie der, den ich wahrnehm, wenn ich bei Amma sitze.

Mit tränen erfüllten Augen rief ich mir ihre Worte ins Gedächtnis zurück: „Amma ist nicht auf diesen Körper beschränkt."

Prüfungen bei der Suche nach Gott

8

Viele Menschen verstanden nicht recht, was es mit Ammas *bhāva-darśans* auf sich hatte. Die meisten waren der Ansicht, dass der Geist *Kṛṣṇas* oder *Devīs* während solcher *darśans* von Amma Besitz ergriff. Auch ich hatte in dieser Angelegenheit meine Zweifel. Konnten *Śrī Kṛṣṇa* oder *Devī* den Körper eines Menschen in Besitz nehmen? Seit der Zeit, da ich angefangen hatte, nach Gott zu suchen, war es immer mein Ziel gewesen, blinden Glauben, zu zerstören!

So begann ich also, Amma während der *bhāva-darśans* genau zu beobachten. Obwohl mein Verstand es nicht akzeptierte, war ich doch verblüfft über den außergewöhnlichen Charakter dessen, was ich sah. Die Spontaneität und Vollkommenheit jeder von Ammas Bewegungen hatte etwas Überwältigendes an sich. Was genau war eigentlich ein *bhāva-darśan*? Was geschieht mit Amma während dieser Zeit?

Es ist die Fülle ihrer *bhāvas*, die ihre Göttlichkeit ausmacht. In mütterlicher Stimmung ist sie eine Mutter, die Zärtlichkeit offenbart. Wenn sie das *guru-bhāva* annimmt, wird sie zu einem strengen Meister. Während des *Kṛṣṇa-bhāva* ist sie der Liebling der Einwohner von *Ambādi*[14], *Kṛṣṇa*, der alle mit seinen Streichen zum Lachen bringt. Während des *Devī-bhāva* ist sie *parāśakti,* die höchste Macht im Universum. Die Fülle dieser *bhāvas* kann nur in Gott selbst erschaut werden. Sie findet sich in keiner von Menschen ausgeführten Handlung, der die Schatten von Beschränktheit und Künstlichkeit folgen.

Als ich noch zur Schule ging, besuchte ich einmal ein Flötenkonzert und war davon völlig in Bann gezogen! Ich wollte unbedingt lernen, wie man Flöte spielt, doch mein Vater war

---

[14] Der Ort, an dem *Śrī Kṛṣṇa* aufwuchs.

davon nicht sehr angetan; er missbilligte alles, was meine Aufmerksamkeit von der Schule ablenken konnte.

Eines Tages, anlässlich eines Festes in einem nahe gelegenen Tempel, sah ich einen Mann, der wunderbar Flöte spielte. In seiner Nähe befand sich ein Stand, an dem neue Flöten verkauft wurden. Ich kaufte eine und versuchte in der Folge, mir selbst das Flötespielen beizubringen, doch es war einfach zu schwer. Mir wurde klar, dass ich einen Lehrer, einen *guru* benötigte, der es mich lehren würde. Ich sprach über das Problem mit meiner Großmutter und erhielt von ihr einen Rat: Sie meinte, es würde ausreichen, wenn ich zu *Śrī Kṛṣṇa*, dem größten Flötenspieler aller Zeiten, beten würde. Er würde es mir ganz sicher beibringen. Meine Großmutter übernahm die Garantie, und ich vertraute ihr.

Ich ging also zum Kṛṣṇa-Tempel und betete zum Herrn, er möge selbst zu meinem Flötenlehrer werden. Meine Gebete wurden erhört – schon nach kurzer Zeit war ich fähig, ein paar einfache Lieder auf der Flöte zu spielen und war auf Wolke sieben!

Daraufhin entschloss ich mich, Amma einer Prüfung zu unterziehen. Ob sie sich wohl daran erinnern konnte, wie sehr ich dadurch gesegnet war, dass *Kṛṣṇa* selbst mir das Flötenspiel beigebracht hatte? Während des *Kṛṣṇa-bhāva* wickelte ich also meine Flöte in Papier ein und brachte sie zum *Kalari.* Dann zeigte ich Amma das Paket und fragte sie, ob sie mir sagen könnte, was sich darin befände. Lachend antwortete sie: „Du wirst es mir sagen."

„Ich weiß ja, was darin ist", entgegnete ich. „Ich habe den Gegenstand schließlich eingepackt. Ich möchte es aber Amma sagen hören."

Sie lachte einfach nur. Schließlich brachte sie mich dazu, dass ich es sagte. Ich kam zu dem Schluss, dass sie versagt hatte: Sie hatte einfach nicht gewusst, was ich eingepackt hatte. Ich eröffnete ihr also, dass sich eine Flöte in dem Päckchen befand.

Amma erwiderte: „Nein, mein Sohn, darin ist keine Flöte. Es ist eine Packung Räucherstäbchen."

„Amma, da liegst du falsch!"

Während ich noch siegessicher erklärte, dass es ganz sicher meine Flöte sei und ich sie selbst eingepackt hätte, forderte Amma mich auf, das Päckchen zu öffnen. Alle schauten gespannt zu, als ich es aufmachte. Was ich sah, schlug mich zu Boden: Es war tatsächlich ein metallener Zylinder, der Räucherstäbchen enthielt. Ich traute meinen Augen nicht. Wie war so etwas möglich?

„Amma, bist du eine Zauberin? Du hast eine Flöte in einen Zylinder mit Räucherstäbchen verwandelt!" Ich war nicht mehr darauf aus, sie noch weiter zu testen, aber meine Flöte wollte ich schon zurückhaben. Ich fragte: „Wo ist meine Flöte?"

„Das weiß ich nicht. Hast du sie nicht selbst eingepackt?"

Unfähig, ihre Frage zu beantworten, stand ich sprachlos da. Ein paar Augenblicke später sagte Amma: „Sie ist hinter dem Kṛṣṇa-Bild im Pūja-Raum eures Hauses. Sofort kehrte ich nach Hause zurück, ging in den Pūja-Raum und suchte nach der Flöte. Sie war genau an der Stelle, die Amma beschrieben hatte. Wie konnte das geschehen sein? Ich war verblüfft und beschloss, der Sache auf den Grund zu gehen, indem ich versuchte, mir die exakte zeitliche Abfolge der Ereignisse des Tages zu vergegenwärtigen:

Als ich an jenem Tag, nachdem ich die Flöte eingepackt hatte, eben im Begriff gewesen war, das Haus zu verlassen, hatte mir meine Pūrvasrama-Mutter aus der Küche zugerufen: „Mein Sohn, iss erst noch etwas, bevor du fortgehst."

Es war noch ein wenig früh, daher hatte ich eigentlich gar nichts essen wollen, doch meine Mutter bestand darauf. Ich ließ die eingepackte Flöte auf dem Wohnzimmertisch liegen und ging in die Küche, um zu frühstücken. In diesem Moment war mein Vater mit einem in Papier eingepackten Röhrchen Räucherstäbchen nach Hause gekommen. Bevor er den Pūja-Raum betrat, ging er ins Badezimmer, um sich die Füße zu waschen. Die Packung Räucherstäbchen ließ er auf dem Tisch zurück. Anschließend nahm er versehentlich die eingepackte Flöte statt der Räucherstäbchen und legte sie hinter das Bild *Kṛṣṇas,* wo er sie für gewöhnlich aufbewahrte. Als ich nun aus der Küche zurückkehrte, nahm ich das Päckchen, das ich auf dem Tisch liegen sah, in der Annahme, es handele sich um die besagte Flöte, mit der ich Amma prüfen wollte. Dann eilte ich zur Bushaltestelle. Ich war mir zu diesem Zeitpunkt nicht bewusst, dass die jederzeit zu Streichen aufgelegte Amma die beiden Päckchen vertauscht hatte, um mich an der Nase herumzuführen. Nun aber, da klar geworden war, dass ich die Flöte nicht verloren hatte, war ich hocherfreut. Und ich machte die Erfahrung, dass es erhebend ist, seine Niederlage gegenüber einem Menschen einzugestehen, den man liebt.

Im *Mahābhārata* wird eine Begebenheit geschildert, die sich während der Zeit ereignete, als die Pāndava-Brüder im Exil waren. Eines Tages kam *Kṛṣṇa* dorthin, um sie zu besuchen. Er ruhte sich aus, indem er seinen Kopf auf *Arjunas* Schoß legte, und sprach zu ihm: „Siehst du die Krähe dort sitzen?"

„Ja, Herr", sagte *Arjuna.*

„Ich denke doch, es ist eher ein Kuckuck als eine Krähe", korrigierte *Kṛṣṇa* sich selbst.

„Ja, es ist ein Kuckuck", pflichtete *Arjuna* ihm bei.

Doch *Kṛṣṇa* korrigierte sich abermals und sagte stattdessen: „Das ist gar kein Kuckuck, das ist ein Pfau."

„Oh ja, nun sehe ich auch, dass es ein wunderbarer kleiner Pfau ist."

Kṛṣṇa machte alledem ein Ende und sagte: „*Arjuna*, das ist weder eine Krähe, noch ein Kuckuck noch ein Pfau – es ist vielmehr ein Geier. Warum hast du mir die ganze Zeit zugestimmt, als ich all die anderen Dinge sagte, wo doch klar zu erkennen war, um was für einen Vogel es sich tatsächlich handelt?"

Arjuna antwortete: „Herr, du bist allmächtig; also kannst du leicht eine Krähe in einen Kuckuck, einen Kuckuck in einen Pfau und einen Pfau in einen Geier verwandeln. Ich weiß, dass deine Wahrnehmung der meinen überlegen ist."

Mit dieser Geschichte im Hinterkopf gab ich die Neigung auf, Amma testen zu wollen. Wenn sie uns mit Zärtlichkeit überhäuft, so tut sie das in dem Bestreben, uns durch die Tore der

Geheimnisse zu führen, die das Leben in sich birgt. Sie erzeugt Situationen, die uns eines Tages aus dem Schlaf aufwachen und durch diese Tore gehen lassen. Es gilt, unermüdlich danach zu streben, zu einer erhabenen Lebensperspektive zu gelangen; es kommt darauf an, eine spirituelle Sichtweise zu entwickeln, damit wir schließlich Gott erreichen. Dann vermögen wir, ebenso wie Amma selbst, in die Gesänge berauschender Seligkeit einzustimmen. Ein *guru* wie sie gleicht einer Brücke, die uns zum höchsten Zustand hinüberleitet. Die Brücke besitzt zwei Enden: Auf der eine Seite befinden wir uns augenblicklich, die andere Seite ist die Küste der Unsterblichkeit. Deshalb sagt man, der *guru* sei größer als Gott.

Von einem *mahātma* ist die Aussage überliefert: „Ich kann zwar auf Gott verzichten, meinen *guru* jedoch kann ich niemals aufgeben. Der Grund dafür ist, dass Gott mir dieses Leben geschenkt hat, während der *guru* mich aus den Fängen *māyās* befreit."

Damit ist gesagt, dass ein *guru* wie Amma uns sowohl nah als auch fern steht. Es ist zweifellos wahr, dass sie uns ihre mütterliche Zärtlichkeit empfinden lässt. Gleichzeitig ist sie unserem materiellen Körper nicht verhaftet, sondern geht ganz im Ozean höchster Glückseligkeit auf. In diesem Sinne kann man sagen, dass sie uns ebenso nah wie auch fern ist. Jesus Christus sprach: „Ich bin der Weg, die Wahrheit und das Leben." Wenn wir eine Bindung zum *guru* entwickelt haben, fungiert er als Brücke zum höchsten Ziel. Damit dies gelingt, sollten wir ihm intensive Liebe entgegenbringen. Diese Liebe führt uns zu den endlosen Küsten der Glückseligkeit. Der *guru* erleuchtet unseren Pfad mit dem klaren Licht des Erkennens. Alles, was er tut, dient dazu, unseren Blick auf das Göttliche zu klären und wiederzubeleben. In einer solchen Klarheit wird alles möglich.

Amma sagt, unerschütterlicher Glaube sei nötig, um das höchste Ziel zu erreichen. Wenn wir bei ihr bleiben, wird uns früher oder später klar werden, dass nichts unmöglich ist. Jedes

Individuum besitzt unermessliche Stärke, denn das Göttliche wohnt in allen Menschen. Die Quelle unseres Daseins ist Gott, doch vergisst der menschliche Geist dies nur allzu leicht. Er bildet sich ein, dass ihm diese Stärke fehlt, und so streben die Menschen danach, durch künstliche Mittel – d.h. Geld oder Macht – Kraft zu erlangen. Millionen Menschen tun dies. Sie suchen an den falschen Stellen. Ohne den Ozean kann die Welle nicht existieren; sie ist nichts als ein Anschwellen des Ozeans. Die Welle birgt in sich eine überragende Kraft, doch erkennt sie das nur, wenn sie sich bewusst wird, dass sie eine Äußerung des weiten Ozeans ist.

Die Welle kann all dies vergessen. Selbst wenn sie nichts vom Ozean weiß, ist sie gleichwohl mit ihm identisch. Amma, der Ozean des Mitgefühls, ist heute hier bei uns, um uns dabei zu helfen, der eigenen wahren Natur wieder innezuwerden.

Ich entsinne mich eines Vorfalls, der sich einmal während eines *Kṛṣṇa-bhāva* ereignete. Beim *Kṛṣṇa-bhāva* pflegte Amma *darśan* zu geben, während sie einen Fuß auf ein Postament stellte. Man sah deutlich, wie ihr ganzer Körper vibrierte. Die Kleider und Ornamente, mit denen die Devotees sie schmückten, schimmerten, während ihr Körper zitterte. Auf ihrem Gesicht war ein schelmisches Lächeln zu sehen, während sie nach beiden Seiten blickte. Sogar die Farbe ihrer Haut wurde dunkelblau! Ihre göttliche Schönheit war unbeschreiblich; die Schar der Devotees war ganz gefangen genommen von der Atmosphäre hingebungsvoller Gesänge, sie erfuhren himmlische Glückseligkeit. Devotees, die mit einem Herzen voller Sorgen gekommen waren und sich hinterher in großem Gelächter ergingen, waren während des *Kṛṣṇa-bhāva* keine Seltenheit. Die gekommen waren, um Amma von ihren Sorgen zu erzählen, hatten oftmals keine Gelegenheit dazu. Ihr Mund war entweder mit Bananenstücken vollgestopft oder ihnen wurde die ganze Zeit über Wasser in die Kehle gegossen. Am Ende vergaßen sie all ihren Kummer und gingen lachend fort. Obwohl es ihnen nicht möglich war, irgendetwas zu sagen, bemerkte ich, dass ihnen die Lösung ihrer Probleme ins Ohr geflüstert wurde.

Woher weiß Amma nur, was im Innern der anderen vor sich geht? Verstand sie auch mich? Oder weiß sie nur, was sie mit eigenen Augen sehen kann? Ich wollte das prüfen.

Mit ihrem von Mitgefühl erfüllten Blick, ebenso wie mit ihrer Berührung segnete Amma die Schar der Devotees, die durch die Kraft, die sie aussandte, in Erstaunen versetzt wurden. Solch eine Kraft vermag den Himmel auf Erden herbeizuzaubern. Die Devotees sehnten sich nach einer Gelegenheit, nahe bei ihr zu stehen und ihr Luft zuzufächeln. Sie zögerten auch nicht, dieses Dienstes wegen miteinander zu konkurrieren. An jenem Tag bekam ich einmal Gelegenheit, ihr Luft zuzufächeln. Obwohl ich lange Zeit mit dieser Aufgabe beschäftigt war, verspürte ich nicht die geringste Ermüdung und war daher auch nicht gesinnt, an andere, die mich darum baten, den Fächer weiterzugeben. Während des *Kṛṣṇa-bhāva* pflegte Amma sich von Zeit zu Zeit zum Eingang des *Kalari* zu begeben und die Devotees anzublicken, die draußen warteten. Im Rausch der *bhajans* vergaßen sie alles um sich herum und tanzten voller Seligkeit, als sie diese bezaubernde Gestalt erblickten.

Amma ging zur Tür des *Kalari.* Sie schaute auf die Schar der Devotees, die draußen standen und schaukelte von einer Seite auf die andere. Die Inbrunst derer, die die *bhajans* sangen, steigerte sich. Ihre Stimmen schwollen an. Ammas *tejas* (spirituelle Ausstrahlung) schien sich auf ihren Gesichtern niedergeschlagen zu haben.

Ich blickte auf die Stelle nahe bei dem Podest, auf den Amma ihren Fuß gestellt hatte. Dort stand ein Gefäß, das die Bananenstücke enthielt, die Amma den Devotees als *prasād* in den Mund steckte. Niemand beobachtete mich. Ich nahm mir ein Bananenstück und aß es. Amma schaute weiter nach draußen. Es galt herauszubekommen, ob sie wusste, was ich getan hatte. Nach zehn Minuten kam sie zurück zu dem Podest. Zu dieser Zeit hatte ich das Stück schon längst verschluckt. Sie schaute mich an und lächelte. Danach wandte sie sich an die Devotees, die überall herumstanden, und sagte: „Seid vorsichtig! Es gibt hier einen Dieb!"

Nur Amma und ich wussten, was sich zugetragen hatte. Die anderen ahnten nichts. Sie nahm einen der Schals, die sie am Körper trug und band mir die Hände zusammen. Das andere Ende wickelte sie sich um die Taille. Viele Stunden vergingen. Wegen des großen Andrangs der Devotees dauerte der *darśan* an diesem Tag sehr lange. Als er zu Ende war, flüsterte sie mir ins Ohr: „Sohn, Amma hat deinen Streich bemerkt!"

„Nun weiß ich, dass Amma sogar auf ihrem Hinterkopf Augen besitzt!" Als sie meinen Ausruf hörte, lächelte sie. Dann band sie meine Hände los. Seit jener Zeit ist meine Seele für immer durch das Band der Liebe an die ihre gebunden – ein Band, das niemals gelöst werden kann!

Die Süße des Todes

9

Alle fürchten sich vor dem Tod! Der Drang, das eigene Dasein zu erhalten, ist bei jedem Lebewesen gleich stark ausgeprägt. Tatsächlich ist der Tod jedoch eine göttliche Erfahrung. Oft wird er zu unserem *guru*. Erst im Angesicht des Todes wurde König *Parīkṣit* ruhig und gelassen. Und es war die Begegnung mit dem Tod, die Prinz *Siddharta* auf den Pfad zur Buddhaschaft führte.

In Wahrheit können nur die, die gute Taten vollbracht und ein reines Leben geführt haben, den Tod genießen. Amma segnete mich noch mit einer anderen Erfahrung, die mir die größten Geheimnisse des Todes enthüllte.

Seit ich Amma begegnet war, verließ ich am Wochenende das College, um nach *Vallikavu* zu fahren. Jeden Montag musste mich Amma dazu zwingen, ins College zurückzukehren. Eines Montagmorgens, als ich wieder einmal von ihr Abschied nehmen sollte, befahl sie mir, an diesem Tag nicht wegzufahren. Ich war außer mir vor Freude, einen ganzen weiteren Tag mit ihr verbringen zu können.

Sie ließ es sich nicht nehmen, mir selbst das Essen zuzubereiten. Auch ließ sie mich in ihrer Nähe sitzen und lange meditieren. Später wurde mir klar, dass sie das alles tat, um mich auf eine neue Geburt vorzubereiten. Als an diesem Abend nach den *bhajans Bālagopāl* (*Svāmi Amṛtasvarūpānanda*) und ich hinter dem *Kalari* standen und uns unterhielten, wurde ich von einer Schlange gebissen. Blut rann aus der Wunde an meinem Bein, und wir beide standen wie betäubt da, ohne zu wissen, was wir tun sollten. Langsam setzte ich mich hin. Plötzlich – wie aus dem Nichts – erschien Amma. Sie fing an, das Blut aus meiner Wunde zu saugen. Dann brachte sie geweihtes Wasser aus dem *Kalari*, sang einige Mantren und bat mich, von dem Wasser zu nippen. Die Schmerzen wurden stärker. Nach einiger Zeit wurde es immer schwieriger für mich, auch nur sitzen zu bleiben. Amma legte mich auf ihren Schoß und begann zu meditieren. Ich merkte, wie meine Hände und Beine taub wurden und meine Atmung sich verlangsamte. Als ich so auf ihrem Schoß lag, bereitete ich mich darauf vor, dem Tod, der ganz plötzlich herbeigekommen war, zu begegnen. Konnte es ein größeres Glück geben, als auf Ammas Schoß zu sterben?

Das Vitalbewusstsein trennte sich von dem aus fünf Elementen bestehenden Körper und führte mich in andere Regionen. Ich konnte meinen eigenen leblosen Körper sehen, wie er auf Ammas Schoß lag. Selbst das Sterben wurde zu einer köstlichen Erfahrung. Solche Dinge geschehen in Gegenwart eines *mahātma.*

Die Anwesenden, die hilflos um mich herumstanden, wussten nicht, was sie tun sollten. Menschen aus der Nachbarschaft bestanden darauf, dass ich zu einem Heiler gebracht werden sollte, der auf Schlangenbisse spezialisiert war. Ohne Amma, die ganz in die Meditation vertieft war, um Erlaubnis zu fragen, trug man mich zu dem Heiler. Er bemerkte jedoch nur, sie seien zu spät gekommen und er könne nichts mehr tun. Am Ende mussten sie mich wieder zu Amma zurückbringen, die immer noch in Meditation versunken war. Als die Morgendämmerung langsam einsetzte, öffnete ich die Augen. Die Schmerzen in meinem Bein waren vollständig verschwunden. Es war, als ob alles nur ein Traum gewesen wäre. Ich war auch nicht im Geringsten müde. Am nächsten Tag fragte ich Amma: „Warum ist das passiert? Und warum gar in Ammas Gegenwart?"

Sie zerknüllte ein Stück Papier, das sie in der Hand hielt, zu einer Kugel und warf es hoch. Dann fing sie es mit der anderen Hand und sagte: „Was man hochwirft, fällt wieder herunter, das ist ein Naturgesetz. Doch kann man vermeiden, dass es auf den Boden fällt, indem man es mit der anderen Hand auffängt. Gebete und gute Taten können die Folgen des *karma* abmildern, man muss kein Sklave des Schicksals sein. Dies wäre in jedem Fall passiert, egal wo du dich aufgehalten hättest. Amma weiß, dass du dich nicht fürchtest, wenn du hier bist. Deshalb sagte sie, an diesem Tage nicht zum College zu gehen." Als ich nach Hause ging und in meinem Horoskop nachschaute – ausgerechnet ich, der überhaupt nicht an Astrologie glaubte – war ich erstaunt. Laut meinem Horoskop bestand eine hohe Wahrscheinlichkeit, dass ich in meinem 21. Lebensjahr von einer Schlange gebissen und mein Leben dadurch großer Gefahr ausgesetzt sein würde. Es wurde mir geraten, viele Tempel aufzusuchen, viele Opferungen und *pūjas* auszuführen, um dem ungünstigen Schicksal entgegenzuwirken.

Was den Rest meines Lebens betraf, so war er in meinem Horoskop nicht erfasst; es wurde lediglich gesagt, ob es eine Zukunft gäbe, sei zweifelhaft.

Dieser Vorfall öffnete mir die Augen für die Tatsache, dass das *sankalpa* eines *mahātma* sogar die Macht besitzt, das Schicksal zu überwinden. Er erwies sich auch als eine Segnung, denn er trug dazu bei, dass meine Eltern mir die Erlaubnis erteilten, ein spirituelles Leben zu führen.

Jeder Tag ist Oṇam

10

Jeder Mensch in Kerala, der auch nur das Wort ‚Oṇam' [15] hört, wird froh im Herzen. Es ist die einzige Zeit des Jahres, in der wir all unsere Sorgen vergessen können. Während der zehn Tage dürfen wir uns der Sehnsucht nach einer Zeit erfreuen, in der es keine Probleme, sondern eine wunderbare Gleichheit unter den Menschen gab.

Als Kind wünschte ich mir oft, es wäre immer Oṇam. Wie glücklich alle bei diesem Fest sind! Wieviel Liebe und Zusammenhalt es dann gibt! Die Freude, die die Menschen in dieser Zeit empfinden, befreite mich von der Qual, die mich immer überkam, wenn ich Menschen leiden sah.

Als ich erfuhr, dass es einmal eine Zeit gegeben hatte, als noch jeden Tag Oṇam war, geriet ich in Erstaunen. Wie konnte diese Zeit jemals verloren gehen? Wer war dafür verantwortlich?

---

[15] Keralas Erntedankfest. Dieses äußerst populäre Fest wird zehn Tage lang gefeiert. Es geht zurück auf die Legende von *Mahābalis* Begegnung mit *Vāmana. Mahābali* war ein freundlicher und gerechter König, dessen utopische Form der Herrschaft ihn bei allen Untertanen beliebt machte. Sein einziger Makel bestand darin, dass er auf seine Großherzigkeit stolz war. Einst, als er Güter an seine Untertanen verteilte, kam ein junger Brahmanenknabe namens *Vāmana* zu ihm. Er bat um etwas Land, das er mit drei Schritten ausmessen könnte. Angesichts der geringen Größe des Jungen stimmte *Mahābali* gönnerhaft zu. *Vāmana*, der in Wirklichkeit niemand anderer als *Viṣṇu* selbst war, begann ins Riesenhafte zu wachsen. Mit einem ersten Schritt umspannte er die ganze Erde, mit dem zweiten alle anderen Regionen des Universums. Da er nun nichts anderes mehr besaß, was er darbringen konnte, bot *Mahābali* seinen Kopf für den dritten Schritt an. Diese Geste symbolisiert die Hingabe des Ego. *Viṣṇu* verbannte ihn in die Unterwelt und wurde selbst der Wächter von *Mahābalis* Wohnstatt. Man sagt, dass *Mahābali* an Oṇam auf die Erde kommt, um zu sehen, wie es seinen früheren Untertanen geht.

Ich forschte nach und fand heraus, dass *Viṣṇu* selbst der Verursacher war! Als ich in meinem Lesebuch der zweiten Klasse eine Abbildung sah, auf der *Vāmana* mit einem Fuß auf *Mahābalis* Kopf stand, wurde ich auf *Viṣṇu* wütend! Begannen alle Probleme nicht damit, dass der Herr *Mahābali* von hier fortnahm? Erst Jahre später begriff ich, dass wir selbst in *Mahābalis* Abwesenheit die Atmosphäre von Oṇam wiederbeleben können.

In Gegenwart von Amma, der Mutter des Universums, ist jeder Tag Oṇam. Die Menschen vergessen die Unterschiede von Kaste und Religion. Feinde werden zu Freunden. Wo sonst erhält man einen Anblick von Armen und Reichen, von Gebildeten und Analphabeten, die alle Vorstellungen von Verschiedenheit vergessen, indem sie als Ammas geliebte Kinder zusammenkommen?

Die Erinnerungen an das erste Oṇam-Fest nach meiner Begegnung mit Amma sind mir immer noch frisch im Gedächtnis.

Am Abend vor jenem Oṇam-Fest – es war nach dem *darśan* – sprach Amma zu uns: „Morgen ist Oṇam." Dann sagte sie zu mir und ein paar anderen, mit denen ich zusammen war: „Morgen sollt ihr kommen, Kinder."

Weil Oṇam war, verboten mir meine Familienangehörigen, vor dem Oṇam-Mittagessen fortzugehen. Damals standen sie Amma noch nicht so nahe. Amma aber hatte uns aufgefordert, bei ihr zu essen. Wie konnte ich das Haus zu verlassen? Als man in meiner Familie mit dem Kochen fertig war, war es bereits halb zwölf. Ich aß, und sofort nachdem ich fertig war, machte ich mich auf den Weg nach Vallikavu. Alle Busse waren voll besetzt, keiner hielt an. Ich wartete sehr lange an der Bushaltestelle. Es war schon sehr spät, da kam ein Bus, der mich von Harippād direkt nach Vallikavu brachte. Um halb vier kam ich an. Ich überquerte die Backwaters und eilte zum *Kalari*. Was ich dort sah, werde ich niemals vergessen; es war absolut ergreifend!

Amma lag auf dem nackten Erdboden und schlief. Neben ihr war eine Kochstelle. Der irdene Topf, der darauf stand, enthielt *chempu*[16], in dem Krähen pickten. Einiges war aus dem Topf gefallen und lag überall verstreut herum.

Ich verstand überhaupt nichts mehr. Wie angewurzelt, einer Statue gleich, stand ich da. Langsam ging ich auf Amma zu und setzte mich zu ihr. Der Adler, den man immer im *āśram* sehen konnte, war da, so als ob er Wache hielte.

Später erklärte Amma, was geschehen war. „Hatte Amma ihren Kindern nicht gesagt, sie sollten sie besuchen? Sie überlegte, was sie ihnen anbieten könnte, wenn sie kämen. Ihre Familienangehörigen möchte sie um nichts bitten. Sie machte draußen eine Kochstelle, nahm ein paar *chempus* von dem Gemüsebeet, legte sie in den Topf und dünstete sie. Nachdem sie gar waren, deckte sie den Topf zu, machte das Feuer aus und wartete auf euch, Kinder. Viele Male ging Amma zur Bootsanlegestelle, um nachzuschauen, ob ihr angekommen wäret. Sie selbst hatte auch noch nichts gegessen. Als es spät würde, legte sie sich auf den Boden und dachte: ‚Habe ich einen Fehler gemacht, als ich die Kinder einlud? Es ist doch Oṇam, werden ihre Familien sie überhaupt weggehen lassen?'"

In diesem Augenblick pickte sich eine Krähe ein gedünstetes Stück *chempu* und flog weg. Amma sprang auf. Einige Stücke waren aus dem Topf gefallen, und mehr Krähen kamen angeflogen, um sie sich zu holen. Amma wurde traurig: „Was soll ich denn nun meinen Kindern geben?" Sie tat so, als wolle sie die Krähen verscheuchen. Im nächsten Augenblick aber dachte sie bei sich: „Auch das sind meine Kinder. Mögen sie doch fressen." Dann legte sie sich wieder auf den Boden.

Später kamen einige ihrer Kinder; alle hatten Amma etwas mitgebracht. Sie umarmte jeden und ließ sie um sich herum sitzen. Dann packte sie die Geschenke aus und verteilte Jaggery-Bananenplätzchen und andere Süßigkeiten an alle. Amma lächelte

[16] Eine Art Knolle

alle an, die Augen voller Tränen. Angesichts dieses unschuldigen Lächelns mussten wir weinen.

In den Folgejahren nahmen wir das Oṇam-Mahl nur zusammen mit Amma ein. Wir gingen zuerst nach Hause und kamen am Nachmittag zu ihr, um unser Oṇam-Fest gemeinsam zu feiern!

Heute macht sich niemand in Ammas Umgebung viele Gedanken zu Oṇam – denn nun ist jeden Tag Oṇam! Wie könnte es in Ammas Gegenwart Kummer geben? Wie Schnee in der Sonne schmilzt, so fließen auch die Sorgen aus den Herzen derer, die Zuflucht genommen haben bei Amma, der All-Verheißungsvollen.

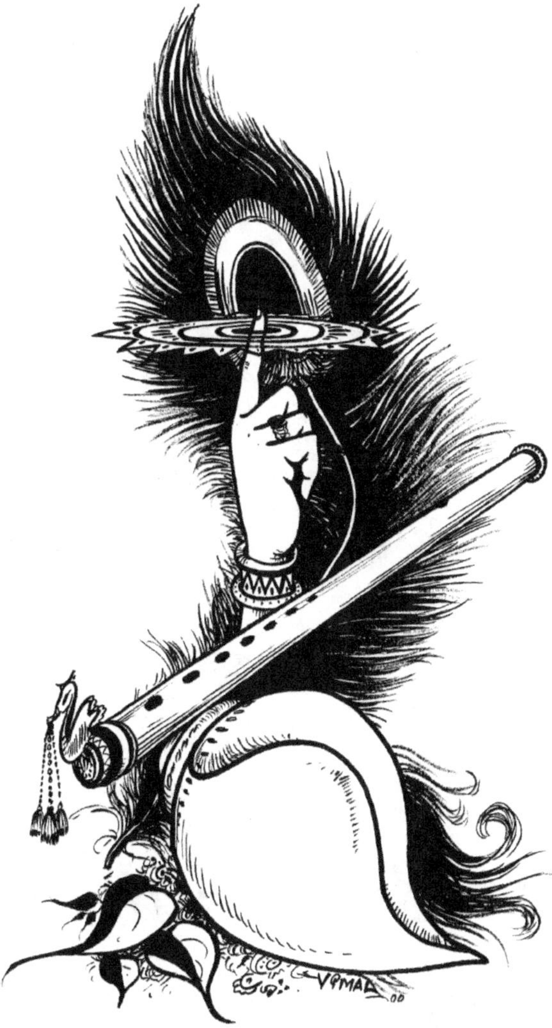

Die Botschaft des Sonnenaufgangs

11

Das majestätische Antlitz des Sternenhimmels begann zu verblassen. Überall hatte die Natur sich bereit gemacht, die Morgendämmerung willkommen zu heißen. Die Königinnen der Nacht, die prunkvoll gestrahlt hatten, traten nun langsam ab.

Umrauscht von den lobpreisenden Hymnen der Vögel öffnete ein *yogi*, der ganz in seinen asketischen Übungen (*tapas*) versunken war, die Augen. Es war kurz vor Sonnenaufgang, und nur ein einziger Stern war noch zu sehen. Er wird noch ein wenig blinken und dann ebenfalls dem Blick entschwinden. Ein liebenswertes Lächeln erschien auf dem Gesicht des *yogis*.

Die Natur macht uns auf die Unbeständigkeit aller weltlichen Dinge aufmerksam. Auf nichts in dieser Welt können wir uns wirklich verlassen. An nichts können wir uns klammern. Wer die Vergänglichkeit der Welt durchschaut hat, strebt danach, von allen Abhängigkeiten frei zu werden. So wachsen wir innerlich und werden nach und nach göttlicher Erfahrungen immer mehr würdig, bis wir am Ende eins werden mit dem Ozean *Brahmans.*

Die Menschen heute leben in großer Eile – doch wie viele Leben wurden bereits in dieser Hast verschwendet! Wenn wir schließlich erkennen, dass nichts, was wir erstrebt haben, von Dauer ist, ist es zu spät. Alles, was wir auf unserer Lebensreise angehäuft haben, wurde zu einer Quelle des Kummers. Dennoch geben wir unsere Erwartungen nicht auf. Erst wenn wir alles erhalten haben, wonach wir uns gesehnt haben, wird uns klar, dass wir völlig leer ausgegangen sind. Das einzige, was wir gewinnen, ist Unzufriedenheit.

Diejenigen, die die *vīṇa* des Lebens nicht richtig zu spielen wissen, produzieren eine Menge falscher, unangenehmer Töne. Um einen Strom immerwährender Musik entstehen zu lassen, ist die Berührung durch das Göttliche notwendig. Die Musik der Seele gewährt himmlische Erfahrungen von *rāga* und *tāla*, Melodie und Rhythmus. Um die *vīṇa* unseres Lebens nicht zu etwas Nutzlosem werden zu lassen, müssen wir zuerst lernen, sie recht zu spielen. Intellektuell können wir nicht erfassen, wo sich die Musik in der *vīṇa* befindet – aber das Herz und die Finger des Musikers wissen es! Das Herz kann Wahrheiten verstehen, die der Verstand vergeblich zu ergründen sucht. Dies sind göttliche Erfahrungen, die nur einem reinen Herzen zuteil werden.

Amma pflegte zu sagen: „Kinder, jeder Augenblick ist kostbar. 10 Millionen Rupien zu verlieren ist nicht so schlimm, aber man sollte nicht eine einzige Sekunde verschwenden. Verlorenen Reichtum können wir zurückbekommen, aber die Zeit, die wir vergeuden, können wir nicht zurückholen."

Ein *brahmacāri* wurde einmal nach *Kayamkulam* geschickt, um Bedarfsgüter für den *āśram* einzukaufen. Weil er trotz langem Warten keinen Bus bekam, kehrte er schließlich per Taxi zurück. Er erzählte es Amma. Sie fragte: „Warum hast du unnötig Geld ausgegeben, mein Sohn? Obwohl es länger gedauert hätte, hättest du doch den Bus nehmen können, nicht wahr?"

Der *brahmacāri* entgegnete in aller Demut: „Amma, hast du nicht selbst gesagt, es sei besser, 10 Millionen Rupien als auch nur eine Sekunde zu verlieren? Erst nachdem ich dort schon eine Stunde mit Warten vergeudet hatte, entschloss ich mich, ein Taxi zu nehmen."

„Wer sagt, dass das Zeitverschwendung gewesen wäre?", antwortete Amma. „Hättest du nicht dein Mantra rezitieren oder an der Haltestelle aufräumen können, während du dort wartetest? Das größte Verbrechen ist, dem Geist zu erlauben hin- und herzuwandern. Es ist der gewohnheitsmäßig umherschweifende Geist, der uns von Gott fernhält. Gebt ihm keine Gelegenheit, faul zu werden."

In meiner Anfangszeit mit Amma hörte ich einmal, wie sich Haushälter-Devotees beschwerten: „Amma, warum gibst du diesen College-Studenten soviel Zuwendung?“ Sie waren aufgebracht, da sie sahen, mit wie viel liebevoller Zärtlichkeit einer Mutter ihren Kleinen gegenüber Amma uns überhäufte. Alle wollen Ammas Liebe. Alle Wesen - beweglich oder unbeweglich – sehnen sich nach ihrer Zärtlichkeit. Ich habe selbst Vögel und andere Tiere um Ammas Liebkosung wetteifern sehen, und erst recht Menschen! Ein Kenner der Wahrheit wird zum Anziehungspunkt für alle. Unwillkürlich entsteht in uns der Wunsch: *Wenn Amma nur hierher schauen würde; wenn sie mich doch nur anlächeln würde; wenn sie doch nur ein Wort zu mir sagen würde; wenn sie doch nur zu mir kommen würde...* So fesselt sie uns alle mit dem Band der Liebe.

„Vielleicht taugt keiner dieser College-Studenten etwas“, versuchten sie Amma wieder und wieder einzureden. Sobald sie anfingen, sich zu beschweren, gab uns Amma mehr Liebe und Zuwendung. So erkannten wir, wie die Beschwerden und Verhöhnungen anderer Menschen sich in Segnungen verwandeln können. „Amma, warum verbringst du soviel Zeit mit ihnen?“ Als sie dies hörte, lächelte sie.

Da sie nicht verstanden, was dieses Lächeln zu bedeuten hatte, fragten sie nach: „Amma, warum lächelst du?“

„Was kann ich denn sonst tun als lächeln? Angenommen man fragte einen Arzt: ‚Warum verschwenden Sie Ihre Zeit mit den Kranken, die ins Krankenhaus kommen? Ist es nicht genug, sich mit den Gesunden zu befassen?’ – wie sollte der Arzt da nicht lächeln? Das Krankenhaus ist nun einmal für Kranke da. Die Gesunden müssen nicht geheilt werden.“ Um die Beschwerdeführer zu beruhigen, sagte sie schließlich: „Kinder, seid nicht so bestürzt. Wenn ich auch viel Zeit mit ihnen verbracht habe, so werde ich doch einen Preis dafür verlangen – und zwar mit Zinsen!“

Als sie das hörten, fühlten sie sich getröstet. Sie kamen, um es uns zu berichten: „Amma hat gesagt, sie wird dafür einen Preis zuzüglich Zinsen erheben.“

„Was für Zinsen?“, fragte ich ungläubig. Amma hatte gesagt, sie würde für unsere Zeit mit ihr Zinsen verlangen. Als ich das Wort ‚Zinsen‘ hörte, musste ich unwillkürlich lachen. Erst als ich später über ihre Worte nachdachte, wurde mir langsam deren Bedeutung klar.

Wenn ich auch viel Zeit mit ihnen verbracht habe, so werde ich doch einen Preis dafür verlangen, mit Zinsen. Selbst die Kläger hätten sich nicht vorstellen können, wie hoch diese Zinsen sein würden: Dass wir nämlich unser Leben selbst als Pfand geben müssten! Das ist die Art des *guru.* Der Schüler begreift, dass nichts, was er dem *guru* darbringt, jemals dessen Liebe und Opferbereitschaft aufwiegen kann. Daher überantwortet er sich dem *guru* vollkommen wie ein Eigentümer, der seine Hypothek nicht zurückzahlen kann und der Bank die Vollmacht erteilt, sein Vermögen einzuziehen. Anders als der Eigentümer jedoch weint der Schüler nicht bitterlich, sondern vergießt Tränen der Freude. Er weiß, dass nichts von dem, was er erreicht hat, einen wirklichen Wert hatte und dass es keinen anderen Menschen gibt, auf den er sich verlassen kann. Indem ihm so seine Hilflosigkeit bewusst wird, nimmt der Schüler Zuflucht zu den Füßen des Meisters. Er gibt ihm sein ganzes Leben hin und erfreut sich der Seligkeit der Selbst-Überantwortung.

Ein Beispiel für den idealen *guru* ist *Vāmana*, der mit nur zwei Schritten die Welten, die von König *Mahābali* regiert wurden, abdeckte. Der *guru* übernimmt die Last des gesamten *prārabdha-karma* des Schülers, der ihm sein Ego darbringt. Die Geschichte *Mahābalis,* der sich selbst opferte, hat Unsterblichkeit erlangt. Das Ego ist in der Tat das größte Opfer, das man darbringen kann, und genau dies tat *Mahābali.*

Die Vereinigung von Schüler und *guru* ist jener einzigartige Augenblick, da man aufgeht im ununterbrochenen Bewusstseinsstrom. In ihm erfährt man die geheiligte Ekstase, die aus den unbeschreiblich kostbaren Momenten der Selbsthingabe hervorgeht. Nachdem man seine Individualität aufgegeben hat, wird das Leben inmitten dieser Welt überflüssig, man wohnt fortan in der Welt des *guru*. Dort ist er der Wächter. *Viṣṇu* selbst ist *Mahābalis* Beschützer. Diese Sicherheit verdient unser Vertrauen mehr als jede andere Sicherheitsmaßnahme. Ähnlich ist es auch mit der Gegenwart des *guru*. Kann es etwas Wertvolleres geben als den Herrn selbst als Beschützer zu haben? Genau das war es, was *Mahābali* bekam. Der *guru* stellt seinen Fuß auf den Kopf des nobelsten Schülers, denn dieser ist bereit, sein ganzes Leben den heiligen Füßen des *guru* zu überantworten. Indem er auf dem Ego herumtrampelt, erweckt der *guru* dessen Selbst-Gewahrsein.

Der *guru* gleicht einem Gärtner, der im Samenkorn bereits den großen Baum wahrnimmt. Kein Samenkorn wird als unfruchtbar betrachtet. Der Gärtner sieht die Blüten, die an dem Baum sprießen werden und ebenfalls die Früchte, die einmal aus diesen Blüten hervorgehen werden. Ähnlich verhält es sich mit dem *guru*. Für ihn ist kein Ding wertlos. Überall sieht er (oder sie) nichts als die Schwingungen ungebrochenen Bewusstseins. Der Bildhauer sieht nicht den Stein, sondern die daraus gemeißelte Gestalt des Göttlichen. Der *guru* übernimmt die karmische Last desjenigen Schülers, der sich vorbehaltlos hingibt. Ihn führt er zu ewiger Freiheit.

Der *guru* ist jemand, der das unendliche Potenzial in uns erkennt. Er oder sie führt uns von blindem Glauben zum Selbst-Vertrauen – d.h. zum Vertrauen in das Selbst, welches sowohl unser eigenes als auch das aller anderen Wesen ist. Er verleiht dem Schüler die Flügel der Hingabe und des Vertrauens, mit denen letzterer aus den Gefilden vergänglicher Objekte in den endlosen Himmel des Ewigen hinaufzufliegen vermag. Ist man einmal von der Last des Ego befreit, kann man sich mühelos in unangeahnte Höhen emporschwingen. Um diesen Flug in die Welt des Selbst zu einer mühelosen Angelegenheit zu machen, müssen wir uns Gott hingeben.

Lektionen in Selbstlosigkeit

12

Die Erfahrungen, die mir zuteil wurden, nachdem ich Amma begegnet war, veränderten mein Leben von Grund auf. Die ganze Zeit über dachte ich an sie, und das machte es mir leicht, andere Dinge zu vergessen, auch wenn diese Vergesslichkeit zu neuen Problemen führte. Nichtsdestoweniger war die Seligkeit, die damit einherging, grenzenlos. Warum meditieren wir denn, rezitieren das Mantra und zelebrieren eine *pūja,* wenn nicht deshalb, um alles andere zu vergessen? Wenn wir alles vergessen, dämmert Gott in unserem Herzen auf – oder andersherum: Wir vergessen alles in seiner Gegenwart. So war es auch bei mir.

„Wie kann ein gebildeter junger Mensch wie du nur solch einem blinden Glauben verfallen?"

Über derartige Zweifel und Einwände, wie sie von meinen Freunden geäußert wurden, musste ich lächeln. Wie konnte man Erfahrung als blinden Glauben bezeichnen? Ich war nicht darauf aus, Erklärungen abzugeben. Es bestand die einfache Tatsache, dass der göttliche Rausch, den Amma mir eingeflößt hatte, sogar den Drang zu argumentieren, beseitigt hatte.

Als das College in den Sommerferien geschlossen wurde, konnten wir jeden Tag zu Amma fahren. Meistens gingen *Bālagopāl* und ich zusammen. Ammas Vater mochte es nicht, wenn sich Menschen von außerhalb zu lange dort aufhielten. Einen *āśram* gab es zu dieser Zeit noch nicht, nur Ammas Haus. Trotzdem war es uns möglich, den ganzen Tag bei Amma zu sein. Die Nächte verbrachten wir meditierend in einem Hain unweit des Occira-Tempels. Es hatte den Anschein, dass uns immer mehr Hindernisse begegneten, je näher wir Amma kamen.

In jenen Tagen hatte Amma mehr Haushälter-Devotees als Schüler, die Mönche waren. Jeder wollte, dass sie ihm besondere

Zuwendung und Liebe entgegenbrachte. Dies führte zu einem harten Konkurrenzkampf unter den Haushälter-Devotees. Einige von ihnen sahen es nicht gern, dass *Bālagopāl* und ich immer öfter zu Amma kamen und uns bei ihr aufhielten. Wir waren immer zusammen: Beim *darśan*, beim Bhajan-Singen und beim Meditieren. Amma nannte uns daher ‚die Zwillinge'. An den Tagen, an denen wir dort waren, widmete Amma uns mehr Zeit als den anderen. Wir bemerkten nicht, dass dies bei manchen Haushälter-Devotees zu wachsender Missgunst führte. Sie fingen an, uns mit Feindseligkeit zu begegnen, denn sie dachten, dass Amma uns mehr liebe als sie und ihnen überhaupt keine Aufmerksamkeit mehr schenke.

Eines Tages versammelten sie sich und beschwerten sich bei Amma: „Seit diese Studenten hier sind, können wir uns nicht mehr der ungeteilten Aufmerksamkeit unserer Kleinen erfreuen." Damals nannten die Devotees Amma die ‚Kleine', ‚Amma' oder ‚kleine Ammachi'. Manchmal benahm Amma sich wie ein Kind. Zu anderen Zeiten war sie in dem *bhāva* einer Mutter oder *Devīs.* Jeder interpretierte die *līlās* der Mutter des Universums auf seine eigene Weise. „Die sind gar nicht hier, weil sie so viel Hingabe besitzen, sondern nur um die Liebe unserer Kleinen zu bekommen", sagten sie. Sie schreckten nicht einmal davor zurück, Amma aufzufordern, uns weniger wichtig zu nehmen, denn wir würden unsere Hingabe nur vortäuschen.

Vom nächsten Tag an sprach Amma nicht mehr mit uns. Sie schaute uns nicht einmal mehr an. Sogar, wenn wir uns vor ihr niederwarfen, blickte sie entweder in eine andere Richtung oder schloss die Augen. Tat sie dies nicht, so forderte sie jemand anderen auf, zu ihr zu kommen und fing mit ihm zu sprechen an. So gingen viele Tage dahin. Die Haushälter waren begeistert. Selbst während der *bhāva-darśans* behandelte uns Amma, als ob wir gar nicht anwesend wären. Weder sprach sie mit uns, noch lächelte sie uns an oder blickte in unsere Richtung. Wir wurden sehr unruhig, denn wir kannten den Grund für all dies nicht.

Wenn wir früher bei ihr zu Besuch gewesen waren, hatten wir oft noch nichts gegessen. Dann war sie selbst es, die darauf bestand, dass wir etwas zu uns nahmen. Nun aber bestand niemand darauf, dass wir etwas aßen. Deshalb blieb uns nichts anderes übrig, als zu hungern. Diese Art, uns die kalte Schulter zu zeigen, brach uns das Herz. Wir glaubten den Verstand zu verlieren! Wir vergaßen zu essen und zu trinken. Viele Tage vergingen. Ohne dass irgendjemand von uns Notiz nahm, saßen wir einsam da und weinten. Andererseits war es uns aber auch nicht möglich, von Amma fernzubleiben. Wir besuchten sie trotz allem weiter.

Als wir eines Tages in den *āśram* kamen, war Amma in dem Kokospalmenhain nahe beim *Kalari.* Sie war von Haushälter-Devotees umringt. Alle ergingen sich in schallendem Gelächter über Ammas Streiche. Starr wie Statuen hielten wir uns in einiger Entfernung auf und beobachteten die Szene. Langsam gingen wir zu ihr, warfen uns nieder, traten in den *Kalari* und machten die Tür hinter uns zu. Selbst die Tränen, die unsere Wangen hinunterliefen, waren voll von Liebe zu Amma.

Plötzlich öffnete Amma die Tür und kam herein. Sie nahm uns in die Arme, und ihre Augen waren voller Tränen. Niemand war fähig, ein Wort zu sagen. In jenen Augenblicken wurde mir klar, um wie viel machtvoller als Worte doch Stille ist. Nachdem eine lange Zeit vergangen war, brach Amma schließlich das Schweigen.

„Hegt ihr einen Argwohn gegen Amma? Es ist nicht so, dass sie Vergnügen daran findet, ihre Kinder zu quälen. Sie musste einfach den anderen beweisen, wie viel Hingabe ihr besitzt. Euch leiden zu sehen brach Amma das Herz. Einige Devotees haben den Eindruck, dass ihr nur hierher kommt, weil Amma euch mit Liebe überhäuft. Sie behaupten, dass ihr keine Hingabe oder Vertrauen hättet. Amma hatte keine andere Möglichkeit, diesen Menschen zu beweisen, wie unschuldig ihr in Wirklichkeit seid. Amma weiß, dass ihr nicht aufhört, hierher zu kommen, egal wie grausam Amma sich verhalten mag. Wenn ich dagegen nur einen

Tag aufhörte, mit ihnen zu sprechen, werden viele von ihnen in Zukunft fortbleiben." All dies sagte sie, während die anderen zuhören konnten. Vor ihnen, die sie die ‚Kleine' nannten, musste sie sich wie ein Kind benehmen. Ich begriff, dass jegliches *bhāva*, das Amma offenbart, allen Menschen auf irgendeine Weise zu Gute kommt. Erneut stärkte sie unsere Überzeugung, dass wir uns zu allen Zeiten sicher in ihren Händen befinden. Nur wenig später mussten viele von Ammas eifersüchtigen Haushälter-Kindern den Kontakt zu ihr abbrechen.

„Kinder", pflegte Amma zu sagen, „wer keine geistige Reinheit besitzt, kann nicht lange hierbleiben. Diese Erde ist durchtränkt mit Ammas Tränen. Sogar die Sandkörner hier sind mit der Kraft von Mantren aufgeladen. Dieser Ort ist ein Zentrum der Selbstlosigkeit. Dies ist der Boden für unschuldige Herzen und eine Zufluchtsstätte für die Kummervollen. Es ist kein Platz, an dem man sein Ego nähren kann. Alle, die denen, die nach Reinheit streben, im Wege stehen, müssen diesen Ort verlassen."

In kürzester Zeit wurde uns klar, dass Ammas Worte buchstäblich gemeint waren. Wir sollten unsere Selbstsucht vergessen und als Kinder ein und derselben Mutter aufeinander zugehen – zumindest in der Gegenwart eines *mahātma*. Allmählich müssen wir anerkennen, dass sich Ammas Familie ausgedehnt hat und inzwischen die gesamte Welt einschließt. Wenn wir unser Herz öffnen, die ganze Welt als zu uns gehörig ansehen und sie lieben, wird der Strom von Ammas Gnade uns auf das Meer von *saccidānanda* hinaustragen – dem Ozean von Sein, Wissen und Glückseligkeit.

VIMAL

Der Wandel im Herzen eines Atheisten

13

Überall um uns herum gibt es Menschen, die den großen *gurus* ablehnend gegenüberstehen und sie mit höhnischen Ausdrücken wie ‚menschliche Götter' belegen. Doch die, die wissen, dass alles göttlich ist, sehen den menschlichen Aspekt überhaupt nicht; sie erblicken überall einzig und allein Gott. Für alle, die einmal wahrgenommen haben, wie die göttliche Energie in beweglichen wie unbeweglichen Geschöpfen vibriert, im größten wie im kleinsten, in Bäumen ebenso wie in Giftschlangen, ist das Universum selbst Gott. In diesem Bewusstsein verschwinden sowohl der Tautropfen wie der große Ozean. Der Kenner, das Erkannte und das Erkennen lösen sich auf im Ozean *Brahmans*. Die Weisen, die erkannt haben, dass sie das allem innewohnenden Zeugenbewusstsein sind, identifizieren sich nicht mit dem Körper. Andere Menschen hingegen meinen, sie hätten einen Körper. Die Devotees *Śrī Kṛṣṇas* glaubten, er habe sich als ein Mensch inkarniert. *Kṛṣṇa* selbst aber war sich, während er in seinem dunkelblauen Körper göttliche *līlās* vollführte, seiner alldurchdringenden Natur bewusst. Die Begrenzungen des Körpers können die Allgegenwart eines *mahātma* nicht einzwängen. Normale Menschen können sich die Erfahrungen eines Kenners der Wahrheit nicht einmal vorstellen. Stattdessen machen sie den sinnlosen Versuch, *jñānins* nach dem begrenzten Maßstab ihres eigenen kümmerlichen Verstandes zu bewerten. Gott, der die Natur des eigenen Selbst besitzt, kann durch die eitlen Ambitionen der Gelehrsamkeit niemals erreicht werden.

Einmal traf ich mit einigen meiner Verwandten aus Nordkerala in meinem *pūrvāśram* zusammen. Einer von ihnen war ein standhafter Atheist und glühender Bewunderer von Karl Marx. Er erging sich in langen Ausführungen über den Kommunismus und rationales Denken. Als er Amma zu kritisieren begann, widersprach ich zwar, verhaspelte mich jedoch und war unfähig, meine Erfahrungen in Worten auszudrücken. Ich hatte ja gerade erst angefangen, das ABC der Spiritualität zu lernen. Wie sehr ich auch versuchte, ihm etwas über den Rausch der göttlichen Liebe mitzuteilen, ihrer Macht, die Sichtweise eines Menschen zu revolutionieren – er war nicht zu überzeugen. Er begann sogar, meine Worte ins Lächerliche zu ziehen, indem er den spöttischen Ausdruck ‚menschliche Götter' verwendete.

Ich empfand den Verlauf des Gespräches in keiner Weise als zufriedenstellend, so sehr ich mich auch bemühte, etwas über Amma zu sagen. Am Ende betete ich zu ihr: „O Mutter, ich bin nicht fähig, deine grenzenlose Herrlichkeit zu rühmen. Bitte, lasse dich dazu herab, diesen Menschen deine Größe erkennen zu lassen." Als ich sie später besuchte, sprach ich mit ihr über diesen Vorfall. Ich zögerte nicht einmal, sie dazu aufzufordern, ihn zu bestrafen. Darüber musste sie lange lachen.

Dann sagte sie: „Sohn, man muss in vergangenen Leben schon einige gute Taten vollbracht haben, um dessen würdig zu sein, von Gott bestraft zu werden. Amma hat nicht die Absicht, die zu bestrafen, die nicht an sie glauben oder sie lächerlich machen. Sie bemüht sich, sie gute Handlungen verrichten zu lassen, um sie auf diese Weise in wertvolle Seelen zu verwandeln." Diese Worte warfen einiges Licht auf das Ziel ihrer Inkarnation.

Danach vergaß ich den Vorfall. Viele Monate vergingen, bis ich dem Atheisten wieder begegnete. Ich war verblüfft, denn er war ein vollkommen anderer Mensch geworden. Auf seine Stirn war Sandelholzpaste getupft. Er war in Weiß gekleidet, und um das Handgelenk trug er ein Amulett.

„Was hat das alles zu bedeuten? Was ist passiert?", fragte ich voller Erstaunen.

„Oh, nichts", antwortete er mit einem matten Lächeln.

Ich nötigte ihn, sich zu erklären. Als er sah, dass ich nicht locker ließ, willigte er schließlich ein. Er erzählte mir von einem

Vorfall, der sich Monate nach seiner Kritik an Amma ereignet hatte.

Es musste schon weit nach Mitternacht gewesen sein, als er sich eines Tages nach einer langen Reise schnellen Schrittes nach Hause begab. Da er den Nachtbus aus der Stadt verpasst hatte, entschloss er sich, die Abkürzung durch ein Feld zu nehmen. Dieser Weg war sehr gefährlich, doch da er ihn gut kannte und ihn schon viele Male zuvor benutzt hatte, war es nicht allzu schwierig für ihn, nach Hause zurückzufinden. Es war stockdunkel. Im trüben Licht seiner Taschenlampe war es ihm unmöglich, den Weg zu erkennen. Selbst der Mond erhellte den Pfad besser als seine Taschenlampe. An einer Stelle musste er den Bach, der den Weg entlanglief, überqueren. Dort wimmelte es von giftigen Schlangen. Als er durch das Wasser watete, überkam ihn das Gefühl, als ob ihm jemand folgte. Er drehte sich um und erblickte die Gestalt einer Frau, die in reine weiße Gewänder gehüllt war. In der Finsternis war ihr Gesicht nur undeutlich zu sehen. Als er jedoch seine Taschenlampe auf die Gestalt richtete, konnte er niemanden erkennen. Inmitten der Dunkelheit musste ihm das milde Mondlicht, so glaubte er, eine Erscheinung vorgegaukelt haben. Nachdem er sich durch diese Erklärung beruhigt hatte, setzte er seinen Weg fort. Als er Schritte hinter sich vernahm, drehte er sich wieder um. Es war diesselbe Gestalt. Er leuchtete mit seiner Taschenlampe auf die Stelle, wo er die Gestalt soeben erblickt hatte, und ging dorthin. Nun erschien die Frauengestalt plötzlich woanders, und er begab sich an *diese* Stelle. Wo immer er auch hinging, um sich der Gestalt zu nähern – immer bewegte sie sich schon in eine andere Richtung. Auf diese Weise ging er eine ganze Weile umher, ohne dass er sich auch nur im Geringsten gefürchtet hätte. Als er nach Hause kam, waren schon alle zu Bett gegangen. Nur sein Zimmer, das sich im oberen Stockwerk befand, war noch unverschlossen. Jemand hatte das Rechnungsbuch aus dem Büro der Partei, deren Mitglied er war, in sein Zimmer gelegt. Er setzte sich auf einen Stuhl und wollte das Buch kurz durchsehen, bevor er sich zu Bett legte.

„Dann passierte es!"

Ich bemerkte, dass sich sein Gesichtsausdruck verändert hatte. Vor lauter Furcht war sein Gesicht scharlachrot gefärbt, und seine Hände zitterten.

„Dann passierte *was*?" fragte ich voller Ungeduld.

Er fuhr mit seiner Schilderung fort. Ein lauter Schrei ließ alle Menschen im Haus, ja sogar die Nachbarn, aufwachen. Jeder lief an die Stelle, von wo der Schrei gekommen war. Dort lag der Mann bewusstlos. Das in Leder gebundene Rechnungsbuch, das er in seinen Händen hielt, war zerfetzt wie ein *pappadam.* Einige Männer hoben den Mann, der wie eine Leiche dalag, auf und legten ihn ins Bett. Sie nahmen einen Löffel, um ihm die Kiefer zu öffnen, und gossen ihm Wasser in den Mund. Nach einer Weile öffnete der Mann die Augen und richtete sich langsam in seinem Bett auf. Er nahm seinen ganzen Mut zusammen und sagte: „Ich hatte einen furchtbaren Alptraum."

Nach einiger Zeit waren alle wieder gegangen. Doch bald ertönte erneut ein Schrei, und alle liefen zurück. Als er das Bewusstsein wiedererlangt hatte, erzählte der Mann, was sich zugetragen hatte. Während er das Rechnungsbuch durchgegangen war, hatte ihn ein Geräusch aufgeschreckt. Als er aufsah, erblickte er jene Gestalt aus dem Feld. Er schrie auf und fiel in Ohnmacht. Nachdem er wieder zu sich gekommen war, erblickte er die Gestalt ein zweites Mal, diesmal jedoch viel deutlicher. An das, was danach passiert war, konnte er sich nicht mehr erinnern.

Auch am folgenden Tag erschrak er mehrmals auf diese Weise. Er wusste sich nicht zu helfen. Selbst nach Tagen änderten sich die Dinge nicht. Er traute sich nicht einmal, tagsüber die Augen zu schließen. Viele Nächte verbrachte er schlaflos. Am Ende wusste er sich keinen anderen Rat, als mehrere Priester zu Rate zu ziehen, doch niemand konnte sein Problem lösen.

Schließlich traf er einen Priester, einen Anhänger *Devīs*, der sofort erkannte, worin das Problem bestand. Er sagte zu ihm: „Es ist nichts anderes als die Gegenwart *Devīs* selbst. Verschwende dein Geld nicht weiter. Es gibt nur eine Lösung: Bete zu *Devī*, um sie zu besänftigen." Darauf unterzog der Mann sich einem 41 Tage dauernden Anbetungsritual in einem Devī-Tempel. Dadurch empfand er eine gewisse Erleichterung. Der Priester band ihm ein Amulett um das Handgelenk. Wann immer er dieses Amulett ablegen wollte jedoch, verschlechterte sich seine Lage und die Probleme häuften sich.

Über diese Geschichte musste ich einfach lachen. Ich beschloss, ihn zu Amma zu bringen, und dieses Mal hatte er nichts dagegen einzuwenden. Als wir die Backwaters von *Vallikāvu* überquerten, drangen schon die Klänge der *bhajans*, die vor dem *Kalari* gesungen wurden, an unsere Ohren.

Als dieser Mann Amma, die ganz in die Wonne der *bhajans* versunken auf der Veranda vor dem *Kalari* saß, erblickte, begann er zu schreien.

„Was ist los?", fragte ich ihn. „Warum hast du solche Angst?"

Er antwortete mit zitternden Lippen: „Das ist die Gestalt, die ich die ganze Zeit über gesehen habe!"

Er lief auf Amma zu und warf sich ihr zu Füßen. Dann brach er zusammen, weinte und bat um Vergebung. Amma nahm den Kopf des Mannes auf ihren Schoß und begann ihn zu liebkosen. Dann band sie das Amulett von seinem Handgelenk los und sagte zu ihm:

„Das brauchst du jetzt nicht mehr zu tragen, Sohn. Du hast nichts mehr zu befürchten. Das Einzige, wovor du Angst haben musst, ist das Ego in dir selbst. Mit einer hingebungsvollen Haltung kann man alle Furcht überwinden. Den Glauben eines anderen Menschen zu zerstören, kommt dem Mord an einem Brahmanen gleich. Deshalb, mein Sohn, solltest du Sühne-Rituale ausführen, und damit anderen Frieden zu bringen. Wer andere ebenso liebt wie sich selbst, braucht weder einen Tempel noch andere Stätten der Verehrung. Solchen Menschen möchte Gott selbst dienen.

Die meisten Menschen aber sind unfähig, selbstlos zu Werke zu gehen. Sie können die Gesellschaft nicht ebenso lieben wie ihre eigene Familie. Nur *mahātmas* sind fähig, der ganzen Welt zu dienen ohne jede Entlohnung, denn sie sehen in allem Gott. Wirklicher Dienst am Nächsten ist nur möglich, wenn man alle und alles als gleich ansieht. Es sind *āśrams*, Tempel und andere Orte der Verehrung, durch die wir nach und nach lernen, Gott in allen Wesen zu erkennen. An Gott zu glauben und ihn anzubeten ist für gewöhnliche Menschen von zentraler Bedeutung, denn es weitet den menschlichen Geist."

Durch Ammas Worte wurde aus jenem Mann ein idealer Devotee und Sozialarbeiter.

Dass der Herr sich barmherzig zeigt gegenüber seinen Devotees, ist nur natürlich – doch verblüffte es mich, mit anzusehen, wie Amma Liebe und Mitgefühl auch den Menschen, die man als grausam bezeichnen könnte, zuteil werden lässt. Die zu lieben, die uns mit Zuneigung begegnen, fällt leicht, doch die zu lieben, die uns beleidigen, ist alles andere als einfach. Es ist jedoch Ammas unveränderliche Natur, ihre Liebe gleichermaßen an die Liebenden wie an die Hassenden zu verschenken.

VIMAL

Das Geburts-tagsgeschenk

14

Nur wenige Menschen finden keinen Gefallen daran, ihren Geburtstag zu feiern. Wir vergessen nur allzu gerne die Wahrheit, dass jeder Geburtstag, den wir feiern, uns auch dem Tode näher bringt. Er erinnert uns an die Tatsache, dass unsere Lebenszeit schon wieder um ein Jahr kürzer wurde. Wenn wir geboren werden, müssen wir sterben – da gibt es keinen Ausweg, nicht wahr? Alles, was geboren wurde, wird sterben. Kann man dem Tod entgehen? Es gilt die Geburt zu vermeiden! Besser gesagt: Was sterben muss, ist die *Vorstellung*, geboren worden zu sein. Für jemanden, der weiß, dass er nicht der Körper sondern die Seele ist, gibt es keinen Tod. Die Veränderungen, die der Körper erfährt, berühren ihn nicht. Das Bewusstsein, dass man selbst der *Ātman* ist, der Körper, Gemüt und Verstand transzendiert, kann nur durch die Gnade eines *sadguru* wie Amma in einem erwachen.

Ich erinnere mich an einen Geburtstag; es war noch bevor ich ein Āsram-Bewohner wurde. Ich fuhr nach *Vallikāvu*, um Amma zu besuchen. Als ich ankam, war ich mir klar, dass man Geburtstagen eine viel zu große Bedeutung beimisst. In den Händen hielt ich den *payasam* (süßen Pudding), den ich bekommen hatte, nachdem ich eine *pūja* in einem Tempel gemacht hatte. Ich hatte noch nichts gegessen, sondern war nach *Vallikāvu* mit dem festen Vorsatz gekommen, nur das zu essen, was Amma mir anbieten würde. Was für ein Geburtstagsgeschenk sie mir wohl geben würde?

Als ich am *kalari* ankam, wurde ich Zeuge einer vergnüglichen Szene: Amma war in einen Ringkampf mit Achamma, ihrer Großmutter väterlicherseits, verwickelt. Achamma liebte ihre Streiche. Amma sah mich, doch hatte ich das Gefühl, dass sie mich ignorierte. Gewöhnlich war das anders: Sobald sie mich erblickte, kam sie zu mir gelaufen. Diesmal jedoch tat sie, als ob sie mich nicht gesehen hätte und unterhielt sich mit anderen. So vergingen Stunden. Es dämmerte bereits. Sie saß vor dem *Kalari* und begann, *bhajans* zu singen.

Ich saß einige Meter entfernt auf der offenen Veranda der blattgedeckten Hütte und meditierte. Als die *bhajans* sich dem Ende näherten, kam *Rāmakṛṣṇa* (heute *Svāmi Rāmakṛṣṇānanda Pūri)* an. Damals arbeitete er noch in der Harippad-Bank. Sobald die *bhajans* vorüber waren, schritt Amma an mir vorbei und begab sich an die Stelle, wo *Rāmakṛṣṇa* saß. Sie schaute nicht einmal zu mir hinüber – so wie *Śrī Kṛṣṇa*, der einmal so tat, als habe er *Duryodhana* nicht gesehen, obwohl dieser früher gekommen war, und sich stattdessen mit *Arjuna* unterhielt. Amma sprach ziemlich lange mit *Rāmakṛṣṇa*. Ich wurde ärgerlich und aufgebracht. Schließlich ging ich in den *kalari* und machte die Türen hinter mir zu.

Nach zwei Stunden öffnete Amma die Tür und kam herein. Ich tat, als hätte ich sie nicht gesehen. Voller Mitgefühl kam sie auf mich zu. Ich sagte nichts. „Amma wollte nur sehen, wie viel Geduld ihr Sohn hat. Fühlst du dich schlecht?"

Lachend versuchte sie mich zu trösten. Heftig riss sie mich an sich und zog mich in die Küche. Sie bemerkte den *payasam,* den ich dabei hatte. „Hast du den mitgebracht, mein Sohn?"

Ich antwortete nicht auf ihre Frage.

Amma schaufelte Reis und Gemüse auf einen Teller, vermischte sie und rollte sie zu Bällchen. Zuerst wollte ich keinen annehmen, doch als ich in Ammas Gesicht sah, das so viel Mitgefühl ausstrahlte, brachte ich es nicht übers Herz abzulehnen.

„Sohn, was ist heute so besonders?"

Obgleich sie diese Frage stellte, wusste ich, dass sie über alles im Bilde war. Ich sagte: „Heute ist mein Geburtstag. Ich habe gehört, dass einer Mutter der Geburtstag ihres Kindes viel bedeutet."

„Mein Sohn, du warst schon Ammas Sohn, bevor du geboren wurdest! Wie kann sie dann diesen Tag als deinen Geburtstag betrachten? Sie hat nicht das Gefühl, dass daran etwas Besonderes ist. Amma ist doch nicht bloß die Mutter des Körpers. Sie ist auch die Mutter des Selbst. Da aber das Selbst weder geboren wird noch stirbt, über welchen Geburtstag sollen wir reden, und über *wessen* Geburtstag?"

Im Strom von Ammas Weisheit lösten sich alle meine Fragen auf. Ich ging zum *Kalari*, um mich hineinzusetzen. Amma trug etwas Sandelholzpaste auf meine Stirn auf. Nachdem sie mit ihrem Zeigefinger eine Zeit lang auf den Punkt zwischen meinen Augen gedrückt hatte, verließ sie den *Kalari*. Ich jedoch war unfähig, mich fortzubewegen. Was ich dann erlebte, war ebenso erstaunlich wie der Tod. Es schien, als ob ich jegliche Kontrolle über meinen Körper verloren hatte. Ich konnte nicht einmal einen Laut von mir geben. Ammas großes Mitgefühl strömte in mich wie ein Ganges voll göttlichen Nektars. Ich verlor jegliches Körperbewusstsein. Ich weiß nicht, wie lange ich – vollkommen zufrieden – an diesen Küsten des Friedens verbrachte.

Wer hätte mir ein schöneres Geburtstagsgeschenk machen können?

Diese unaussprechliche göttliche Erfahrung, die nur durch das unendliche Mitgefühl eines *sadguru* gewährt werden kann, war ein unendlich kostbares Geschenk und eine allzeit gegenwärtige Erinnerung an Ammas Herrlichkeit. Sie hat in den Korridoren meines Gedächtnisses nichts von ihrer Strahlkraft verloren.

Der Tod eines Wächters

15

Es war ein Darśan-Tag. Die Devotees hielten den Atem an, als sie Amma dabei zusahen, wie sie den aus den Wunden eines Leprakranken tropfenden Eiter aufleckte. Ich stand in einer Ecke des *Kalari* und beobachtete die Szene sehr bewusst, ohne die Augen abzuwenden. Ehrlich gesagt fragte ich mich, ob Amma mit ihrem zur Schau getragenen Mitgefühl alle Selbstkontrolle verloren hätte. In jedem Fall fand ich die Szene nicht besonders anrührend, und das sagte ich ihr auch ganz freimütig, als der *darśan* vorbei war.

„Amma, du bist doch allmächtig und könntest diese Krankheit durch einen bloßen göttlichen Willensakt *(saṅkalpa)* heilen. Wozu diese Zur-Schau-Stellung?"

Amma lächelte und antwortete mit einer Gegenfrage: „Hätte nicht *Śrī Kṛṣṇa* die *Kauravas* durch ein einfaches *saṅkalpa* erledigen können? Wieso wurde er *Arjunas* Wagenlenker?"[17]

Ich hatte darauf keine Antwort. Doch auch Amma merkte, dass ich mit ihrer Antwort nicht ganz zufrieden war. „Mein Sohn, ich weiß auch nicht, warum. Als ich diesen Sohn sah, wie er an seiner Leprakrankheit leidet, überkam es mich einfach und ich musste so handeln. Du wirst den Grund dafür zu gegebener Zeit verstehen."

Später las ich in mehreren Büchern, dass der Speichel einer erleuchteten Seele Heilkräfte besitzt und eine unfehlbare Medizin

---

[17] Eine Anspielung auf den im *Mahābhārata* beschriebenen Krieg zwischen den übel gesinnten *Kauravas* und den rechtschaffenen *Pāṇḍavas.* Als beide Kriegsparteien den Herrn um Hilfe baten, erklärte *Kṛṣṇa,* er würde nicht persönlich in den Krieg eingreifen, doch könne eine Partei seine Armee und die andere ihn selbst als Wagenlenker haben. *Arjuna,* einer der *Pāṇḍavas*, entschied sich für *Kṛṣṇa* als Wagenlenker; die *Kauravas* wählten *Kṛṣṇas* Armee.

gegen unheilbare Krankheiten darstellt. Doch selbst dies beseitigte meine Skepsis nicht völlig. Was war denn der Unterschied zwischen Ammas Körper und dem eines gewöhnlichen Menschen? Bestehen nicht beide aus den *pañcabhūtas?* [18] Was aber ist dann so Besonderes an dem Körper einer erleuchteten Seele wie Amma? Ich brachte dieses Thema jedoch ihr gegenüber nicht mehr auf.

Die Tage vergingen. Amma saß auf dem Āśram-Gelände, das mit im Wind schaukelnden Palmen übersät war. Ihre Devotees, die ihr wie ein Schatten folgten, umringten sie von allen Seiten. Der *āśram* bestand damals aus nichts anderem als aus ein paar über den Kokospalmenhain verstreuten Hütten, dem *Kalari* and dem Haus, in dem Amma aufgewachsen war. Nur selten aß sie etwas. Brachten die Devotees ihr etwas mit, so pflegte sie zu sagen: „Wenn die Mägen ihrer Kinder gefüllt sind, fühlt Amma sich satt."

Eines Tages öffnete sie ein Esspaket, das jemand mitgebracht hatte, und fütterte die Devotees mit Reisbällchen. Plötzlich entstand draußen ein Tumult. Die Menschen jagten einen tollwütigen Hund, der schon viele Personen gebissen hatte. Es war einer der beiden Hunde, die Amma während ihrer frühen Tage als Wächter gedient hatten.

„Sohn!"

Es war der Hund, den Amma so rief. Er lief auf sie zu. „Was ist denn mit dir passiert?"

Sie spielte mit ihm voller Zärtlichkeit Er wedelte mit dem Schwanz, als ob überhaupt nichts gewesen wäre und vergrub sein Gesicht in ihrem Schoß. Speichel und andere Dinge tropften aus seinem Maul und machten sie völlig schmutzig. Amma zog ihn ganz nahe an sich heran, umarmte ihn und küsste ihn auf die Stirn. Sie rollte den Reis zu Bällen und steckte sie in sein Maul. Mit derselben Hand, die ganz mit dem Speichel des Hundes bedeckt war, begann sie dann selbst den Reis zu essen. Diejenigen, die

[18] Die fünf *(pañca)* Elemente *(bhūtas),* die die materielle Ursache der Schöpfung sind.

die Szene beobachteten, waren entsetzt. „Amma, was machst du da!“, rief einer der Devotees.

Amma achtete nicht auf sie. Vielmehr kuschelte sie eine ziemlich lange Zeit mit dem Hund. Er rollte sich auf ihrem Schoß zusammen wie ein kleines Kind.

„*Śrī -mon,*[19] geh’ bitte und hole eine Kette.“

Als ich Amma dies sagen hörte, lief ich zum nächsten Haus. Dort fand ich eine Kette und kam mit ihr zurück.

Amma sagte: „Kette den Hund an den Baum, seine Zeit ist gekommen.“

Meinte sie wirklich, der tollwütige Hund müsse festgebunden werden? Ich wollte noch fragen: „Muss *ich* das machen?“ Doch hielt ich meine Zunge im Zaum. Es hatte sowieso keinen Sinn zu protestieren. War es denn nicht Amma, die mir befahl, es zu tun? Sie würde mich schon beschützen, beruhigte ich mich. Dann ging ich mit der Kette langsam auf den Hund zu, legte sie ihm um den Hals und band ihn an die Kokospalme vor dem *Kalari.* Er folgte mir, sanft wie ein Lamm. Sein Verhalten ließ deutlich erkennen, dass er sich über sein bevorstehendes Ende bewusst war. Nachdem ich ihn an der Palme angekettet hatte, tat er unter den Augen aller Zuschauer seinen letzten Atemzug. Es entging mir nicht, dass aus Ammas Augen Tränen rollten.

Ammas Mutter, ihr Vater und ihre Geschwister hatten inzwischen erfahren, dass sie den tollwütigen Hund nicht nur berührt hatte, sondern sogar mit denselben Händen, an denen sein Speichel klebte, gegessen hatte. Es bestand nicht der geringste Zweifel, dass sie den Speichel des Hundes in ihren Körper aufgenommen hatte. Mehr noch, sie hatte sogar jene Körperteile liebkost, die durch Steine, die man auf ihn geworfen hatte, verwundet waren. Aus diesem Grund bestanden alle darauf, dass Amma sich eine Anti-Tollwut-Spritze geben lassen sollte. Viele, die versuchten, Amma von der Notwendigkeit dieser Maßnahme zu überzeugen,

[19] Bevor er zum Mönch geweiht wurde, war der Name des Autors *Śrīkumār.*

flehten sie mit Tränen in den Augen an, doch sie lehnte es ab. Sie lächelte mir zu und sagte: „Was meinst du, sollten wir nicht versuchen herauszufinden, ob dieser Leib aus den *pañcabhūtas* besteht, mein Sohn?"

Ich ließ den Kopf hängen und hielt mit gefalteten Händen meine Gedanken in Zaum, während ich mir Ammas Glorie vergegenwärtigte. Durch solche Erfahrungen vermittelt Amma uns jene verborgenen Wahrheiten, die der Verstand nicht begreifen kann. Der *guru* offenbart einem Geheimnisse, die eigentlich gar nicht lehrbar sind. Er legt überhaupt nicht das Gebaren eines Lehrers an den Tag – umgekehrt ist sich der Schüler gar nicht bewusst, dass er etwas lernt. Solche göttlichen Erfahrungen, die den Wust an Informationen abschalten, bewirken, dass der Schüler sein Haupt niederbeugt. Jeder Schüler, der die erhabenen Kräfte des *guru* wahrnimmt, kann gar nicht anders als demütig werden.

Wenn wir tief im Innern geläutert sind, vermögen äußere Unreinheiten uns nicht negativ zu beeinflussen. Selbst wenn wir dann unansehnliche Kleidung tragen, wird gleichwohl alles vor Schönheit überfließen. Der Körper eines *yogi*, der mehrere Jahre lang weder gegessen noch gebadet hat, sendet aufgrund der intensiven meditativen Versenkung einen süßen Duft aus. Wenn alle Nerven gereinigt sind, wird auch der Körper frei von Unreinheiten. Die bloße Anwesenheit eines solchen Wesens läutert die Atmosphäre. Man kann die Funktionen des Körpers, der aus den *pañcabhūtas* besteht, durch innere Reinheit verändern. Doch um die natürliche Reinheit solcher Seelen wie Amma zu erreichen, müssen wir mit äußerer Reinheit beginnen.

Die *ṛṣis,* jene Verkörperungen des höchsten Friedens, verharrten selbst unter wilden Tieren in tiefer Meditation. In Gegenwart dieser *ṛṣis*, die jeglichen Sinn einer eigenen Individualität transzendiert hatten, vergaßen wilde Tiere ihre instinktive Feindseligkeit, die sie normalerweise Menschen gegenüber an den Tag legen. Die Anwesenheit von *mahātmas,* die innere Reinheit erlangt haben, wird sogar in der Natur widergespiegelt.

Die Schwingungen von Ammas reiner Liebe dehnen sich in alle Richtungen aus und führen die Menschheit zusammen. So werden die Tropfen der Individualität in einen mächtigen Ozean der Liebe und Weisheit verwandelt.

Das Summen einer Melodie

16

Die Prüfungen für mein Ingenieur-Diplom waren vorüber. Nun begann Gottes Prüfung. Meistens hielt ich mich in *Vallikāvu auf.* Inzwischen waren alle meine Verwandten Devotees von Amma geworden. Daher gab es von ihrer Seite keine Widerstände. Nichtsdestoweniger fürchteten meine Eltern, ihren einzigen Sohn zu verlieren. Ohne mein Wissen besorgte mein Vater mir eine gut bezahlte Stelle beim Raman-Forschungszentrum in Bangalore. Obwohl ich fest entschlossen war, diese Stelle nicht anzutreten, bestand Amma darauf, dass ich zumindest für eine gewisse Zeit dort arbeiten solle. Tatsächlich stand niemand auf meiner Seite, um mir die Partie zu stehen. So brachten mich denn Amma und die anderen Devotees, die den *āśram* oft zu besuchen pflegten, zum Bahnhof, um mich zu verabschieden. Ich stand da und blickte durchs Zugfenster, bis alle nach und nach aus dem Blickfeld verschwanden.

Diese Trennung musste ich in einer Zeit hinnehmen, in der es mir unerträglich war, auch nur eine Sekunde *nicht* bei Amma zu sein. Obwohl es eine Qual war, erkannte ich später, dass die Natur mich auf diese Weise Ammas wunderbare *līlās* begreifen lehrte. Draußen veränderte sich die Szenerie immer wieder. Ich lobte den Zug, weil er sich nicht um die wechselnden Landschaften kümmerte. Wie könnte er auch fahren, wenn er sich an die gerade enteilten Bilder erinnern und über ihr Verschwundensein in Trübsinn verfallen würde? Mir war, als ob Amma mir dadurch zu verstehen geben würde, dass diese Wahrheit auch auf die Lebensreise zutrifft.

Gibt es hier denn irgendetwas, das man wirklich sein Eigen nennen könnte? Worin besteht der Sinn, etwas in seinen Besitz bringen zu wollen, das sich am Ende ohnehin in Staub auflöst? Deswegen nimmt man Zuflucht zu der unzerstörbaren Wahrheit, die Amma verkörpert. *Mahātmas* sind keine bloß physischen Geschöpfe. Von *ihnen* abhängig zu sein macht unser Leben keineswegs zu einem sinnlosen Unternehmen. *Warum damit fortfahren, unser Leben mit der Jagd nach den wertlosen Dingen in der materiellen Welt zu vergeuden?* Immer wieder stellte ich mir diese Frage. Die Zuggeräusche verwandelten sich nach und nach in ein Wiegenlied. Es schien, als ob es mich mit Ammas Mitgefühl in den Schlaf wiegen wollte. „Oh Herr, ich sehe, dass du nicht unsichtbar bist. Hast du selbst dieser Lokomotive Ammas Liebe eingeflößt?“ Ich merkte es nicht, als ihre tröstende Berührung, ihre summenden Geräusche mich in einen tiefen Schlaf sinken ließen.

„Wollen Sie nicht aussteigen?“, fragte mich der Zugschaffner, als er mich wachrüttelte.

Erschreckt wachte ich auf. Nun kam ein anderer Mann auf mich zu und stellte sich vor: „Mein Name ist Daniel. Ich habe auf Sie am Bahnhof gewartet. Ein älterer Wissenschaftler bat mich darum, Sie abzuholen. Als ich sah, dass alle Fahrgäste ausgestiegen waren, begann ich mir Sorgen zu machen, da ich Sie nicht entdecken konnte. Also suchte ich jedes Abteil nach Ihnen ab, bis ich Sie schließlich hier fand. Man hat mir ein Foto gegeben, damit ich Sie erkennen kann.“

Als ich darüber nachdachte, wie das Institut wohl an mein Bild gekommen sein konnte, war ich in nicht wenig erstaunt, denn ich hatte ihnen weder eine Bewerbung noch ein Foto geschickt. Doch befasste ich mich nicht weiter mit dieser Frage.

Daniel nahm meine Tasche und stieg aus, ich folgte ihm. Mir war nicht nach Reden zumute. Daniel verstand den Grund für meine Schweigsamkeit nicht. „Bist du denn nicht froh, dass du die Stelle bekommen hast?“

In der Tat – viele träumen von einer Arbeitsstelle am Raman-Institut. Ohne meine Antwort abzuwarten, sprach Daniel weiter.

Ich begann mein eigenes Verhalten als unschicklich zu empfinden. Als wir beim Wohnhaus ankamen, entschuldigte ich mich bei Daniel, dass ich bis jetzt kein Wort gesagt hatte. Ich versuchte ihm klarzumachen, dass mein Kummer über den Abschied von zu Hause der Grund für meine Schweigsamkeit war. Daniel war ein äußerst liebenswerter Mensch. Schnell bereitete er mir ein Essen zu – beinahe wie eine Mutter. Dann setzte er sich zu mir und redete mir zu, dass ich etwas zu mir nehmen solle. Ich fühlte deutlich, wie Amma durch ihn wirkte.

Am nächsten Tag war ich bereit, ins Institut zu gehen. Ich nahm ein Bild von Amma aus meiner Tasche; es war das erste, das ich bekommen hatte – ein seltenes Foto aus den alten Tagen. Es zu besitzen war das Einzige in meinem Leben, das ich als wirkliche Errungenschaft betrachtete. Doch konnte ich nicht ertragen, es längere Zeit zu betrachten. Schweigend bat ich um Ammas Erlaubnis und ihren Segen, mit der Arbeit beginnen zu dürfen. Danach wickelte ich das Bild in ein seidenes Tuch, packte es wieder in die Tasche und ging zur Arbeit an das Institut.

Als ich noch auf der Schule war, hatte ich von solch einer Arbeitsstelle immer geträumt. Ich war in einer Abteilung, die die Sonnenstrahlung erforschte. Bevor ich mit der Arbeit begann, meditierte ich auf den Sonnengott, der ein Symbol der Weisheit darstellt. Trotzdem fühlte ich mich durch diese Anstellung, die meine siebzehnjährige Ausbildung mir ermöglicht hatte, keineswegs geehrt. Ich saß in einem klimatisierten Raum inmitten von Computern und anderen Maschinen und fühlte mich unbehaglich.

Die Chefin der Abteilung mochte mich gut leiden. Ich war erstaunt, als ich hörte, dass alle sie mit ‚Amma' ansprachen. Sie war unverheiratet und hatte ihr Leben der Forschung gewidmet. Vielleicht nannten sie sie ‚Amma', weil ihr Leben wirklich ein Zeugnis für Entsagung war. Ich versuchte mich damit zu trösten, dass die Umgebung, die ich vorgefunden hatte, der Erinnerung an Amma, meinen *sadguru,* förderlich war. Wenn auch andere von der Wissenschaftlerin als der Frau sprachen, „die es vergessen hat zu leben“, so war doch die große Zufriedenheit in ihren Worten spürbar, wenn sie über ihre Beiträge zur Welt der Wissenschaft sprach. Ich konnte nicht umhin, mir vorzustellen, wie viel mehr sie hätte erreichen können, wenn sie sich um die Erforschung der *inneren* Welt bemüht hätte.

In mir klangen Ammas Worte nach: „Alles ist möglich für jemanden, der zu entsagen bereit ist.“

Obwohl alle sie ‚Amma' nannten, hatte doch jeder Angst vor ihr. Sie nahm es sehr genau als Chefin. Alle bemühten sich, es ihr recht zu machen und verrichteten die Arbeit so ernsthaft und perfekt wie möglich. Unter den Kollegen gab es viele, die mich gut leiden konnten. Mir wurde klar: Es war *Jugadīśvarī* selbst, die sich darum kümmerte, dass es ihrem Sohn an nichts mangelte. Und doch hatte ich nicht das geringste Interesse, hier zu arbeiten. Es lag mir auch nichts an der Zuwendung und Liebe von anderen. Ich verbrachte dort viele nüchterne Tage, einsam und schweigend.

Amma ließ mich ihre Gegenwart spüren, indem sie mir täglich zahllose Erfahrungen bescherte. Später sagte sie mir, dass jene Erfahrungen dazu bestimmt waren, mir zu zeigen, dass sie nicht auf ihren Körper begrenzt ist und die ganze Zeit über bei mir war. Sie dachte, derartige Erfahrungen würden es mir leichter machen.

In Wahrheit verstärkten sie jedoch nur meinen Kummer. Viele Tage verbrachte ich weinend in dieser Großstadt und beklagte mein Los. Ich empfand, dass ich mein Leben inmitten einer materialistischen Welt vergeudete, einem Narren gleich, der kostbarste Perlen für ein paar Glaskugeln hergibt.

Mehrere Wochen waren vergangen, seit ich Amma verlassen hatte und in *Bangalore* angekommen war. In der Zwischenzeit hatte ich viele tröstende Briefe von ihr erhalten, doch oftmals hatte ich nicht einmal die Kraft, diese, die voller Liebe waren, zu Ende zu lesen. Ich erinnerte mich an die letzten Worte, die ich zu ihr gesprochen hatte, als ich ihr Lebewohl sagte: „Amma, bitte segne mich, dass ich bald zurückkommen kann!“ An vielen

Tagen dachte ich auch tatsächlich daran zurückzukehren. Aber immer, wenn dies geschah, erschien Amma mir im Traum und verbot es mir.

Eines Tages, als ich den Schmerz des Getrenntseins nicht länger ertragen konnte, sprach ich mit Daniel über alles. Sein Gesicht wurde blass, als er von meinem Entschluss erfuhr wegzugehen. Lange sagte er nichts. Schon früher hatte er verstanden, wie es um mich stand. Er nahm mich mit an einen einsamen Ort, vermutlich in der Annahme, er würde einen tröstenden Einfluss auf mich ausüben. Es war eine verlassene Gegend, in der Berge in den Himmel ragten und der Erdboden mit Felsen übersät war. Die ganze Atmosphäre war von einer zurückhaltenden ländlichen Schönheit erfüllt, völlig unberührt von der Künstlichkeit der Städte. In der Ferne drängten sich Wolken zusammen, um die untergehende Sonne zu beklagen. Unmöglich, dass die Göttin der Natur, jene Zeugin zahlloser Sonnenaufgänge und Sonnenuntergänge hier irgendetwas Neues hätte entdecken können. Wie viele Begräbnisse dieser Art würden noch bevorstehen! An wen konnten die verhärmten Wolken, denen es an Stärke fehlte, all dies immer wieder bezeugen zu müssen, sich mit ihrem Kummer wenden? Früher oder später mussten auch ihre zauberhaften Formen verschwinden, und der nächtliche Tanz der Zerstörung würde Einzug halten. Seinem Schrecken wäre nun freies Spiel gestattet, um mit einem Schlag alle die, die durch des Tages Farben irregeführt worden waren, in Kummer zu stürzen.

Dennoch begriff ich, dass mangelnde Klarheit aufgrund finsterer Unwissenheit weitaus furchtbarer war als diese Nacht. Langsam kletterten Daniel und ich auf den Berg. Die freundliche Brise, die gekommen war, um das Zwielicht zu besänftigen, verschaffte uns etwas Erleichterung. Wir setzten uns auf einen Felsblock und sprachen, während wir in die Ferne blickten, lange Zeit über Amma. Danach legte sich Daniel auf den Felsen nieder. Ich ging ein paar Schritte, schloss meine Augen und versuchte zu meditieren. Ein ungewöhnlicher Gedanke ging mir durch den

Kopf: Ist nicht dieser Körper der eigentliche Grund für meine Trennung von Amma? - Dann zerstöre ihn doch! Ohne lange zu überlegen stand ich auf. Daniel schlief. Langsam ging ich zur anderen Seite des Felsblockes.

Die Berge waren überflutet vom Licht des Vollmondes. Tief unten gähnte ein Abgrund. Einen Augenblick lang schloss ich die Augen und betete, während meine Beine rasch vorwärts liefen... Dann riss mich jemand mit großer Kraft hoch. Ich fiel zurück. Wer hatte mich da gezogen? Daniel vielleicht? Ich drehte mich um. Niemand war hinter mir! Daniel lag immer noch an demselben Platz und schlief. Ich versuchte, wieder aufzustehen, stellte aber fest, dass ich dazu nicht fähig war. Wie betäubt verharrte ich in dieser Stellung, ohne zu begreifen, was eigentlich geschehen war. Ich hatte das Gefühl, als ob sich alles in meinem Kopf drehte. Ausgestreckt blieb ich auf dem Felsblock liegen, schloss die Augen und meditierte über Amma. Nach einiger Zeit vernahm ich ihre Stimme, die in meinen Ohren widerhallte.

„Selbstmord zu begehen ist feige, mein Sohn. Der Körper ist sehr kostbar, er ist ein Geschenk von Gott, ein Medium, um den *Ātman* zu erkennen. Er ist dazu da, vielen Menschen Frieden zu gewähren. Ihn zu zerstören heißt das größte Verbrechen zu begehen, sowohl der Welt als auch Amma gegenüber. Erhebe dich über die widrigen Umstände. Sei tapfer! Schreite voran, ohne zu erlahmen, mein Sohn! Amma ist bei dir!“

Es war die Stimme meiner Amma, die Stimme meines inneren Selbst. Von Reue überwältigt brach ich in Tränen aus. Warum soll ich mir Sorgen machen, wenn *sie* doch im Zentrum meines Herzens sitzt als der *antaryāmin*, der Zeuge, der jeden Gedanken und jede Handlung kennt? Ich lag auf dem Felsen und schaute hoch zum Himmel, wo der Mond leuchtete. Ist man in der Dunkelheit denn jemals der Tröstung durch das Mondlicht beraubt? Bewusst schaute ich in das Gesicht des Mondes: Dort sah ich die Göttin des Universums, die mich mit ihren tausend Händen kuschelte. Aus der Tiefe meines Herzens stiegen ein paar Verse an die Oberfläche und formten sich auf meinen Lippen zu Poesie:

arikil undeṅkilum aṟiyān kaẓhiyāte
alayunnu ñān ammē...
kaṇṇundennālum kāṇān kaẓhiyāte
tirayunnu ñān ninne... ammē
tirayunnu ñān ammē...

Oh Amma, obwohl du so nahe bist, wandere ich umher. Obwohl ich Augen habe, suche ich nach dir und bin unfähig, dich zu sehen.

hēmantanīlaniśīthiniyil pūtta
vārtiṅkaḷ nīyāṇō
vānilettīṭuvān kaẓhiyāte tīrattil
talatallum tiramāla ñān... ammē...

Bist du der schöne Mond, der in blauer Winternacht erblüht? Eine Welle bin ich, die den Himmel nicht erreichen kann und mit ihrem Kopf gegen die Küste stößt.

iha lōka śukham ellām vyārtthamāṇennuḷḷa
paramārttham ñān aṟiññappōḷ
iravum pakalum kaṇṇīroẓhukki
ninneyaṟiyān kotichū... ammē...

Als ich dahin kam, die Wahrheit zu begreifen, dass alle weltlichen Annehmlichkeiten nichtig sind, vergoss ich Tränen, Tag und Nacht, und sehnte mich danach, dich zu erkennen, Amma.

duhkhabhārattāl taḷarunnorenne nī
āsvasippikkān varillē...?

ettīṭumennuḷḷa āśayōṭe ñān
nityavum kāttirikkunnu.... ammē...

Willst du nicht kommen und mich trösten, der ich müde bin von der Last des Kummers? Voll des Wunsches, dass du erscheinen mögest, warte ich hier, Amma – allezeit.

Wieder erklang Ammas Stimme in meinem Ohr. „Ist es denn genug, immer nur eine Knospe zu sein? Ertrage den Schmerz des Erblühens. Gestatte der Knospe deines Herzens sich zu öffnen. Der Duft und die Schönheit, die du mit anderen teilen sollst, sind bereits in dir. Achte nicht auf die vorübergehenden Schmerzen. Mache dich bereit für das Aufdämmern der Sonne des Wissens."

Die Sorgen, die Gott uns auferlegt, sind allem Glück, das aus anderer Quelle stammt, bei Weitem vorzuziehen. Wer Vergnügungen hinterherjagt, ist geneigt, Gott den Rücken zuzukehren. Ein Devotee hingegen ist jemand, der das Leid aufspürt. Ihm allein gehört der All-Glückselige. Im Leiden liegt Tiefe. Wenn wir bereit sind, wegen Gott zu leiden, wird daraus *tapas*. Amma sagt, das Leben sei eine Gunst, die Gott uns gewährt – kein Fluch. Die Welt ist nicht das Problem. – Probleme und Überdruss gehören vielmehr zum menschlichen Geist. Wir müssen lernen, über sie hinauszuwachsen. Spiritualität ist das Training dafür. Unser Leben muss zu einer Kunst werden.

Es gibt einige Dinge im Universum, die man nur durch Erfahrung kennen lernen kann – dies gilt zuerst und zuletzt für die Wahrheit. Gott als Inbegriff dieser Wahrheit ist eine Erfahrung, die weder vermittelt noch ausgedrückt werden kann. Es ist Ammas grenzenlose Liebe und Mitgefühl, was uns befähigt, Gott zu erschauen.

Die Vision göttlicher Schönheit

17

Nachdem ich die Stelle im Raman-Forschungszentrum aufgegeben hatte, eilte ich zum Bahnhof, um einen Zug in meine Heimatstadt zu nehmen. Die Geduld, auf Ammas Erlaubnis zu warten, hatte ich nicht. Den Wert jedes verstrichenen Tages verstand ich erst, nachdem ich Amma begegnet war. Nun, da mir die große Qual bewusst geworden war, die ich jede Sekunde infolge der Trennung von ihr zu erleiden hatte, wie konnte ich ihr weiter fernbleiben? Solange wir uns nicht der göttlichen Gegenwart Ammas in unserem Innern bewusst geworden sind, ist ihre körperliche Nähe überaus wichtig. Bis der innere *guru* erwacht ist, bleibt der äußere von essentieller Bedeutung.

Das Kleinkind, das laufen lernt, benötigt die Fingerspitzen der Mutter als Hilfe. Ich hatte ja gerade erst den spirituellen Pfad betreten. Über seine Gefahren wusste ich nichts. Allein der *guru* kann uns lehren, wie wir jene Hindernisse in Sprungbretter verwandeln können. Für den Schüler, der der Welt entsagt und Zuflucht genommen hat bei den Füßen des Meisters, gibt es so etwas wie ein ‚Hindernis' eigentlich nicht.

Alle Erfahrungen verhelfen ihm zu spirituellem Wachstum. Der von Barmherzigkeit erfüllte Blick des Meisters verleiht ihm die nötige Stärke. Die Gegenwart des *guru* birgt in sich eine Fülle ungeheurer Kräfte, die dem Auge nicht sichtbar sind, selbst wenn man tausend Augen besäße. Reine Herzen haben keinerlei Schwierigkeit, die endlosen *bhāvas* eines *guru* wertzuschätzen. Um aber eine solche Reinheit zu erlangen, bedarf es der körperlichen Nähe des *guru.*

Als ich nach der Zugreise zu Hause ankam, brach ich vor lauter Erschöpfung zusammen. Der Körper war nicht mehr fähig, die extreme Härte, tagelang auf Schlaf und Essen zu verzichten, länger auszuhalten. Ich musste für einige Tage in ein nahe gelegenes

Krankenhaus überwiesen werden. Da die Ärzte Symptome einer Lungenentzündung festgestellt hatten, verordneten sie mir absolute Bettruhe. Nun hatte ich also meine Stelle aufgegeben und war zurückgekommen, weil ich unerträgliche Sehnsucht nach Amma hatte – nur um am Ende in einem Krankenhaus zu landen. Immerhin versuchte ich mich mit dem Gedanken zu trösten, dass dies Ammas Strafe dafür war, dass ich die Arbeit aufgegeben hatte, ohne sie um Erlaubnis zu bitten.

Mein Vater fuhr nach *Vallikāvu*, um Amma über meine Behandlung im Krankenhaus zu informieren. Sie willigte nicht ein in meinen Wunsch, sie in *Vallikāvu* zu besuchen. Sie sagte meinem Vater, ich solle vorläufig überhaupt nicht reisen; stattdessen würde sie selbst ins Krankenhaus kommen und mich besuchen. Ich hatte meinem Vater vor dessen Abreise gesagt, ich wollte Amma in *Vallikāvu* besuchen und danach sofort ins Krankenhaus zurückkehren. Diese Hoffnung erfüllte sich nicht. Als Amma ihren Wunsch aussprach, mich im Krankenhaus zu besuchen, protestierte mein Vater energisch. „Nein, Amma, du brauchst nicht den ganzen Weg dorthin zu fahren. Die Ärzte haben gesagt, dass er ohnehin in zwei Tagen entlassen wird.“ Darauf gab Amma meinem Vater etwas *prasād* und heilige Asche, die sie für mich gesegnet hatte, und er verabschiedete sich von ihr. Als er wieder im Krankenhaus war, verrieb mein Vater die Asche auf meinem ganzen Körper. Nachdem ich das *prasād* gegessen hatte, fühlte ich mich sehr erleichtert. Gleichwohl empfand ich Kummer, da es mir nicht gelungen war, mit Amma zusammenzukommen.

In dieser Nacht konnte ich keinen Schlaf finden. Inzwischen waren Monate vergangen, seit ich sie zum letzten Mal gesehen hatte. Meine erste Begegnung mit ihr war ein folgenschweres Ereignis gewesen, das meine Sicht auf das Leben völlig verändert hatte. Nun lag ich hier im Krankenhaus und betete unentwegt zu ihr, der Göttin des Universums, die ein *Vaikuntha* auf Erden geschaffen hatte und Tausende ihre Kinder zu ekstatischen Tänzen inspirierte. Ich wollte sicherstellen, dass ich nie wieder von ihr getrennt sein würde. Nun versuchte ich zu schlafen, aber es gelang mir nicht.

Plötzlich empfand ich die sanfte Berührung einer kühlen Brise. Erst später begriff ich, dass der süß duftende Wind, der mich umspielte, die Ankunft der göttlichen Mutter, der Verkörperung der Barmherzigkeit, begleitete. Das klingelnde Geräusch der Fußkettchen, die Amma gewöhnlich trug, drang an meine Ohren. In einer Ecke des Zimmers schien ein Kreis aus Licht Gestalt annehmen zu wollen. Der Glanz von Ammas Lächeln durchdrang dieses Licht. Es war, als ob das ganze Gebäude sich erheben würde. Ich versuchte zu vermeiden hinzufallen, indem ich mich an meinem Bett festhielt, doch war ich unfähig, Hände oder Füße zu bewegen. Plötzlich wurde alles still. Eine Musik, so süß wie ich sie noch nie zuvor gehört hatte, versetzte mich in Verzückung, und in ihrem Strom löste ich mich auf. Ammas bezaubernde Gestalt begann sich, ebenso wie der Glorienschein des Lichtes, in meine Richtung zu bewegen. Erstarrt und dennoch unerschrocken blickte ich sie an. Sie hatte eine berauschende mit zahllosen Edelsteinen geschmückte sehr selten zu sehende Form angenommen und war nun bei mir angelangt. Nachdem sie sich zu mir auf das Bett gesetzt hatte, legte sie meinen Kopf auf ihren Schoß und liebkoste ihn zärtlich – was für ein kostbarer Augenblick göttlichen Besuches! Obwohl ich mir bewusst war, wie Amma meinen Kopf küsste und ihre Hände jeglichen Schmerz aus meinem Herzen entfernten, blieb ich doch ruhig. Mein Körper war inzwischen völlig unbeweglich geworden. Es kam mir der Gedanke, ich sei jetzt nicht einmal fähig, mich ihr zu Füßen werfen – und sie selbst war es, die ihn durch eine verneinende Geste bestätigte. Ihre Liebkosungen wurden zu einer göttlichen Kur, die das *karma* zahlloser Geburten auslöschte.

Gerade als dies geschah, öffnete sich die Tür, und mein Vater betrat das Zimmer. Er war hinausgegangen, um etwas warmes Wasser für die Tabletten, die ich nehmen musste, zu holen. Als er näher trat, wurde Ammas Gestalt undeutlich und verschwand bald danach. Er dachte, ich würde schlafen, also rüttelte er mich und sagte: „Es ist Zeit, die Medizin zu nehmen."

Ich nahm sie ein und blieb weiter im Bett liegen; sprechen konnte ich nicht. Niemals zuvor hatte ich einen derart klaren *darśan* erlebt. Meine Augen, meine Ohren und meine Nase erzählten immer noch die Geschichte dieses *darśans.* Dies waren Schwingungen der unendlichen Schönheit, die Amma in ihrem Inneren verborgen hält.

Obwohl ich mir zuvor auch intellektuell darüber im Klaren gewesen war, dass Amma nicht auf ihren Körper begrenzt ist, so ist doch das Wissen, das diese Erfahrung mit sich brachte, etwas Besonderes, etwas, das sich durch Worte nicht beschreiben lässt. Aus diesem Grund unternahm ich nicht den Versuch, meinem Vater etwas davon zu erzählen.

Am nächsten Tag bestand ich darauf, nach *Vallikāvu* zu fahren. Der Arzt willigte am Ende ein und entließ mich aus dem Krankenhaus, versäumte es jedoch nicht, mich daran zu erinnern, dass ich zumindest in den nächsten Tagen noch absolute Ruhe benötigte. In Begleitung meines Vaters fuhr ich geradewegs zu Amma. Sie saß vor dem *Kalari,* als ob sie auf mich gewartet hätte.

Sie sah nicht so aus, als ob sie seit dem *bhāva-darśan* der letzten Nacht Ruhe gefunden hätte. Das rote Sandelholz-Mal auf ihrer Stirn war immer noch da. Auch ihre Kleidung hatte sie nicht gewechselt. Sie hatte den Devotees *prasād* gegeben, und dabei hatte sich die Asche über ihren ganzen Körper verteilt und auf ihrer Kleidung, ihrem Haar und ihrem Gesicht weiße Streifen zurückgelassen. Selbst diese Staubpartikel waren offenbar nicht willens, sie zu verlassen. In dem Moment, da sie mich von ferne sah, winkte sie mir zu. Ich lief zu ihr und warf mich ihr zu Füßen. Sie legte mich liebevoll auf ihren Schoß und herzte mich. Jener göttliche Duft, den ich tags zuvor während des *darśans* im Krankenhaus wahrgenommen hatte – ich konnte ihn auch jetzt wieder riechen, wie er von ihrem Körper ausströmte. Auf ihrem Schoß zu liegen und einige Minuten zu weinen befreite mich nachhaltig von all meinem Kummer. Es ist die Art von Erleichterung, die man empfindet, wenn einem klar wird, dass es jemanden gibt, der einem alle Last von den Schultern nimmt. Diese Erleichterung entwickelt sich zu Selbstvertrauen. Niemand außer Gott kann uns solches Selbstvertrauen einflößen. Ich konnte bemerken, dass auch aus Ammas Augen Tränen des Mitgefühls und der Liebe rannen.

„Amma, bist du ins Krankenhaus gekommen, um mich zu besuchen?“ fragte ich sie.

Sie nickte mit dem Kopf, um ein „Ja“ anzudeuten.

„Warum bist du dann weggegangen, ohne ein Wort zu sagen?“, versuchte ich es erneut.

Sie sagte nichts, sondern lächelte nur. In diesem Lächeln lag schon die Antwort auf meine Frage.

Während der Augenblicke göttlicher Erfahrung ist die Sprache sogar ein Hindernis. Bei solchen Gelegenheiten findet das Reden ein Ende. Schweigen ist die Sprache der Seele. Wenn Seelen sich begegnen, ist Sprache überflüssig. Im Augenblick, da *guru* und Schüler eins werden, kündigt sich die Vereinigung des *jīvātma* mit dem *Paramātma* an.

Vor dem *guru* wird der Schüler zu einem Baby. Wenn er erfüllt ist von Unschuld, wird der *guru* zu einer Mutter.

Er (oder sie) verhüllt seine unendlichen göttlichen Eigenschaften und bindet den Schüler an sich durch die Süße und Lieblichkeit der Mütterlichkeit. Dieses Band führt den Schüler zu ewiger Freiheit und Seligkeit. Um das zu erreichen, benutzt er das *bhāva* der Mütterlichkeit, damit der Schüler unschuldig wird wie ein Kind.

Ein Kind weiß von nichts Bösem, denn in seinem Gemüt ist nichts als Güte. Es ist auch nicht voll von zahlreichen Gedanken, der einzige Gedanke ist seine Mutter. Sie ist seine Welt, und sie ist auch sein Glaube. Die Worte anderer können ihn nicht erschüttern, denn das Kind hat die Liebe erfahren, deren Verkörperung seine Mutter ist. Es hat kein Interesse an irgendeiner anderen Person.

Wenn es seine Mutter nicht sieht, fängt es an zu weinen. Das ist die einzige Sprache, auf die es sich versteht.

„Gibt es ein Gebet, das großartiger wäre als Weinen? Wenn wir fähig sind, nach Gott zu weinen, brauchen wir niemand anderen, der uns vor weltlichem Ungemach schützt.“ Ich erinnerte mich dieser Worte Ammas, als ich weinend auf ihrem Schoß lag. Das ‚Ich' in mir löste sich auf in Nichts.

Dinesh

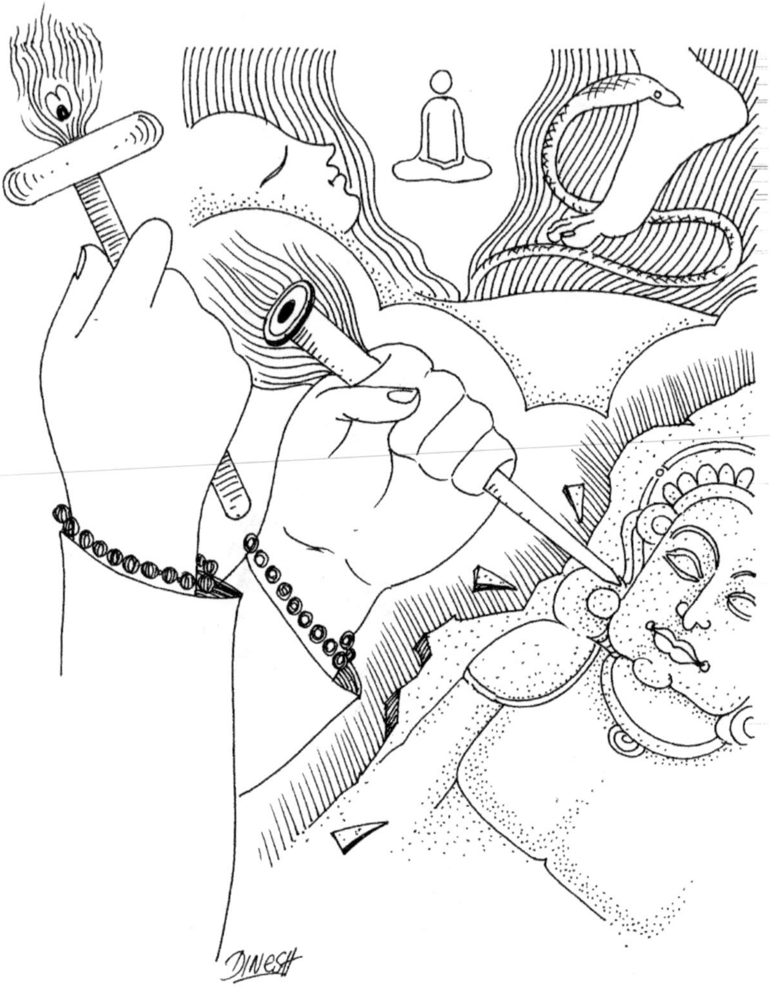

Auf Ammas Testgelände

18

Dieses Universum ist ein Symbol der Einheit: Die Sterne, die an ihrem Platz verweilen aufgrund wechselseitiger Anziehungskraft, die rotierenden Planeten und all die tiefgründigen Geheimnisse, die nur auf den höchsten Stufen der Meditation ausgelotet werden können. Amma sagt, dass es im Universum nur göttliche Schönheit gebe. Es existiert überhaupt nichts Hässliches. Denn alle Entstellungen sind nur Produkte des menschlichen Geistes. Wer Liebe in sich hat, sieht überall Schönheit. Durch die alles in ihren Bann ziehende Macht der Liebe erlangt man die Reinheit, die erforderlich ist, um der Vision göttlicher Schönheit teilhaftig zu werden. Diese Liebe versucht Amma in uns zu erwecken.

Als ich aus Bangalore zurückkam, blieb ich bei Amma. Es gab keinen Widerstand von Seiten meiner Familie. Die folgenden Tage waren eine seltene Gelegenheit, mich ausschließlich meinem *sādhana* zu widmen. Von der Morgendämmerung, die die Seligkeit des *sādhana* mit sich brachte, bis zum Sonnenuntergang, der mich ohne Grund weinen ließ – die Tage vergingen rasch. Wie sehr sehnte ich mich in jenen Tagen danach, ein ganzes Leben lang nach Gott zu weinen! Ich sonnte mich in der Aura der Liebe, die von diesem wunderbaren Wesen Amma ausging und vergaß alles andere. Wenn uns klar wird, dass alles, was wir bisher erreicht haben, überhaupt kein Gewinn ist, werden wir nicht länger von ‚Gewinnaussichten' in die Irre geführt. Eine solche Loslösung zu erreichen ist nicht einfach, doch die Nähe zu einem großen *guru* wie Amma hilft uns dabei. Diese veränderte Einstellung zum Leben gewinnen wir, wenn wir uns auf Spiritualität einlassen. Das ist die göttliche Erfahrung, die Amma uns gewährt.

Jeder Augenblick mit Amma erinnerte uns daran, wie wertvoll jeder Tag ist. Tag und Nacht waren gleichermaßen von einem feierlichen Rausch erfüllt. Wenn wir morgens um drei Uhr mit Wassergefäßen hinausgingen, hatte Amma bereits die Bootsanlegestelle erreicht, mit dem größten Wassergefäß. Wenn man sie daraufhin ansprach, pflegte sie zu sagen, sie sei es gewohnt, große Lasten zu tragen. Ich nehme an, für jemanden, der die Bürde der Welt auf sich genommen hat, ist das Tragen eines Wasserkruges nicht so schwer! In jenen Tagen mussten wir lange warten, um Wasser aus der Leitung zu bekommen. Fürwahr, das war *tapas*! Am Morgen kam kein Wasser mehr aus dem Hahn, also mussten wir schon vor Tagesanbruch ausreichend Wasser für den *āśram* holen. Amma war darauf bedacht, dass kein Devotee, der zum *āśram* kam, Durst leiden müsse. Sie schärfte uns ein, keine Gelegenheit zu versäumen, den Devotees zu dienen.

Zu jener Zeit konnte man die ständigen Bewohner des *āśrams* an einer Hand abzählen. Damals war der *āśram* noch nicht offiziell registriert. Es gab noch nicht einmal eine Hütte, von der man hätte sagen können, dass sie den *āśram* repräsentiere. Vor dem *Kalari* im Sand zu liegen und einzuschlafen mit Blick auf den Sternenhimmel war in der Tat Meditation. Der *Kalari,* in dem Amma *darśan* gab, war das einzige Gebäude. Der Altar im Schrein enthielt ein Schwert und einen Dreizack, göttliche Waffen, mit denen *Devī* das Ego entwurzelt und Wissen gewährt! Das Ego wird vernichtet, wenn es der Liebe von Angesicht zu Angesicht gegenüber steht. Amma demonstriert, dass die Liebe gewinnt, wo Waffen versagen. *Devīs* Waffen können weder das sichtbare Schwert noch der Dreizack sein. Das, so sagt Amma, seien nur Symbole. Wozu sollte *Devī* Waffen benötigen? Wenn sie, die alles durch ihre bloße Willenskraft verändern kann und mit unsichtbaren Waffen versehen ist, bei uns lebt, verschwinden alle unsere Zweifel und Befürchtungen. Keine Mutter richtet eine Waffe gegen ihre Kinder. Wenn das so ist, sind wir gehalten, die Waffen in Mutter *Kālīs* Hand als Liebe, Mitgefühl und andere göttliche Tugenden anzusehen. Vor dieser Liebe muss sich das schlangenartig aufgerichtete Haupt des Ego beugen.

VIMAL

Upavāsa

19

In den frühen Tagen des *āśram* war er lange nicht so überfüllt wie heute. Amma verbrachte damals sehr viel mehr Zeit mit den *brahmacāris* und *brahmacārinīs*, um sicherzustellen, dass wir uns an die vorgeschriebene Routine hielten und unsere Aufmerksamkeit auf die spirituelle Praxis lenkten. Sie wollte, dass wir acht Stunden am Tag meditierten und beteiligte sich auch selbst daran. Sie bestand darauf, dass alle bei der Meditation zusammensaßen. Es war uns nicht erlaubt, uns das kleinste bisschen zu bewegen oder die Augen zu öffnen. An manchen Tagen hatte sie ein paar Kieselsteine dabei, die auf dem Körper derjenigen landeten, die es an Wachsamkeit fehlen ließen. Auf diese Weise wollte sie uns darauf aufmerksam machen, wenn unsere Konzentration von Gott abschweifte. Hatte Amma einmal zu meditieren begonnen, so öffnete sie erst viele Stunden später wieder die Augen. In ihrer Gegenwart war es auch uns möglich, eine solch lange Zeit ruhig dazusitzen. In Ammas Nähe fällt einem die zielgerichtete Konzentration leicht. Daher empfand niemand die Meditation als übermäßig hart. Egal, wie beschäftigt sie war, so prüfte Amma doch jeden Morgen um vier Uhr nach, ob alle aufgewacht waren und weckte diejenigen, die noch schliefen. An manchen Tagen verbrachte sie die Nacht auf der Veranda außerhalb des Meditationsraumes. Wenn auch nur eine Person sich nicht an die Routine hielt, trank sie an dem betreffenden Tag nichts. Von Amma ausgeschimpft zu werden, machte niemandem etwas aus, doch konnte keiner es ertragen, wenn sie einen Tag lang ohne Nahrung blieb und ihrem Körper so Qualen auferlegte. Aus diesem Grund hielten sich für gewöhnlich alle an die tägliche Routine. Acht Stunden meditieren, das *Lalitā Sahasranāma* rezitieren, Hatha Yoga praktizieren, die vedischen Schriften studieren und *bhajans* singen – all das wurde regelmäßig und ohne Unterbrechung von uns praktiziert.

Eines Tages kam Amma in den Meditationsraum und verkündete: „Kinder, ihr müsst zumindest einen Tag in der Woche fasten und schweigen.“ Während des ganzen Fastentages mussten wir im Meditationsraum bleiben. Wir sollten meditieren und unser Mantra chanten. Amma hatte den Samstag als geeigneten Tag dafür bestimmt.

Als es nun Samstag war, gingen alle in den Meditationsraum und widmeten sich dem *sādhana.* Im Laufe des Vormittags kam Amma und brachte uns mit Wasser verdünnte Milch. Bevor sie ging, schärfte sie uns allen ein: „Heute bekommt niemand etwas zu essen.“

Als es elf Uhr war, kam sie mit einem irdenen Topf zurück: „Kinder, ihr sollt nicht hungern! Es ist nichts dagegen einzuwenden, Bananen zu essen.“

Sie verteilte gedünstete Bananen an alle Anwesenden. Auch brachte sie uns gesüßten Kaffee. „Kinder, bitte esst nichts anderes.“

Dann ging sie. Alle waren vertieft in *japa* (das fortwährende Rezitieren eines Mantras) und Meditation. Danach kam sie noch zwei- oder dreimal in den Meditationsraum und sah nach uns, indem sie durch das Fenster schaute. Anschließend sahen wir sie für lange Zeit nicht mehr. Wie sie uns gesagt hatte, konzentrierten wir uns auf das Bildnis unseres *iṣṭa devatā* und versuchten uns dessen Gestalt innerlich vorzustellen.

Es war zwei Uhr nachmittags. Niemand hatte den Raum verlassen. Amma kam durch die Tür und schaute herein. Sie sah blass aus. Auf ihrem Gesicht, ihrer Bluse und ihrem Rock waren Schlieren von Ruß, und auf der Stirn hatten sich Schweißperlen gebildet.

Sie blickte auf jeden mit einem Ausdruck tiefen Mitgefühls. Dann sagte sie: „Kinder, Amma fühlt sich schlecht. Sind es nicht Ammas Worte gewesen, die euch Kinder dazu brachten, nichts zu essen? O Gott, wie grausam ich bin! Als Amma die Hingabe ihrer Kinder sah, konnte sie einfach nicht stillsitzen. Sie lief in die

Küche und bereitete Reis und Gemüse zu. Amma hat nicht das Herz, ihre Kinder hungern zu lassen. Sie fühlte sich beunruhigt. Steht schnell auf. Amma wird euch alle bedienen."

Sie rief uns alle herbei und ließ uns essen. Ein Devotee, der diese Szene beobachtete, lachte und bemerkte: „Das Word *upavāsa* (der Malayalam-Ausdruck für ‚fasten') heißt ‚sich nahe beim Herrn befinden.' Wenn Ammas Kinder jetzt auch essen, so haben sie dennoch nicht ihr Fasten-Gelübde gebrochen. Sind sie denn nicht die ganze Zeit nahe bei ihr?"

In der Tat, wenn man beim Herrn ist, vergehen Hunger und Durst. Erst als Amma uns daran erinnerte, war uns nach essen zumute. Angesichts der Beruhigung mütterlicher Zärtlichkeit verliert man das Körperbewusstsein. Wie enthusiastisch wir auf Nahrung und Kleidung verzichteten, um eine Vision des Herrn zu bekommen! Materielle Annehmlichkeiten allein können einen nicht zufrieden stellen. Schon zu Lebzeiten kann man göttliche Wonne erfahren. Doch nur durch *sādhana* und die Segnungen des *guru* wird dies möglich. Obwohl Meditation, *japa*, ethisches Handeln und die Einhaltung von Gelübden geeignete Mittel sind, um göttliche Seligkeit zu erreichen, so ist doch das Zusammensein mit einem *mahātma* der beste Weg. In seiner Gegenwart werden alle unsere mentalen Unreinheiten weggebrannt.

Obwohl sich die höchste Wirklichkeit in uns befindet, haben wir einen langen Weg zurückzulegen, bis wir diese erkennen. Was im Universum könnte uns näher stehen als die eigene Seele? Doch das unveränderliche, ewige, von Seligkeit erfüllte allmächtige Bewusstsein erfahren wir auf eine völlig andere Weise, die von unserem Alltagsbewusstsein so verschieden ist wie der Tag von der Nacht. Aus diesem Grund können wir die Wahrheit nicht ohne die Hilfe von jemandem, der das Wissen vom Selbst erlangt hat, erkennen. Unsere Nähe zu Amma unterscheidet sich völlig von jeder anderen Bindung. Sie benimmt sich uns gegenüber wie ein normaler Mensch, um uns zur Welt des *Ātman* zu führen. Jede ihrer Bewegungen ist bedeutungsvoll.

Eine Pilgerreise zum Aruṇācala

20

Früher pflegte Amma alljährlich einen *āśram* in Tiruvannamalai zu besuchen. Diesen *āśram* hatte ihr Neal Rosner (nun *Svāmi Paramātmānanda*), ein amerikanischer Schüler, überlassen. In einem alten dortigen Tempel gilt der Tag des *Kārtika* im Monat *Vrincika* als besonders verheißungsvoll. Schon Tage vorher kommen Devotees aus ganz Indien nach Tiruvannamalai, um die Lampe, die an diesem Tag entzündet wird, zu sehen und anzubeten. Außerdem umrunden sie den Berg und nehmen an einem Triumphwagen-Fest teil. Amma traf gewöhnlich einen Tag vor der Entzündung der Lampe dort ein.

Die Erinnerungen an die erste Reise dorthin sind mir immer noch frisch im Gedächtnis. Wir fuhren mit dem Zug. Überflüssig zu erwähnen, dass die Reise mit Amma die reine Freude war. Sie unterhielt die Menschen wie ein ausgelassenes Kind. Im Mittelgang ging sie wie ein Schaffner auf und ab und fragte jeden, ob er auch seine Fahrkarte habe. Oder sie lief umher und fragte: „Hast du auch Erdnüsse bekommen, mein Sohn? Soll Amma dir etwas *avil* (geplättete Reiskörner) geben? Wer hat noch keine Bananen bekommen?" Ab und zu setzte sie sich zwischen die Fahrgäste und sang *bhajans.*

Die anderen Reisenden blickten voller Erstaunen auf dieses in Bluse und Rock gekleidete Mädchen, das da die ganze Zeit herumlief. Amma war keineswegs zu schüchtern, selbst denen, die sie nicht kannten, *prasād* zu geben. Mehr noch, sie setzte sich neben sie und scherzte mit ihnen.

Die Dämmerung setzte ein. Ich saß da und schaute auf die Palmen die langsam am westlichen Horizont, den die untergehende Sonne safrangelb gefärbt hatte, verschwanden. Auch auf die Gesichter der Fahrgäste hatte das Zinnober-Licht seine Farbe geworfen. Jedes dieser rötlichen Gesichter blickte voller Ehrfurcht auf Amma. Während der abendlichen *bhajans* stimmten alle von ihnen begeistert in die Gesänge ein. Immer mehr Menschen aus anderen Abteilen drängten sich in das unsere. Einige waren so von den Rhythmen der *bhajans* hingerissen, dass sie zu tanzen anfingen. Als die *bhajans* zu Ende waren, erkundigten sich manche nach Amma. Andere gingen zu ihr hin und küssten ihr die Hände. Noch andere starrten, ohne zu blinzeln, in ihr engelhaftes Gesicht. Damals gab es noch nicht so viele Menschen, die je etwas von ihr gehört hatten. Allerdings pflegten viele Menschen aus Tamil Nadu sie in Vallikavu zu besuchen. An jeder Station warteten viele Menschen mit Blumengirlanden auf sie. Sie stiegen in den Zug ein und schlossen sich uns an. Was als eine zwanzigköpfige Gruppe begonnen hatte, wurde nun größer und größer. Zuerst waren es nur einige *brahmacāris* und Haushälter-Devotees gewesen, die Amma begleiteten. Allmählich aber schwoll die Reisegruppe an, bis sie ein riesiges Ausmaß erreicht hatte. Als wir Tiruvannamalai erreichten, waren die Devotees, die gekommen waren, um Amma zu empfangen, bereits eingetroffen. Unter ihnen befand sich eine parsische Devotee namens *Bhagavan Priya.* Sie hatte 33 Jahre bei *Ramaṇa Maharṣi* gelebt. Sie begrüßte Amma im Namen des *Ramaṇa-Āśram* und legte ihr eine Blumengirlande um. Dann wurde Amma zum *Āśram* geleitet. Nach den *bhajans* gab sie *darśan.* Schnell bildete sich um sie herum eine riesige Menschenmenge.

Am nächsten Tag begann im Tempel von Tiruvannamalai das Wagenfest. Hunderttausende von Menschen kamen an diesem Tag zusammen. Für das Fest hatte man kolossale Figuren, die sogar die Gebäude überragten, in Reihen aufgestellt. Nealu bestand darauf, dass Amma sich dieses Wagenfest anschauen sollte. Schließlich willigte sie ein hinzugehen. Nealu hatte schon einen besonderen Platz für Amma und die Reisegruppe organisiert, damit man sich von dort das Fest ansehen konnte. Es war die Terrasse eines zweistöckigen, der Straße zugewandten Gebäudes, direkt neben dem Tempel.

Die für das Fest bestimmten Wagen befanden sich auf dem inneren Vorplatz des Tempels. Tausende in Reihen aufgestellte Menschen hielten das dicke Seil, mit dem sie den Wagen ziehen würden. Nealu und einige andere Devotees geleiteten Amma zu dem Platz, den sie für sie bereitgestellt hatten. Die Zuschauer hatten schon in Läden, auf Mauern, in den Häusern und auf Terrassen ihre Plätze eingenommen.

Die vorwärts wogende Menschenmenge ließ auch nicht einen haarbreiten Raum ungenutzt. Polizisten trillerten auf ihren Pfeifen, um die Menge zu beruhigen. Es bestand die Möglichkeit, dass die Massen unkontrollierbar würden, sobald sich die Wagen in Bewegung setzten. In berauschtem Zustand würden die Devotees, die voller Inbrunst den Wagen zogen, alles um sich herum vergessen. Sobald sich die Wagen einmal vorwärts bewegten, würden sie sich nicht mehr so leicht anhalten lassen. Deshalb versuchte die Polizei, die Devotees von der Straße fernzuhalten. Es galt zu vermeiden, dass die Kolosse mit ihnen zusammenstießen. Da die Menge noch immer keine Ordnung hielt, hatten sich die Wagen noch nicht in Bewegung gesetzt.

Plötzlich tauchte ein Mann aus der Menschenmenge empor und lief die Terrasse hinauf. Er trug einen Turban und war in eine Unzahl von Kleidern gehüllt. In der Hand hielt er einen Fächer, der ihm ein fremdländisches Aussehen gab. Sobald sie ihn sahen, machten die Menschen demütig den Weg frei.

Wer mochte er sein? Von Erstaunen ergriffen schaute ich genauer hin. Der Glanz in den Augen dieses Mannes, der lächelnd über die Terrasse schlenderte, ließ erkennen, dass er kein gewöhnlicher Mensch war.

Schließlich langte der seltsam gekleidete Mann mit dem Fächer bei Amma an. Es war ein *avadhūta* namens *Rāmsūrat Mahārāj*. Er hatte Amma aus der Menge heraus erkannt und war zu ihr hingelaufen. Nun stand er da und fächelte ihr mit seinem Fächer Luft zu. Sie herzte ihn zärtlich, während er sie, ohne zu blinzeln, ansah. Obwohl wir nichts von dem verstehen konnten, was sich die beiden in der Sprache des Schweigens mitteilten, so verwandelte uns doch der majestätische Charakter dieser Ruhe zumindest kurzzeitig in stille Wächter. Gebannt schauten wir auf die Lotusblume, die Ammas Gesicht jetzt darstellte und in welcher die Stimmungen der göttlichen Mutter ungehindert aufblühten. Nach einiger Zeit ging er wieder hinunter und verschwand in der Menschenmenge. Tatsächlich hatten alle von uns, die bei Amma waren, das Wagenfest längst vergessen. Dieser Vorfall erinnerte uns erneut daran, dass in Ammas Gegenwart andere Dinge völlig unwichtig sind.

Als ich den Donnerknall einer Kanone hörte, blickte ich auf. Die Wagen hatten sich in Bewegung gesetzt. Die Schar der Devotees, die in ihrem Seligkeitsrausch alles um sich herum vergessen hatte, bewegte sich vorwärts. Der Anblick der Polizei, die darum bemüht war, die Devotees von dem Fahrweg der Wagen fernzuhalten, trug noch ihren Teil mit bei zu dem erregenden Schauspiel dieser Prozession.

Plötzlich änderte sich Ammas Verhalten. „Ich will jetzt gehen!“, erklärte sie stur und unerbittlich.

„Wohin?“, fragten wir erstaunt.

„Ich mag es nicht, hier herumzustehen.“

Nealu und die anderen Devotees waren verblüfft. „Amma, du kannst jetzt nicht gehen. Solange die Wagen noch nicht fort sind, ist es schwer, diesen Platz zu verlassen. Die Treppen, die hinunterführen und auch die Straßen sind voller Menschen.“

Amma jedoch ließ sich nicht umstimmen, so sehr wir es auch versuchten. Sie schob uns beiseite und lief schnell die Treppenstufen hinab. Sie muss, wenn auch unabsichtlich, als sie sich in dieses Meer von Leibern begab, auf viele Menschen getreten sein und die betreffenden auf diese Weise gesegnet haben. Wir liefen hinterher.

Amma hat kein Körperbewusstsein und ist ihrem Körper auch in keiner Weise verhaftet. Es ist vielmehr die Pflicht der Schüler, sich um den Köper des *guru* zu kümmern. Also nahmen wir uns alle gegenseitig an den Händen und formten einen Sicherheitsring um Amma, der ihr Schutz bieten sollte.

Doch war es uns nicht möglich, diesen Ring lange aufrechtzuerhalten. Sobald er in den Strudel der Menschenmasse eintauchte, zerbrach er in Stücke. Ziellos umhergewirbelt und unfähig, einen Weg hinauszufinden, wurden wir von diesem Fluss aus Menschen weggespült.

Nicht nur wussten wir nicht, wo Amma sich befand – auch die sogenannten Leibwächter, die tapfer den Sicherheitsring um sie gebildet hatten, waren nirgends zu sehen. So standen wir verloren und völlig erschöpft herum, als wie aus dem Nichts ein paar Menschen zu unserer Rettung auftauchten. Es waren Amma-Devotees aus Madurai. Sie drückten das Tor eines Hauses auf und geleiteten uns hinein.

„Wir müssen Amma ganz schnell finden“, sagte ich zu ihnen.

Als sie dies hörten, fingen sie an zu lachen. Da wir nicht wussten, was dieses Lachen zu bedeuten hatte, blickten wir uns gegenseitig an. „Amma selbst hat uns doch geschickt, um euch zu helfen. Sie ist hier!“

Erst jetzt bemerkten wir, dass Amma im Vorgarten des Hauses saß. Welche Ironie lag darin, dass sie uns, den selbsternannten Leibwächtern, diese Menschen zu Hilfe geschickt hatte! Die unausgesprochene Botschaft jenes Vorfalls war: Amma benötigt niemandes Schutz.

Wie hatte Amma denn überhaupt dieses Haus erreicht? Niemand von uns hatte gewusst, dass sich ganz in der Nähe das Heim eines Devotees befand. Ammas unerwarteter Besuch hatte bei der Familie, die dort wohnte, Freude und unbeschreibliches Entzücken ausgelöst. Wir aber standen nun vor ihr mit zerfetzten Kleidern. Als sie uns so sah, brach sie in lautes Gelächter aus.

„Hat man euch gedrückt und herumgeschubst, Kinder? Amma hat auch ein paar harte Stöße abbekommen! Das war ein großer Spaß!“

Hat Gott nicht Freude daran, sich von seinen Devotees schlagen zu lassen? Mit Witzen versuchte Amma uns aufzuheitern. Für sie ist eben alles ein Spaß. Kann es für jene, die sich an allem freuen können, irgendeinen Kummer geben?

Wenn man sie rühmt, sind sie glücklich. Wenn man sie kritisiert, sind sie noch viel glücklicher! Wenn sie gewinnen, sind sie froh, wenn sie verlieren, sogar noch viel fröhlicher! Besitzen sie materielle Annehmlichkeiten, freuen sie sich. Haben sie kummervolle Erfahrungen durchzustehen, freuen sie sich noch viel mehr! Da *mahātmas* sich darauf verstehen, jeden Vorfall in ein seliges, berauschendes Ereignis zu verwandeln, wie soll es da irgendjemandem gelingen, sie traurig zu machen?

All jene aus Ammas Reisegruppe, die durch die chaotischen Umstände verloren gegangen waren, trafen – einer nach dem anderen – ein. Schließlich tauchten ein paar Menschen auf, die Nealu trugen.

Nealu, der aus einer jüdischen Familie in Amerika stammte, sagte zu Amma in Malayalam: „Oh Mutter! Ich dachte, ich würde sterben! Mein Ego ist vollständig zerschmettert! Nie wieder werde ich darauf bestehen, dass Amma sich ein Wagenfest ansieht!"

Als Amma diese Worte vernahm, fing sie laut zu lachen an. Die Wogen dieses Gelächters hallten ganz gewiss im gesamten Universum nach! Es war, so schien es, mit Bedeutung aufgeladen.

Es ist das Ziel des Meisters, unser Ego zu zerstören. Gott hat uns alles gegeben, was wir brauchen. Das Einzige, woran es uns mangelt, ist die Tatsache, dass wir nicht alles wissen, was wir wissen müssen. Der *guru* ist gekommen, um uns dabei zu helfen, diese Tatsache einzusehen. Damit das geschehen kann, müssen die Schichten des Ego, eine nach der anderen, abgeschält werden.

„Auf jeden Fall hätte Amma nicht einfach von der Terrasse fortlaufen dürfen", war die einhellige Meinung all derer, die sich nun um sie scharten.

Sofort änderte sich Ammas *bhāva.* Mit einer Stimme, die die ganze Verantwortung des *guru* -Amtes in sich trug, sagte sie:

„Kinder, habt ihr wirklich geglaubt, Amma würde es sich dort oben über dem Chaos bequem machen und sich das Wagenfest anschauen, wenn unten 10.000 Menschen darum kämpfen, einen Platz zu finden, wo sie zumindest stehen können? Ich bin nicht jemand, der es sich wohl ergehen lässt, wenn andere leiden."

Ihre Worte waren wie Donnerschläge. *Wie kann ich es mir gut gehen lassen, wenn andere leiden?* Ihre Worte, die eine kostbare Botschaft enthielten, die ich für den Rest meines Lebens nicht vergessen werde, schlugen wie Wellen an die Küste meines Geistes.

Mahātmas können nie an ihr eigenes Glück denken. Sie sind die personifizierte Selbst-Aufopferung. Wenn wir sie nur sorgsam beobachten, erkennen wir, dass ihr Leben die Süße der Liebe und die Glorie der Selbstlosigkeit offenbart. Amma zeigt uns, wie wir unsere Pflicht erfüllen, während wir jeden Augenblick des Lebens genießen. Ist erst jede unserer Handlungen ein Ausdruck von Liebe, wird das Leben von Schönheit erfüllt sein. Selbstlose Taten entspringen der Liebe.

Göttliche Liebe braucht keinen Grund, um sich zu verströmen. All unsere spirituellen Übungen sollten praktiziert werden, um diese göttliche Liebe in uns zu erwecken. Einem Leben, das Gefahr läuft, mechanisch zu werden, flößt die heilige Gegenwart des Meisters den Duft und die sanfte Brise der Liebe ein und lässt jede Erfahrung zu einem Mittel werden, das uns hilft, Gott zu erreichen.

Der *guru* verkörpert Liebe und Selbstaufopferung, er ist ein Leuchtturm der Weisheit. Die großen *guru* sind wie Leuchtfeuer, die den Booten der Lebewesen, die ziellos auf dem Ozean des *samsāra* umhertreiben, Orientierung geben. Durch ihre mütterliche Zärtlichkeit verleiht Amma jedem ihrer Kinder die Stärke, die es braucht, um sich über *māyā* zu erheben und öffnet die Pforten zum Pfad der Befreiung.

In alter Zeit musste man Jahre darauf warten, etwas direkt vom *guru* zu hören zu bekommen. Die Geduld und der Grad an Loslösung wurden einer Prüfung unterzogen. Allem Anschein nach waren die Tests in den früheren *gurukulas*[20] weitaus härter als die Eignungstests, die heutzutage von Hochschulen und anderen Ausbildungsstätten durchgeführt werden.

Einst kam ein Schüler zu einem *guru*, der mit geschlossenen Augen dasaß und in tiefer Meditation versunken war. Er wartete, bis der *guru* seine Augen öffnete. Jahrelang musste er warten, bevor er den Segen bekam, den sanften Blick des *guru* zu empfangen. Der *guru* schloss seine Augen erneut, um sie erst Jahre später wieder zu öffnen. Der Schüler war hocherfreut. Doch nur einige Minuten später schloss der *guru* die Augen aufs Neue und versank in Meditation. Jahre vergingen. Der *guru* öffnete seine Augen und blickte auf den Schüler, der zu seinen Füßen meditierte. Der Schüler befand sich in einem erhabenen Zustand der Verzückung. Wiederum schloss der *guru* die Augen, und der Schüler wartete geduldig. Er vergaß Essen und Schlaf. Nach vielen Jahren öffnete der *guru* die Augen und umarmte den Schüler. Diese Umarmung gipfelte in der Selbstverwirklichung des Schülers.

In Gegenwart des Meisters haben alle Schüler eine Geschichte zu erzählen – eine Geschichte des Opfers! Der endgültige Frieden, den jene gesegneten Lebewesen, jene lebendigen Chroniken der Liebe empfangen, ist ein göttliches Elixier, das zur Befreiung von *samsāra* führt.

Gott ist nicht weit weg, er ist hier in der Gestalt des *guru*. Wir müssen nicht weiter nach einem *guru* suchen. Das menschliche Leben ist nicht dazu bestimmt, in den Wellen des samsārischen Ozeans umherzutreiben. Wenn wir die Augen der Liebe öffnen, sehen wir Gott in allem. Apathie und Furcht werden für immer verschwinden. Der *guru* gleicht einem Phänomen, das unedle Metalle zu Gold werden lässt. Liebe verwandelt das Wesen unserer inneren Substanz von Grund auf. Wenn diese Veränderung in uns geschieht, erfahren wir, wie auch die Welt sich völlig verändert. Wenn dem sichtbaren Universum die Liebe fehlt, nimmt es einen

[20] Wörtlich: „Die Familie des *guru*.“ In früherer Zeit wohnten die Schüler während der gesamten Dauer ihres Studiums (ca. 12 Jahre) bei ihrem *guru*.

weltlichen Charakter an. Ist es hingegen von Liebe durchdrungen, wird es zum Spielplatz Gottes.

Eine Berg-Umrundung

Die Devotees, die nach Tiruvannamalai fahren, um an dem Fest teilzunehmen, bei welchem die Kārtika-Lampe entzündet wird, umrunden ebenfalls den Berg *Aruṇācala. Ramaṇa Maharṣi* betrachtete den *Aruṇācala* nicht als bloßen Berg, sondern als den Allmächtigen selbst. Oftmals rief er ihn: „Vater!" Dann kroch er um den ganzen Berg herum. *Mahātmas* nehmen Gott sogar in Dingen wahr, die wir als unbelebt ansehen.

Um den Berg vollständig zu umrunden, müsste man eine Entfernung von etwa 12 Kilometern zurücklegen. Am vorherigen Tag hatten wir den Berg erklommen und waren nun ziemlich erschöpft. Aus diesem Grund hatte niemand vor, den Berg zu umrunden. Am Abend kam jemand angelaufen und rief: „Amma ist nirgendwo zu finden!"

Wir sprangen auf und rannten los. Da wir die Nachricht ziemlich spät erhalten hatten, mieteten wir einen Pferdewagen und suchten an mehreren Stellen nach ihr.

Ich erinnerte mich an etwas, was sich am Tag zuvor ereignet hatte, als wir den Berg hinauf kletterten. In dem Berg gab es viele Höhlen. Amma war in eine hinein gegangen und begann dort zu meditieren. Selbst nachdem eine lange Zeit vergangen war, hatte sie die Augen immer noch nicht wieder geöffnet. Es war schwierig, Amma aus ihrer Meditation herauszuholen. Selbst nachdem sie die Augen geöffnet hatte, war sie zunächst nicht bereit, mit uns zu kommen. Erst nach langem Zureden gab sie schließlich nach. Als sie heraus kam, sagte sie: „Ich habe überhaupt nicht das Gefühl, dass ich diesen Ort verlassen sollte, aber ich kontrolliere den Drang hierzubleiben und denke an meine Kinder."

Wir nahmen an, dass Amma jetzt in einer dieser Höhlen sein müsste. Wie sollten wir sie je finden, wo es doch in dem weitläufigen Aruṇācala-Berggelände eine Vielzahl an Höhlen gab? In schierer Verzweiflung liefen wir bald hierhin, bald dorthin, um sie zu finden. Inzwischen war der Pferdewagen in der Nähe des *Aruṇācala* angekommen. Wir waren gewiss schon fünf Kilometer die Straße, die um den Berg führt, entlanggefahren, als wir Amma, die ein ganzes Stück von uns entfernt den Weg entlangging, endlich erblickten. Als wir nahe bei ihr waren, stiegen wir aus dem Pferdewagen aus und liefen zu ihr.

Ihre Finger formten eine *mudra*, und ihr Gesicht zeigte ein zauberhaftes Lächeln. Ihre Augen waren halb geschlossen. Während sie ging, taumelte sie. Die Göttin *Pārvatī* umrundet *Parameśvara* – so wirkte dieser Anblick auf mich! Wir gingen mit ihr zu Fuß, während der Pferdewagen uns begleitete. Wir versuchten, Amma durch das Chanten vedischer Mantren von ihrem hohen feinsinnigen Bewusstseinszustand wieder ins Normalbewusstsein zurückzubringen. Wir sangen aus vollem Halse hingebungsvoll *bhajans* und gingen weiter um den Berg herum. Das Singen des *praṇava-mantra (Oṁ),* von fünfsilbigen *pañcākṣara-mantras* und von *bhajans* ließ die Seligkeit der Hingabe auf uns niederregnen. Nachdem wir ein gutes Stück Weg zurückgelegt hatten, drehte Amma sich um und schaute uns voller Mitgefühl an. Ihr Blick besaß die Macht, die karmischen Lasten und *vāsanās,* die man mit sich herumträgt, zu Asche werden zu lassen. Nach und nach kam Amma auf unsere Ebene herab. Sie scherzte und begann eine harmlose Unterhaltung. Ein wenig später setzte sie sich unter einem Baum am Straßenrand. Wir alle scharten uns um sie. Nachdem wir uns etwas ausgeruht hatten, nahmen wir unsere Wanderung wieder auf. So sehr wir auch darauf bestanden, Amma war einfach nicht davon zu überzeugen, in den Pferdewagen zu steigen. So gingen wir etwa 12 Kilometer zu Fuß. An dem Punkt, wo die Bergumrundung ihr Ende findet, bemerkte Amma einen Schlangenbeschwörer. Mit seinem Spiel bewirkte er, dass die Schlangen sich hin- und herwiegten. Wie ein kleines Kind stand Amma da und beobachtete dieses Schauspiel mit großer Neugierde.

„Kinder, warum haben Schlangen keine Hände und Füße?"

Alle lachten, als sie diese Frage hörten. Amma selbst gab die Antwort: „Als sie noch Hände und Beine hatten, müssen sie sie missbraucht haben. Bedenkt, Kinder, dies kann das Schicksal von Menschen sein."

Ammas Gesichtsausdruck änderte sich. Die Majestät und Würde des Meisters stand auf ihm geschrieben. Sie fuhr fort: „Kinder, Amma weiß, dass ihr nichts und niemanden mehr liebt als Amma. Ihr könnt an nichts anderes als an Gott denken. Daher ist eine solche Bergumrundung für euch nicht nötig. Die Menschen jedoch sehen zu euch auf als Beispiel. Unsere Vorfahren konnten Gott im *guru* erkennen. In diesem Zeitalter sind dazu möglicherweise nur wenige in der Lage. Deshalb sind Übungen wie die Umrundung dieses Berges für normale Menschen notwendig. Ihr seid es, von denen die Gesellschaft solche Übungen lernen muss. Ihr müsst ihnen ein Beispiel geben, indem ihr diese Übungen ebenfalls praktiziert. Ihr müsst die Vorschriften befolgen, um normale Menschen, die im Wald der Wiedergeburten umherirren, aufzurichten. Um euch das begreiflich zu machen, hat Amma sich so verhalten."

Später sagte sie noch: „Amma schimpft andauernd mit ihren Kindern. Ihr solltet deshalb nicht traurig sein und glauben, sie liebe euch nicht. Es ist gerade, *weil* sie euch liebt, dass sie euch zurechtweist. Kinder, ihr seid Amma Reichtum. Als sie alles aufgab, bekam sie etwas, was sie *nicht* aufgeben kann – ihre Kinder! Wenn ihr das Licht der Welt werdet, ist Amma wahrhaft glücklich. Sie braucht eure Lobpreisungen und euren Dienst nicht. Erlangt die Stärke, die Last des Kummers der Welt zu schultern."

Ammas nektargleiche Worte waren von läuternder Wirkung. Wir warfen uns nieder vor ihre heiligen Füße und beteten: „Amma, mache gute Menschen aus uns. Mögen wir fähig sein, unser Leben zum Wohl der Menschen darzubringen."

Weise Einfachheit

21

Menschen sind normalerweise darauf aus, ihre bescheidenen Talente andern gegenüber herauszustellen. Anders verhält es sich bei *mahātmas:* Sie sind gerade bestrebt, ihre erhabene Größe zu verbergen und weiden sich an der Welt. Ab und zu sprudelt etwas über ihren Topf, und wir nehmen es mit völligem Erstaunen in uns auf.

„Wieso verstecken *mahātmas* ihre Glorie und verhalten sich wie gewöhnliche Seelen?“ – So lautete die Frage, die ein Devotee in meinem Beisein einmal an Amma richtete.

Amma antwortete mit einer Gegenfrage: „Warum verkleiden sich Polizeibeamte manchmal während ihrer Untersuchungen? Zeitweise verhalten sie sich sogar wie Diebe.“

Oft habe ich empfunden, dass Amma solchen Polizeibeamten gleicht. Sie hat die menschliche Verkleidung nur angenommen, um uns durch ihre Liebe an sich zu binden. Aber warum sollte sie uns denn überhaupt binden? – Um uns von unseren Schlacken und allen anderen Anhaftungen zu lösen; um uns ewig frei zu machen; um uns dabei zu helfen, die Wohnstatt des Friedens zu erreichen!

Obwohl Amma alles versucht, ihre wahre Natur zu verbergen, sind ihre Bemühungen nicht immer erfolgreich, besonders bei ihren Kindern, die ihr wie ein Schatten folgen. Daher ergeben sich für die Bewohner des *āśram* zahlreiche Gelegenheiten, durch persönlichen Kontakt zumindest ein wenig von ihrer Glorie zu bezeugen.

In diesem Zusammenhang ist mir ein Vorfall in Erinnerung, der sich ereignete, nachdem ich ein Āśram-Resident geworden war. Als ich eines Morgens während der Dämmerung nach meinem *arcana* und meiner Meditation aus dem *Kalari* kam, sah ich Amma auf der Veranda sitzen und eilig etwas niederschreiben.

Langsam ging ich zu ihr hin, worauf sie mit einer Hand hastig verdeckte, was sie geschrieben hatte. Als sie mich sah, sagte sie: „Komm' jetzt nicht hierher, mein Sohn!" Ich gehorchte.

Meine Neugier war jedoch geweckt. Was konnte Amma da nur schreiben? Lass mich warten, bis sie damit fertig ist, entschied ich bei mir. In den nächsten paar Stunden schrieb sie zwei achtzigseitige Notizbücher voll. Erneut ging ich zu ihr hin und fragte: „Was hast du geschrieben, Amma?"

„Nichts, mein Sohn!"

„Nichts? Aber ich habe doch gesehen, wie du in heftiger Eile zwei Bücher vollgeschrieben hast!"

Sie lächelte nur und sagte: „Ich erinnere mich nicht."

„Die Geschehnisse von Abermillionen vorübergegangener Jahre tauchten in mir auf."

Diese Gedichtzeile hatte Amma ein paar Jahre zuvor verfasst. Wie konnte jemand, der das, was in vielen Leben passiert war, im Gedächtnis behielt, sich nicht einmal daran erinnern, was ein paar Augenblicke zuvor geschehen war? Mein Wunsch herauszufinden, was Amma da niedergeschrieben hatte, war geweckt!

Ohne ein weiteres Wort sammelte sie die Bücher ein und lief fort! Ich suchte überall, doch ich konnte sie nirgends finden. Ich weiß, Amma konnte unsichtbar werden, wenn sie es nur wollte. Doch weshalb war sie mit diesen Büchern weggelaufen? Was wäre, wenn ich sie lesen würde? Erst viel später sah ich Amma wieder, es herrschte schon Abenddämmerung. Sie lag im Kokospalmenhain und schlief fest. Ich suchte das gesamte Āśram-Gelände nach den Büchern ab, konnte sie aber nicht finden. Schließlich gab ich die ganze Idee auf.

Viele Monate vergingen. Eines Tages, als ich die Hütte, in der Amma lebte, saubermachte, fiel mir eine hölzerne Truhe ins Auge. Nach allen vier Seiten liefen Ameisen heraus. Als ich die Truhe öffnete, sah ich die Bücher, die Amma geschrieben hatte. Ich war den Ameisen so dankbar, dass sie mich zu ihnen geführt hatten! Ich nahm die Bücher heraus. Als ich eins von ihnen aufschlug und die erste Seite las, war ich verblüfft! Die dunkelsten und tiefgründigsten Geheimnisse des Universums waren hier von Amma in einem glänzenden Sprachstil dargelegt worden. Diese Zeilen waren von unglaublicher poetischer Schönheit. Als ich im Begriff war, die nächste Seite zu lesen, bemerkte ich, wie Amma aus einiger Entfernung auf die Hütte zukam. Ich legte die Bücher an ihren Platz zurück.

Zu jener Zeit hatte ein Devotee aus Trivandrum, der regelmäßig in den *āśram* kam, einige von Ammas köstlichen Aussprüchen als Sinnsprüche gesammelt. Er erhielt von ihr die Erlaubnis, sie zu veröffentlichen. Dies sollte die erste Publikation des *āśrams* sein. Wie schön wäre es, so stellte ich mir vor, wenn auch der Inhalt jener Bücher in dieser Veröffentlichung mit enthalten wäre. Die Menschen sollten erkennen, wer Amma wirklich ist!

Schnell ging ich in die Hütte, öffnete die Truhe und nahm die Bücher heraus. Plötzlich erschien Amma wie aus heiterem Himmel. Sie riss mir beide Bücher aus den Händen. Ich versuchte alles, um sie ihr wieder wegzunehmen. Obwohl ich wusste, dass es keine Möglichkeit gab, die Verkörperung der Allmächtigkeit in einem Ringkampf zu besiegen, wollte ich es später nicht bereuen, nicht alles versucht zu haben, an diese Bücher zu kommen. Nachdem sie sich mühelos gegen mich durchgesetzt hatte, nahm sie mir die Bücher aus den Händen. Sie riss sie in Stücke und schleuderte sie in die Backwaters. Als sie mir jedoch die Bücher wegnahm, blieben einige Seiten in meinen Händen zurück. Mit diesen Seiten rannte ich fort und tröstete mich mit dem Gedanken, zumindest etwas übrig behalten zu haben! Jene Seiten erschienen später unter dem Titel ‚*Amṛta Upaniṣad*' in der Erstausgabe der ersten Publikation des *āśrams.*

Wenn wir lesen, was Amma hier mit dem Experten-Wissen einer göttlichen Sprachkünstlerin darlegt – so etwa beispielsweise, wie die Seele in die Gebärmutter eingeht und unter dem Gewicht ihrer karmischen Bürde leidet, wie sie sich an die vergangenen Sünden erinnert, wie sie Gott in völliger Überantwortung anruft, wie sie dann mit einem Leib, der die Lasten des Vergnügens und des Leidens trägt, auf die Erde kommt und wie sie durch das Leben schweift, das ein Gemisch aus Schmerz und Freude ist – so wird uns klar werden, dass Amma allwissend ist. Es bedarf keines weiteren Nachweises.

Amṛta Upaniṣad

Der Körper ist die Ursache aller Sorgen. Sie entspringen aus ihm, der seinerseits nichts anderes als ein Bündel voller Sorgen, das Ergebnis vergangenen Karmas ist. Jede Handlung verrichten wir auf egoistische Weise, d.h. wir vollziehen sie mit dem Ich-Gedanken. Das Ego oder Ich ist aus Unwissenheit geboren. Der Körper ist belebt aufgrund seiner Verbindung mit dem strahlenden Ātman, wie ein Stück Eisen rot glüht, wenn es ins Feuer gehalten wird. Aufgrund seiner Überschattung durch Māyā denkt der Ātman: „Ich bin der Körper." Dieses falsche Verständnis ist es, was alle Wesen in den Fängen von saṁsāra gefangenhält. Aus diesem Grund schlägt der Geist nicht den Pfad zur Befreiung ein. Entsprechend der Summe der verdienstvollen oder sündhaften Handlungen, die man begeht, erlangt man entweder eine hohe oder eine niedrige Geburt. Alle Handlungen, seien sie nun tugendhaft oder nicht, erzeugen einen Körper. Einige Menschen verlangen danach, im Himmel zu leben, sie sind rechtschaffen und verrichten Opfer und karitative Werke. Wenn sie nach dem Tod in den Himmel kommen, können sie dort bleiben und die himmlischen Freuden genießen, bis die positiven Auswirkungen ihrer tugendhaften Handlungen erschöpft sind. Anschließend fallen sie kopfüber in die Mondsphäre, vereinigen sich mit Eispartikeln und fallen auf die Erde. Hier werden sie zu Nahrungsmitteln wie etwa Reiskörnern, die von Menschen gegessen und in Blut umgewandelt werden. Daraus entsteht der Samen eines Mannes, der in einen weiblichen Schoß gelangt. Sofort wird er von einem Hautbeutel umhüllt und wächst heran. Kurz gefasst läuft die Entwicklung folgendermaßen:

Innerhalb eines Tages vereinigen sich Samen und Eizelle und werden zu einem Embryo. Nach fünf Nächten entwickelt er sich zu einem Klümpchen. Nach weitern fünf Tagen wird er zu einem Klumpen Fleisch. In den nächsten 15 Tagen wird er von winzigen Tropfen Blut bedeckt. Nach weiteren 25 Tagen beginnen sich die Gliedmaßen zu entwickeln. Innerhalb von drei Monaten bekommen die Gliedmaßen Gelenke und im vierten Monat erscheinen die Finger. Zahnfleisch, Nägel, Fortpflanzungssystem, Nase, Augen und Ohren entwickeln sich im fünften Monat. Im sechsten Monat bilden sich Löcher in den Ohren und im siebten Monat die Geschlechtsorgane, der Nabel, die Arme und der Mund. Im achten Monat kommen auf dem Kopf Haare zum Vorschein und die anderen Körperteile fangen an zu wachsen. Im neunten Monat beginnt der Fötus im Mutterleib seine Hände und Beine zu bewegen.

Vom fünften Monat an manifestiert sich im Fötus die Lebenskraft. Die Essenz der Nahrung, die die Mutter zu sich nimmt, wird durch die Nabelschnur gezogen, die sich am Mund des Uterus befindet und die mit dünnen Gefäßen verbunden ist, die die Nährstoffe weiterleiten, die den Fötus ernähren. Nachdem der Körper sich entwickelt hat und die Lebenskraft völlig manifest geworden ist, erinnert sich das Kind an seine vergangenen Geburten und denkt: „Oh Gott, von wie vielen verschiedenen Mutterschößen bin ich bereits geboren worden! Wieviele üble Taten habe ich schon verübt! Wieviel Reichtum habe ich durch unverantwortliches Handeln zusammengerafft! In jenen vergangenen Daseinsformen habe ich mich weder deiner erinnert noch deine heilige Namen gesungen. Oh Gott, das Leid, das ich jetzt zu ertragen habe, ist die Konsequenz von alledem. Wann kann ich endlich aus dieser Hölle ausbrechen? Wenn ich wieder geboren werde, will ich nichts Schlechtes tun. Mit all meiner Kraft will ich fortan danach streben, nur noch gute Taten zu vollbringen!

Mit solchen erhebenden Gedanken und Gebeten zu Gott und nach Vollendung des zehnten lunaren Monats dringt das Kind schließlich unter dem Druck der Wehen durch den Vaginalkanal nach außen. Wie sehr es auch von den Eltern geliebt und umsorgt wird, so ist doch der Kummer der Kindheit unerträglich. Ebenso sicher ist, dass die Menschen auch später in der einen oder anderen Form Leid zu erdulden haben, selbst in der Jugend und im Alter. Warum sich also weitläufig darüber auslassen?

Der Körper ist nur ein Sack voller Sorgen. Es ist nur die Identifikation mit dem Körper, die die Erfahrung von Freude und Leid mit sich bringt. Dass die Leiden des Sterbens und Geborenwerdens durch den Körper verursacht werden, ist eine Tatsache. Der Ātman ist ewig und sowohl vom grobstofflichen sowie den feinstofflichen Leibern verschieden.

Erkenne diese Wahrheit, gib die Anhänglichkeit an den Körper auf und lebe als ein Kenner des Ātman.

Alle Unwissenheit wird verschwinden, sobald du erkennst, dass der Ātman getrennt ist von der Māyā-Welt der Erscheinungen – Er, der ewig rein, ewig friedvoll, unvergänglich, allezeit erwacht und ohne Teile ist, der jenseits aller Eigenschaften als das eine Selbst des gesamten Universums existiert, der das höchste Brahman ist. Behalte diesen Grundsatz immer in deinem Gedächtnis und lebe auf Erden, bis all dein prārabdha-karma erschöpft ist.

Das Foto, das der Schriftsteller aufgenommen hatte und das er später im Hause von Śāntārām sah. (Siehe Seiten 176 – 177)

Ausdrucksformen der Göttlichkeit

22

Wenn wir mit Amma zusammenleben, erhalten wir zahllose Gelegenheiten, in ihrem Denken und Handeln die Unschuld zu erkennen. Vor einigen Jahren brachte ein Devotee eine Tüte Bonbons mit. Amma rief uns zusammen und sagte: „Kommt her, Kinder, hier gibt es leckere Bonbons." Sie verteilte die Bonbons unter uns, die Bonbonpapierchen aber bewahrte sie sorgfältig auf. Als wir sie um die Bonbonpapierchen baten, erklärte sie: „Nein, die gebe ich niemandem. Sie sind so schön, ich will sie alle für mich behalten!" Einige Zeit später bemerkten wir, dass sie überall zerstreut herumlagen. Tatsächlich behält Amma nichts für sich selbst. Der Anblick der herumliegenden Papierchen enthielt die Botschaft, dass alle Dinge für ihre Kinder bestimmt sind.

Manchmal luden entfernt wohnende Devotees Amma zu sich nach Hause ein. Wenn es sich ergab, dass wir auf dem Weg einen Fluss zu überqueren hatten, so hielten wir an, um im Fluss zu baden. Bei solchen Gelegenheiten tauchte Amma tief ins Wasser und lehnte es ab, wieder herauszukommen. Wenn alle unsere Überredungsversuche gescheitert waren, begaben wir uns geschlagen in den Bus zurück und setzten uns nieder. Erst dann kam Amma aus dem Fluss, und selbst dies nur mit äußerstem Widerwillen.

Einmal waren wir mit dem Zug unterwegs, um einen heiligen Ort in Tamil Nadu zu besuchen. Als der Zug durch ein Dorf fuhr, sagte Amma plötzlich: „Ich will jetzt sofort aussteigen."

Die nächste Haltestelle war weit entfernt, doch Amma war hartnäckig und begann mit uns zu streiten. Zu unserer Überraschung hielt der Zug plötzlich an. Es war, als ob er auf ein Stop-Signal reagiert hätte, das von irgendwoher kam. Sofort sprang Amma aus dem Zug und begab sich zu einer Stelle, die nur ein paar Schritte entfernt war, und legte sich dort auf den Boden. Wir hatten schreckliche Angst, da der Zug jeden Moment weiterfahren konnte. Inständig baten wir sie, doch in den Zug zurückzukommen. Ihre einzige Antwort war: „Stört mich nicht! Lasst mich allein, ich werde nicht aufstehen."

Schließlich sahen wir keine andere Möglichkeit, als sie durch zwei Devotees in den Zug zurücktragen zu lassen.

In jenen Tagen glichen Ammas Verhaltensweisen denen eines Kindes. Eine oft gestellte Frage lautet: „Wieso sind *mahātmas* so unschuldig und wir so völlig anders geartet?"

Ist es, weil uns im Inneren etwas fehlt? Nein, nicht weil uns etwas fehlt, sondern weil wir von gewissen Dingen einfach *zuviel* haben; mit anderen Worten, das Ego – die Haltung von ‚ich' und ‚mein' und die damit verbundenen Neigungen und Abneigungen, die Teil unserer Persönlichkeit sind. Es ist diese engherzige Ich-Perspektive, die den Eindruck hervorruft, es fehle uns etwas. Aus diesem Gefühl des Mangels oder der Unvollständigkeit entstehen die Wünsche. Wir vergessen die Tatsache, dass wir ganz und vollkommen sind, weil unser Geist mit dem Schleier des Ego bedeckt ist.

Was tut eigentlich ein *guru* oder *mahātma*? Der *guru* schlägt das Material in uns ab, das tatsächlich gar nicht zu uns gehört. Ich erinnere mich an die Geschichte eines Mannes, der der Besitzer eines Geschäftes war, in dem Antiquitäten und Skulpturen verkauft wurden. Einst besuchte ein Freund diesen Mann in seinem Laden. Es waren dort liebliche Statuen in unterschiedlichen Formen und Farben zu sehen. Direkt vor dem Geschäft lag ein Stein auf dem Boden. Der Freund sah, dass die im Laden ausgestellten Skulpturen sehr teuer waren. Er deutete auf den am Boden liegenden, nur roh behauenen Stein und fragte den Ladenbesitzer, was er dafür wolle. „Oh, meinst du den da?", sagte der Besitzer, „Ich bin froh, wenn ich ihn dir geben kann und ihn endlich los bin!" Sofort übergab er seinem Freund den Stein.

Ein paar Tage später besuchte der Ladenbesitzer seinen Freund. Als er in dessen Pūja-Raum eine glänzende Statue *Devīs* erblickte, war er verblüfft. „Wo hast du denn diese wunderbare Statue herbekommen“, fragte er mit großer Unruhe.

Der Freund antwortete: „Sie wurde aus jenem Stein herausgemeißelt, der vor deinem Geschäft lag und den ich vor ein paar Tagen mitgenommen habe. Du wirst dich fragen, wie aus dieser unförmigen Steinmasse ein so glanzvolles Standbild Gottes entstehen konnte, nicht wahr?“ „Zuerst“, fuhr er fort, „wusch ich allen Schmutz von dem Stein fort. Danach meißelte ich alle überflüssigen Teile ab, und schließlich polierte ich ihn. So wurde daraus am Ende dieses schöne Standbild.“

Dies genau ist es, was der *guru* macht. Durch eine disziplinierte Lebensweise entfernt er die überflüssigen *vāsanās* von unserem Charakter und bringt die latente Göttlichkeit, die in uns schlummert, hervor. Auf diese Weise erlangen wir Vollkommenheit.

Doch selbst wenn der *guru* in unserer Nähe ist, erhalten wir vielleicht nicht die Resultate, die wir erwarten. Der *guru* gleicht einem göttlichen Magneten. Es gibt drei Arten von Menschen: Einige wenige sind wie Stahl, sie werden schon durch die bloße Nähe zum Magneten angezogen. Selbst wenn der Magnet entfernt wird, verliert Stahl nicht seine magnetische Ausrichtung, sondern bleibt magnetisch. Von dieser Art sind die erstklassigen Schüler; sie werden später selbst zu *gurus*.

Die zweite Gruppe von Menschen ist wie Roheisen. Sie werden von dem Magneten zwar angezogen, doch wenn man letzteren fortnimmt, verliert das Eisen seine magnetische Kraft. Die meisten von uns fühlen sich sehr zu einem *mahatma* hingezogen, doch in dem Augenblick, wo wir uns von ihm wegbewegen, wenden wir uns – getrieben von der Macht unserer *vāsanās* und Begierden – wieder materiellen Vergnügungen und selbstsüchtigen Interessen zu.

Die meisten Menschen gehören zur dritten Kategorie. Sie gleichen einem Stück Holz: Selbst wenn man sie direkt vor den Magneten namens *mahatma* hinstellt, macht das für sie nicht den geringsten Unterschied. Nicht nur fühlen sich solche Menschen von *mahatmas* nicht angezogen, sie sind auch nicht fähig, ihre Größe zu erkennen. Wir können erleichtert aufatmen, wir gehören - durch Ammas Gnade - nicht zu dieser Kategorie.

Wie wird Stahl magnetisiert? Die Nähe zum Magneten bewirkt, dass die Atome im Stahl sich wie die Atome des Magneten ausrichten. Wenn unsere Verbindung mit dem *guru* für uns von Vorteil sein soll, müssen wir unseren Körper, unser Gemüt und unseren Intellekt an den Zielen und Unterweisungen ausrichten, die sie uns gibt. Wir müssen die große Ego-Masse, die unseren Blick auf die Wahrheit verstellt, abschleifen und uns dem Willen des *guru* unterwerfen.

Das menschliche Leben, das wir nun unser Eigen nennen sowie die Veränderungen, die frühere Leben schon bewirkt haben, dienen einzig dazu, das Ego in uns zu entwurzeln. Der *guru* oder Gott möchte, dass wir ihm nahe kommen, frei von Ichsucht und Stolz und mit der Unschuld eines neugeborenen Babys.

Ich erinnere mich an einen Vorfall, der sich vor vielen Jahren während eines *Kṛṣṇa-bhāva* ereignete. Amma erweckte die Göttlichkeit im Innern, indem sie Hymnen zum Ruhm *Śrī Kṛṣṇas* sang. Der Bereich vor dem *kalari* war mit Devotees überfüllt, die im Rausch der Hingabe tanzten und sangen.

Der *bhāva-darśan* begann. Ich stand im *Kalari* neben Amma und beobachtete alles, was vor sich ging. Es war eine ideale Gelegenheit, Ammas ausgelassene Stimmungen mitzuerleben und ihre scherzhaften Einfälle anzuhören. Mit einem Fuß auf dem Postament gab sie den *Kṛṣṇa-bhāva-Darśan* gewöhnlich im Stehen. Amma war wirklich der Inbegriff einer Schönheit, die sich jeder Beschreibung entzog; ihr Gesicht war erleuchtet von einem zauberhaften Lächeln, das wie ein strahlender Stern blinkte und pulsierte. Die Devotees schmückten Amma mit schimmernden

Gewändern, einer Krone und Blumengirlanden. Die Furcht, dass Ammas schelmisch wissender Blick die innersten Winkel ihrer Herzen durchbohren würde, bewirkte bei manchen, dass sie den Kopf hängen ließen. Die Herzen anderer hingegen flogen geradewegs zur höchsten Wonne und ihre innigen Gesichter ließen Tränen in neuem Licht erscheinen.

In zwei Reihen wartete die Schlange der Devotees auf den *darśan.* Allen fielen zwei junger Männer auf, die sich in den *Kalari* hineinstahlen, an der Schlange vorbei. Einigen gefiel es nicht, dass die beiden sich in den *Kalari* drängten, während viele andere vorschriftsmäßig in der Darśan-Schlange warteten. Ammas Gesichtsausdruck änderte sich jedoch nicht. Schließlich standen die beiden vor ihr, und einer sprach:

„Amma, das ist mein Freund. Seit seiner Geburt ist er stumm. Seine Familie leidet sehr darunter. Was können wir tun, dass er die Fähigkeit erlangt zu sprechen?"

Amma schaute mich an und lächelte liebevoll. Ich verstand den Sinn dieses Lächeln nicht. Ohne zu antworten, liebkoste sie die beiden und forderte sie durch eine Geste auf, sich an der Seite hinzusetzen, was sie auch taten, und zwar in einer Ecke des *Kalari.* Manche Devotees werden von Amma gebeten, sich hinzusetzen und für einige Zeit zu meditieren. Auch mich hatte sie vor langer Zeit dazu aufgefordert. An jenem Tag, als ich sie einem Test unterziehen wollte, nahm sie eine Handvoll Chrysanthemen aus einem Korb, legte sie in meine Hände und trug mir auf, 41 Blüten abzuzählen. Ich begann sie sorgfältig zu zählen, und als ich damit fertig war, stellte ich fest, dass sie mir exakt 41 Blüten gegeben hatte. Mit den Blumen in der Hand schaute ich Amma an. Sie lachte und fragte mich: „Na, zu Ende gezählt?"

Ich antwortete: „Du hast mir genau 41 Blüten gegeben!" Ohne etwas zu sagen, lachte sie erneut.

Später bemerkte ich noch bei vielen Gelegenheiten, wie Amma Devotees während des *Kṛṣṇa-bhāva* Blumen gab und sie aufforderte, sie zu zählen. Ich war erstaunt, festzustellen, dass es immer 41 waren! Eines Tages fragte ich sie: „Amma, weißt du denn nicht, dass es genau 41 Blumen sind? Warum bittest du dann die Devotees, sie abzuzählen?"

"Wenn sie keine Aufgabe zu erfüllen haben, mein Sohn, denken sie an etwas anderes. Ich lasse sie dies tun, damit sie wenigstens, wenn sie hier sind, nicht an andere Dinge denken. Ist es nicht so, dass der Geist umherwandert, wenn wir untätig herumsitzen? Soll er sich mit Blumen beschäftigen. Möge das Herz sanft wie eine Blume werden. Möge die Blume des Herzens aufblühen und ihren Duft verströmen."

Ich begriff, dass in jeder Handlung Ammas tausend Bedeutungen enthalten sind. Aus jeder ihrer Bewegungen gibt es so viel zu lernen! Mir wurde bewusst, dass das, was der *guru* vermittelt, nicht gelehrt werden kann.

Nachdem diese jungen Menschen eine Zeitlang dagesessen hatten, müssen ihre Beine geschmerzt haben, denn ich sah sie langsam aufstehen und fortgehen. Als sie weg waren, sagte Amma zu mir: „Die zwei da, die gerade weggegangen sind, wollten mich auf die Probe stellen. Der Mann ist überhaupt nicht stumm. Er hat es nur vorgetäuscht."

„Das hättest du ihnen aber auch sagen können, Amma! Werden sie sonst nicht glauben, dass du unfähig bist, solche Dinge herauszufinden."

Als sie meinen Ausbruch hörte, lächelte sie. „Was kümmert es uns, wenn sie so denken? Lass sie doch! Schließlich haben sie sich die Mühe gemacht, überhaupt hierhin zu kommen. Sollen sie sich freuen und glauben, sie hätten gewonnen. Warum sollte man anderen Menschen ihre Freude zunichte machen?"

„Macht sie das denn nicht noch egoistischer?"

Ich bemerkte, dass sich Ammas Gesichtsausdruck veränderte, während sie sich meine Frage anhörte: „Wenn sie egoistisch werden, wird die Natur sie zerschmettern."

Ich versuchte nicht, noch irgendetwas zu erwidern. Es waren dies die Worte der Allwissenheit.

Zwei Tage später kam eine Postkarte an Amma. Folgendes war geschrieben:

„Mein Kind, du wirst dich vielleicht an uns erinnern. Ich bin der Mann, der den Stummen an jenem Tag zu dir brachte. In Wirklichkeit ist er jedoch gar nicht stumm. Wir sind zu dir gekommen, mein Kind, um herauszufinden, ob du das herausfinden könntest. Wir sind nämlich Rationalisten. Die Tatsache, dass du es *nicht* vermochtest, ist der Beweis, dass du über keinerlei außergewöhnliche Fähigkeiten verfügst. Es wäre gut, mein liebes Mädchen, wenn du mit all diesen Dingen aufhören und etwas anderes machen würdest!“

Ich lief mit diesem überaus höhnischen Brief zu Amma, gab ihn ihr mit den Worten: „Amma, bitte lies diesen Brief.“

Sie las ihn und lachte laut auf. Ich sagte: „Was denkst du nun? Habe ich dir nicht damals schon gesagt, sie würden sich über dich lustig machen? Du hättest es ihnen damals direkt sagen sollen! Haben sie nun nicht Oberwasser bekommen?“

Wieder beantwortete sie meine Proteste mit einem Lachen. Dann sagte sie: „Rege dich nicht auf, mein Sohn. Sie werden wieder kommen.“

Ein paar Tage später kam eine große Gruppe von Menschen in den *āsram*. Die besagten zwei jungen Männer waren auch dabei. Ich fragte sie ohne Umschweife, ob sie wieder vorhätten, Amma zu testen.

„Überhaupt nicht! Wir müssen Amma ganz dringend sehen, um sie um Vergebung zu bitten. Deswegen sind wir gekommen.“

Als ich hörte, was der Freund des ‚Stummen' da von sich gab, fragte ich: „Was ist denn passiert, dass ihr nun auf diese Weise empfindet?“

„Ich werde reinen Tisch machen und Amma alles gestehen.“

Ich hatte gewisse Zweifel und schaute ihn mir genau an. Sein Gesichtsausdruck machte mir klar, dass ihn irgendetwas schwer bedrückte. Als Amma von der Ankunft der beiden Männer erfuhr, rief sie sie sofort zu sich. Sie kamen in die Hütte und setzten sich.

Dann schütteten sie vor Amma ihre Sorgen aus. Der Mann, der bereits einmal hier gewesen war, sprach:

„Wir sind Studenten des SMS-College. Als wir vor einigen Tagen hierhin zum *darśan* kamen, gab einer von uns beiden vor, stumm zu sein. Wir wussten, dass das, was wir taten, falsch war. Doch wir haben es nun einmal gemacht. Inzwischen ist mein Freund wirklich stumm geworden! Ich fühle mich furchtbar. Zu vielen Ärzten bin ich mit ihm gegangen, doch alle sagten, es gäbe kein Problem. Als ich seiner Familie davon erzählte, brachten sie ihn zu den verschiedensten Heilern, doch vergebens. Schließlich erhielten wir von einem Experten in astrologischen Berechnungen den folgenden Rat: ‚Er hat das Missfallen einer Person erregt, die an einem heiligen Ort lebt. Nur wenn er an diesen Ort zurückkehrt, kann er seine Sprache wieder erlangen.' Aus diesem Grund sind wir mit unseren Familien wieder hierhingekommen. Amma, du musst ihm helfen."

Amma umarmte den Mann, der stumm geworden war. Sie legte seinen Kopf auf ihren Schoß und tröstete ihn. Sie drückte ihren Finger auf seine Zunge und schloss für eine gewisse Zeit die Augen. Dann ließ sie ihn ein wenig von geheiligtem Wasser trinken. Sie ermutigte ihn, „Amma" und „Acchan" zu sagen. Er stotterte und bemühte sich, die Worte zu artikulieren. Nach ein paar Augenblicken war er wieder fähig zu sprechen! „Amma", rief er aus und brach weinend zusammen. Allen, die diese Szene beobachteten, stiegen Tränen in die Augen.

Einmütig baten alle Familienmitglieder Amma darum, ihren Kindern den Fehler, den sie begangen hatten, zu vergeben. Darauf sagte sie: „Es war niemals Ammas Wille, dass diesen Kindern etwas Böses zustößt. Gott jedoch schaut auf alles, was wir tun. Wir müssen immer daran denken, dass die Natur tausend Augen und Ohren hat, und wir sollten Vorsicht walten lassen, bevor wir etwas sagen oder tun. Sprecht keine bedeutungslosen Worte. Lass eure Zeit nicht müßig verstreichen. Jeder Augenblick ist kostbar. Wisst, dass dieser Körper, mit dem Gott uns gesegnet hat, ein

Instrument ist, um gute Taten zu vollbringen. Unsere Worte sollen andere trösten. Deshalb hat Gott uns eine Zunge gegeben. Benutzt sie nicht, um andere Menschen zu verletzen oder lächerlich zu machen. Jede unserer Handlungen sollte eine großmütige Tat sein. Durch gute Gedanken und gute Taten können wir unser wertvolles menschliches Leben zu einer Anbetung Gottes werden lassen."

Ammas nektargleiche Worte brachten eine erstaunliche Wandlung in ihnen zustande. Fortan kamen sie immer wieder, um Amma zu besuchen: Nachdem sie einen neuen Horizont für ihr Leben gewonnen hatten, gaben sie sich Ammas heiligen Füßen hin in dem festen Entschluss, ihr Leben fortan dem Wohl der Gesellschaft zu widmen.

In der Großstadt Mumbai

23

Während ich noch ganz in mein *sādhana*, dem ich mich in Ammas göttlicher Gegenwart widmete, vertieft war, musste ich den *āśram* auch schon wieder verlassen. Mein Vater hatte mir eine gute Arbeitsstelle in *Mumbai* (Bombay) besorgt. Auch Amma bestand darauf, dass ich eine Weile vom *āśram* weggehen solle, um zu arbeiten. Wie aber soll man Amma verlassen können und sich weit von ihr fort begeben, wenn man ihr eine Zeitlang so nahe war? Mir blieb daher nichts anderes übrig, als ihr zu sagen, dass ich dies nicht tun würde. Amma war jedoch der Ansicht, ich sei meiner Eltern wegen zum Arbeiten verpflichtet, hätte ich doch von ihnen die Erlaubnis bekommen, dem spirituellen Weg zu folgen. Zwar beugte ich mich dieser Logik und erklärte mich bereit, arbeiten zu gehen. Allerdings bestand ich mit Nachdruck darauf, dass ich Ammas Nähe auch dort in der Fremde spüren müsse. Andernfalls - so warnte ich sie - würde ich zurückkommen, ebenso wie damals aus *Bangalore*. Sie versicherte mir, sie würde immer bei mir sein.

Ich kam in der riesigen Stadt *Mumbai* an. Beim Gedanken an Ammas Entscheidung, mein Leben wieder einmal auf dem Altar des Materialismus zu opfern, begann ich zu weinen. Glücklicherweise fand ich auf dem Gelände des *Sāndipani Sādhanālaya* (spirituelle Organisation) eine Unterkunft, von der aus ich meine Arbeitsstelle erreichen konnte. Sie war ziemlich weit entfernt. Mit dem Bus würde ich etwa eineinhalb Stunden fahren, mit dem Zug ungefähr eine halbe Stunde. Ich entschied mich, den Bus zu nehmen. Die Züge waren überfüllt. Oft musste man beweglich wie ein Akrobat sein, um in einen der Züge hineinzukommen. Für jemanden aus Kerala war es das reinste Abenteuer! Die Busse dagegen waren nicht so voll. Man hatte genügend Zeit, um sein Mantra zu chanten. Wegen der vielen Haltestellen dauerte es lange, bis man seinen Bestimmungsort erreichte. Die meisten Menschen fuhren deshalb mit dem Zug.

Die allererste Busfahrt sollte außergewöhnlich werden. Beim Einstieg in den Bus sah ich, dass die meisten Plätze nicht besetzt waren. Mit meiner Māla-Perlenkette (Rosenkranz) in der Hand setzte ich mich auf einen der leeren Sitze. Mich tröstete die Tatsache, nun ganz in mich selbst eintauchen und mein Mantra rezitieren zu können. Ich stellte mir Amma vor und begann zu chanten.

An der nächsten Bushaltestelle stieg eine junge Frau ein und setzte sich neben mich. Dies gefiel mir nicht, vor allem angesichts der Tatsache, dass so viele Plätze unbesetzt waren. Nicht nur das, sie lehnte sich sogar bei mir an, als wolle sie mich daran hindern zu chanten.

Gerne hätte ich gewusst, warum sie ausgerechnet neben mir Platz genommen hatte und mich auf diese Weise belästigte. Die meisten Sitze waren leer. Warum war sie darauf aus, neben mir zu sitzen statt woanders? Während ich darüber nachsann, schaute sie mich an und lächelte. Ich erwiderte ihr Lächeln durchaus nicht, schaute aus dem Fenster und drängte mich in die Ecke. Darauf rückte sie sogar noch näher zu mir! Ich warf ihr einen äußerst gereizten Blick zu, stand auf und setzte mich auf einen leeren Sitz im vorderen Teil des Busses.

Kurz darauf kam sie hinter mir her und setzte sich auf den Platz, der sich direkt mir gegenüber befand. Vorher hatte ich sie nur sehen können, wenn ich meinen Kopf drehte. Nun aber blieb sie überall sichtbar – wohin ich auch schaute! Zweifellos hatte sie sich absichtlich hierhin gesetzt. Ich musste nach unten schauen, um zu vermeiden, sie anzusehen. Wie lange konnte man so sitzen? Nach kurzer Zeit stand ich auf, ging in den hinteren Teil des Busses und nahm auf einem der dortigen Sitze Platz. Glücklicherweise kam die Frau nicht nach, auch wenn sie mich, wie mir schien, von Zeit zu Zeit anblickte. Um ihrem Blick auszuweichen, schloss ich die Augen.

Aufgrund meiner Reise am vorherigen Tag war ich sehr müde und schlief sofort ein. Mir träumte, Amma wäre gekommen und säße neben mir. Sie umarmte mich mit größter Liebe und Zuneigung. Ich legte meinen Kopf auf ihre Schultern und weinte lange Zeit. Sie streichelte mich und versuchte mich zu trösten. Immer wieder versicherte sie mir, sie sei bei mir. Als die Ampel auf Rot schaltete, bremste der Bus scharf. Alle im Bus wurden durchgerüttelt. Als ich meine Augen öffnete, war ich schockiert: Mein Kopf lehnte an jemandes Schulter! Als mir klar wurde, dass das die Schulter der Frau war, die vorher neben mir gesessen hatte, sprang ich auf! Sie lächelte mich sogar jetzt noch an. Beim Anblick dieses Lächelns wurde ich blass. Ich wusste nicht, was ich tun sollte und stand wie versteinert da. Die Mitfahrer starrten mich an. Auf die Frau schaute niemand. Sie schienen sie nicht einmal bemerkt zu haben. Bei der nächsten Haltestelle sprang ich aus dem Bus und nahm ein Taxi zur Arbeitsstelle.

Am nächsten Tag schrieb ich Amma einen Brief.

„Liebe Amma, die Stadt *Mumbai* ist einem *sādhak* in keiner Weise zuträglich. Das Benehmen der Frauen hier ist absolut unakzeptabel! Was meintest du, als du sagtest, du wärest immer bei mir? Ich fühle mich bei meinen spirituellen Übungen frustriert, denn ich spüre deine Gegenwart überhaupt nicht. Wenn das so weitergeht, bleibt mir keine andere Wahl, als bald zurückzukommen."

Wenige Tage später bekam ich von Amma eine Antwort.

„Mein lieber Sohn, Amma ist gekommen, um dich zu besuchen, aber du hast sie überhaupt nicht beachtet. Selbst als sie dich anlächelte, hast du ihr Lächeln nicht erwidert. Amma versuchte, mit dir zu sprechen, aber du gabst ihr keine Chance. Als sie auf dich zukam, standest du auf und gingst fort. Sohn, fühle dich deshalb nicht schlecht. Amma wird erneut zu dir kommen."

Diese Nachricht machte mich fassungslos – ich rief mir das, was sich im Bus abgespielt hatte, ins Gedächtnis zurück. Ich hatte Amma ja persönlich angefleht, mir nahe zu bleiben. Doch hatte ich nicht die geringste Ahnung, dass diese Frau Amma selbst gewesen war. Deshalb hatte ich sie nicht beachtet und zudem noch geringschätzig behandelt. Als mir meine Dummheit bewusst wurde, brach ich zusammen und weinte.

Am nächsten Tag saß ich hellwach da und prüfte jeden, der an den Haltestellen einstieg. Niemand setzte sich neben mich. Ich benahm mich wie die *gopis*, die auf *Śrī Kṛṣṇa* warten, dass er ihnen den Joghurt stehle. So wartete ich nun auf Amma, für die ich neben mir einen Ehrenplatz reserviert hatte. An diesem Tag aber kam niemand. Ich vergaß mein Mantra zu chanten und war vollkommen damit beschäftigt, die in den Bus einsteigenden Frauen zu beobachten.

Am darauffolgenden Tag kam eine dunkelhäutige Frau und setzte sich neben mich. Ich zweifelte nicht daran, dass es Amma war und schaute intensiv in ihr Gesicht, doch sie nahm überhaupt keine Notiz von mir. Ich versuchte sie anzulächeln, doch obgleich sie es merkte, lächelte sie nicht.

„O Amma, das machst du gut! Denke nicht, dass du mich täuschen kannst." Während ich derartige Gedanken formulierte, schaute ich sie erneut an und lächelte. Als keine Reaktion kam, fragte ich sie: „Bist du Malayali?"

„Ja", antwortete sie.

Ich nahm meinen Mut zusammen und fragte: „Bist du Amma?"

Als ich ihren Gesichtsausdruck sah, ging mir auf, dass sie die Frage falsch verstanden hatte. In der Meinung, ich hätte sie gefragt, ob sie verheiratet und Mutter sei, antwortete sie: „Ich bin nicht verheiratet."

„Woher in Kerala bist du?", fragte ich höflich.

„*Pālakkād*", kam als Antwort.

Ich stellte mich vor und erklärte ihr den Grund für meine Fragen. „Ich habe eine Lehrerin (*guru*), die in verschiedenen Formen erscheint und Possen mit mir treibt, um mich zu prüfen. Ich habe keine Ahnung, wann und wo sie auftauchen wird. Ich wollte wissen, ob du mein verkleideter *guru* bist - deshalb habe ich dir solche Fragen gestellt. Falls ich dich belästigt habe, verzeihe mir bitte."

Die ernst wirkende Frau musste lachen, als sie meine Worte hörte.

Am nächsten Tag schrieb ich wieder an Amma und schilderte ihr in Einzelheiten die Erfahrungen während meiner Busfahrten.

„Ich hatte dem weltlichen Leben entsagt und Zuflucht genommen bei deinen heiligen Füßen. Trotzdem hast du, Amma, die Verkörperung des Mitgefühls, mich mitten in die Welt gestoßen. Ich versuchte, mich völlig von Frauen zu distanzieren, doch mittlerweile laufe ich hinter ihnen her. Meine Augen haften an ihnen, um zu sehen, ob sie Amma sind!"

Ammas Brief kam einige Tage später.

„Sohn, du bist nicht weit weg von mir. Du kannst dich nicht von mir entfernen, selbst wenn du es möchtest. Hast du gemeint, ich würde dich nach *Mumbai* schicken, damit du dort in einem Büro arbeiten und Geld verdienen sollst? Niemals! Das geschah, um deinen Blick auf die Welt zu verändern. Sohn, Amma weiß, dass du sie liebst und sie liebt dich ebenso tief. Amma ist jedoch nicht auf diesen Körper beschränkt. Jetzt suchst du Amma überall. Was du in den Frauen suchst, ist nur Amma. Alle Frauen sind für dich zu Amma geworden. Alles, was du tust, wird deshalb zum *sādhana*. Sieh deine Handlungen keineswegs als etwas Weltliches an. Du wirst nie wieder solch eine Gelegenheit bekommen, mein Sohn, dich selbst zu trainieren und alle Frauen als Mütter zu betrachten. Dieses Getrenntsein ist ein heimlicher Segen. Bald schon wird Amma dich zurückrufen. Sei also nicht traurig."

Wieder und wieder las ich Ammas Brief. Meine Augen schwammen in Tränen. Gibt es denn keine Grenzen für die Liebe von *Jaganmātā*, der Mutter der Welt? Ich hätte gern gewusst, ob ich solch großes Glück verdiente.

Während der nächsten Zeit in *Mumbai* machte ich völlig andere Erfahrungen - Erfahrungen, die mein spirituelles Leben beflügelten. Ich begann Ammas überströmende Liebe in meinem Büro und sogar in den Straßen wahrzunehmen. Wo ist Gott nicht? Jeder überströmte mich mit Liebe.

Es gab viele Tage, an denen ich beim Anblick des Sonnenuntergangs weinte. Ich schrieb das Gedicht *Āzhikuḷḷil dinakaran marañña* (die Sonne versank im Meer), während ich am Meer saß. Es war einfach an meinem Ankunftstag in Mumbai aus mir hervorgeströmt. Als ich die sinkende Sonne sah, fühlte ich das schmerzliche Verlangen des *jīvātman*, sich im *Paramātman* aufzulösen. Dieses Verlangen drückte sich in der Form eines Gedichtes aus:

āzhikkuḷḷil dinakaran maṟaññu
aṇayunna pakalin tēṅgaluyarnnu
viśvaśilpiyuṭe vikṛtikaḷallē
viṣādam entinu naḷi naṅgaḷē!

Die Sonne versank im Meer;
Sterbend beginnt der Tag seine Klage.
Ist nicht all dies nur Spiel des Schöpfers der Welten?
Oh Lotusblumen, warum diese Mutlosigkeit?
Oh Lotusblumen, warum diese Verzagtheit?

akhilāṇḍa rājande vinōdarangam
ī lōkam śōkapūrṇam
kaḷimarappāvayāyi ñānum karayuvān
kaṇṇunīr illātta śilayāyi

Dies ist das Spielfeld des unumschränkten Herrschers.
Erfüllt von Kummer ist die Welt, und auch ich, einer
Puppe gleich, bin tränenleer geworden,
Beinahe ein Standbild.

vērpāṭin vēdana uḷḷilotukki
tīnāḷamāyi eriyunnu...enmanam
tīnāḷamāyi eriyunnu

tīrāduḥkha kaṭalin naṭuvil
tīram kāṇāt alayunnū

Tief innen halt' ich nieder den Schmerz der Trennung
Und mein Herz brennt lichterloh,
Lichterloh, und in diesem Meer endlosen Leides
Zapple ich, unfähig, die Küste zu sehen.

Amma jedoch – die Sonne der Erkenntnis – geht überall auf und vertreibt die dunklen Schatten der Sorgen. Die Sonne geht nie unter. Die Nacht ist unwirklich. Wer das All durchquert, für den gibt es weder Sonnenaufgang noch Sonnenuntergang. Um das erfahren zu können, muss man den Zenit, den Gipfel der Spiritualität erreichen! Amma verströmt das Elixier göttlicher Glückseligkeit jenseits von Freude und Sorge, um so die innere Dunkelheit zu lichten.

Anhand verschiedener Erfahrungen vermittelte mir Amma die Wahrheit, dass Spiritualität und Materialismus nicht zweierlei sind. Alles ist göttlich! Es sollte unser Bestreben sein, in allem Gott selbst zu sehen. Solche kraftvollen Vorstellungen können uns zur letzten Wahrheit führen. Wir können überall die göttliche Kraft spüren, doch zuerst müssen wir innere Reinheit erlangen. Wir müssen unser Herz reinigen durch edle Gedanken, gute Taten, Gebet, *mantra-japa*, Meditation und ähnliche spirituelle Übungen. Wir können Gott, der alles erhellt, erfahren und verwirklichen.

In dieser Welt macht jeder unterschiedliche Erfahrungen. Die mentale Veranlagung des einen Menschen unterscheidet sich von der eines anderen. Deshalb sieht jeder die Welt anders. Nur *mahājñānis* (große Weise) sehen die Welt so, wie sie wirklich ist. Wenn der Geist rein wird, ist es einfach, die Wahrheit zu schauen.

* * *

In der darauf folgenden Zeit wurde mir Ammas göttliche Gegenwart überall bewusst. Wohin ich auch ging und wann immer ich

Hilfe brauchte, eilte jemand herbei, um mir zu helfen. Davor, den Zug zu nehmen, war ich wegen der überfüllten Züge zunächst zurückgeschreckt, da mir *mantra-japa* in dem Gedränge und Geschiebe als zu schwierig erschien. Es fanden sich aber so viele Menschen mit den Unbequemlichkeiten des Zugfahrens ab, dass ich es nicht als angemessen empfand, nur an meinen eigenen Komfort zu denken. Ich beschloss daher, mich an das Zugfahren zu gewöhnen.

Die ersten Tage waren wirklich schwer. Allmählich fand ich mich jedoch mit den widrigen Umständen ab und gewöhnte mich daran, mein Mantra zu chanten, obwohl die Mitreisenden von allen Seiten her drängten. Ich erinnerte mich an Ammas Hinweis, dass es nicht nötig sei, zu einer bestimmten Zeit an Gott zu denken. Wenn man selbst unter widrigen Umständen seine spirituellen Übungen machen könne, werde man umso mehr belohnt. Jeder Brief, den Amma schickte, enthielt den süssen Duft der Liebe und der Zuneigung. Die Erfüllung, die man bekommt, wenn man Opfer bringt, kann nicht durch sinnliche Vergnügungen erreicht werden.

Als ich eines Tages in den Zug einstieg, fühlte ich mich von Bhajan-Klängen, die aus dem nächsten Abteil drangen, magnetisch angezogen. Meine ausgedörrte Seele dürstete nach hingebungsvollen Gesängen, und die Schwingungen dieser Lieder wirkten auf mich wie der reinste Nektarregen. Was ich dort sah, erfreute mein Herz: Viele Menschen saßen auf dem Boden und sangen *bhajans*, vor ihnen ein girlandengeschmücktes Bild von *Durga*. Manche Mitglieder der Bhajan-Gruppe sangen selbstvergessen und voller Hingabe, andere tanzten zu der Melodie. Diese Menschen hatten sogar mitten im Gewühl Zeit zur Besinnung auf Gott gefunden. Alle waren Büroangestellte. Ich merkte überhaupt nicht, wie die Zeit verging. Seit jenem Tag stieg ich immer in das Abteil, wo die *bhajans* gesungen wurden. Zur Unterscheidung ihres Abteils von den anderen hatten Mitglieder des Bhajan-Teams

Girlanden an den Fenstern angebracht. Wenn ich die Girlanden sah, stieg ich schnell in dieses Abteil ein.

Eines Tages waren die *bhajans* gerade zu Ende, als der Zug die Endstation erreichte. Dort stiegen die meisten Menschen aus. Der Leiter der Bhajan-Gruppe sprach mich an und stellte sich vor als *Śāntārām*. Während wir gemeinsam weitergingen, unterhielt er sich mit mir.

„Seit einigen Tagen schon will ich mit dir sprechen, nun habe ich endlich Gelegenheit dazu. Ich fühle mich zu dir hingezogen. Während der *bhajans* habe ich dich beobachtet und Tränen in deinen Augen gesehen. Es ist ein großer Segen, bei der Besinnung auf Gott weinen zu können. Ich würde dich gerne kennen lernen."

Ich lächelte nur, ohne etwas zu sagen. Die innere Begeisterung, die vom Hören der *bhajans* herrührte, war noch nicht abgeebbt. Ich suchte die inneren Wogen der Glückseligkeit zu beruhigen. Nach mehrmaligem Anlauf stellte ich mich vor. Über die Glückseligkeit, die man erfährt, wenn man nach Gott weint, sagte ich: „Wenn ich an die Liebe von *Jagadīśvarī* (Weltenmutter) denke, muss ich immer wieder weinen."

Ich weiß nicht, ob er begriff, was ich meinte. Er gab jedenfalls zu verstehen, dass er mich näher kennen lernen wolle. Er und ich liefen ein gutes Stück Weg gemeinsam. Ich selbst konnte von nichts anderem als von Amma erzählen. „Du arbeitest wohl sonntags nicht? Hättest du Lust, mich zu Hause zu besuchen?"

Śāntārāms liebenswürdige Einladung konnte ich einfach nicht ablehnen, also sagte ich zu und schrieb mir seine Adresse auf.

Am Sonntag brach ich zu diesem *Besuch* auf. Es war nicht schwierig, *Śāntārāms* Wohnung in Andheri zu finden. Ich spürte, dass es Ammas Wille war, dass ich dorthin ging. Bei meiner Ankunft in *Śāntārāms* Wohnung war ich erstaunt. Es gab nur zwei Zimmer, von denen das eine als Pūja-Raum gestaltet war. Beim Anblick eines Fotos von Amma in Meditation – es befand sich zwischen Bildnissen verschiedener Götter – geriet ich in Verwunderung.

„Woher hast du dieses Bild?“, fragte ich.

„Damit ist eine Geschichte verbunden.“ Ich bemerkte, dass sich *Śāntārāms* Gesichtsausdruck veränderte. Wir setzten uns in den Puja-Raum und unterhielten uns.

Obwohl *Śāntārām* eine recht gute Arbeitsstelle in einer Firma hatte, war er vor allem als Sänger bekannt. Sein Einkommen speiste sich vor allem aus Gesangsauftritten. Trotz seiner Arbeit nahm er sich tageweise wegen dieser Auftritte frei. Sein Lebensziel bestand im Geldverdienen, doch war es nie genug, wie viel auch immer er einnahm. Sobald er etwas Geld beisammen hatte, traf er sich mit seinen Freunden. An solchen Tagen verprasste er sein gesamtes Bargeld beim Trinken. Gott zögerte nicht lange und bestrafte diesen von seinem Ego verblendeten Mann auf recht herbe Weise. Es war jedoch keine eigentliche Bestrafung, wie *Śāntārām* später bewusst wurde, sondern rettende Gnade.

Nach einiger Zeit merkte er, dass er nicht mehr singen konnte. Ein übler Dauerhusten hinderte ihn daran. Als es ihm schließlich sogar schwer fiel zu sprechen, konsultierte er einen Arzt. Er suchte verschiedene Krankenhäuser auf, doch niemand konnte sein Problem diagnostizieren. Die vielen Medikamente, die er einnahm, verschlimmerten seinen Zustand nur. Ein *sannyāsi* erläuterte ihm, dieses Leiden resultiere aus üblen Taten; er solle daher auf einer Pilgerreise Buße tun und Spenden für die Armen geben. *Śāntārām* besuchte dieser Anweisung zufolge viele Tempel und heilige Plätze. Außerdem tat er Gutes, indem er beispielsweise die Armen speiste.

Während seiner Reise erreichte er den Madurai-Mīnākṣi-Tempel in *Tamil Nādu*. Als er in einem Blumengeschäft eine Girlande zum Opfern im Tempel kaufte, sah er in diesem Geschäft, das direkt gegenüber dem Mīnākṣi -Tempel lag, wie ein Mädchen eilig eine Girlande zusammenband. Neben ihr stand das Foto einer meditierenden Frau. Das Foto war mit einer Girlande geschmückt. *Śāntārām* fragte, wer diese Frau sei. Das Mädchen sagte, es sei *Madurai-Mīnākṣi* selbst. Auch nach der Rückkehr an seinen Aufenthaltsort dachte er immerzu an dieses Bild. Als er sich hinlegte, fand er keinen Schlaf. Lange Zeit schritt er im Zimmer auf und ab und schlief erst gegen Morgen ein. *Śāntārām* hatte das Gefühl, die Frau, die er auf dem Foto gesehen hatte, umarme ihn und streichle liebevoll seine Kehle. Wie neugeboren stand er auf. Ein besonderer Duft lag im Zimmer. Es war ein Wunder geschehen: Sowohl die Veränderung seiner Stimme als auch der Husten, der ihn jahrelang gequält hatte, waren völlig verschwunden!

Er setzte sich vor den Altar und versuchte nach langer Zeit wieder zu singen. Es bereitete ihm keinerlei Probleme. Schnell ging er in das Blumengeschäft und sah dort das Mädchen eine Lampe vor dem Bild anzünden. Er fragte sie, wie sie an das Bild dieser Frau gekommen sei. Das Mädchen antwortete, ein Mann habe es ihr beim Kauf einer Girlande gegeben. Er habe nur gesagt, es sei ein Foto von ‚Amma' ohne überhaupt zu wissen, wer diese Amma sei. *Śāntārām* hätte das Foto gerne bekommen. Obwohl er darum bat, war sie dennoch nicht gewillt, es herzugeben. Seit sie das Foto besaß, so erfuhr er, war ihr Leben auf mannigfaltige Weise gesegnet worden.

Nach zwei Wochen kehrte *Śāntārām* nach Mumbai zurück. Bei seiner Ankunft zu Hause überreichte ihm seine Frau ein in Papier eingewickeltes Päckchen. Eine Frau hatte es ihr mit der Bitte anvertraut, es *Śāntārām* zu geben. Er machte das Päckchen auf, und siehe da, es war das Bild aus dem Blumengeschäft! Er war verblüfft. Was er sich so gewünscht hatte, war ihm von Gott ins Haus geschickt worden. *Śāntārām* stellte es unverzüglich in den Pūja-Raum und betete vor ihm.

Schweigend lauschte ich *Śāntārāms* Geschichte. Was mich vor allem erstaunte, war die Tatsache, dass es ein Foto von Amma war, das ich selbst aufgenommen hatte! Darüber verwunderten sich alle. Ich erzählte jedem, wie schwierig es gewesen sei, dieses Foto zu machen.

Viele Devotees wollten unbedingt ein Foto von Amma in Meditation haben. Damals war ich der Fotograf des *āśrams*. Amma mochte es nun aber überhaupt nicht, fotografiert zu werden. Dennoch bat ich sie eines Tages: „Amma, du musst uns erlauben, ein Foto von dir zu machen." Schließlich willigte sie ein, und ich machte viele Bilder. Doch als die Fotos entwickelt wurden, war gar nichts darauf zu sehen! Ich war bestürzt, hatte ich doch gehört, dass allen, die versucht hatten, von Amma ein Foto zu machen, dasselbe passiert war.

Einmal hatte ein Berufsfotograf aus Australien mehrfach versucht, ein Foto von Amma aufzunehmen. Bei jedem Versuch verklemmte sich der Film in der Kamera. Bei einem anderen Fotografen ging der Verschluss nicht mehr. Während diese Menschen nun aber ohne Erlaubnis versucht hatten, Amma zu fotografieren, hatte ich doch die Aufnahmen erst gemacht, nachdem sie es mir erlaubt hatte. Ich erzählte ihr von meinem Kummer. Schließlich ließ sie mich ein Foto machen, während sie sich in Meditation befand. Dieses von mir aufgenommene Foto sah *Śāntārām* in besagtem Blumengeschäft. Eine vergrößerte Kopie des Bildes war in *Madurai* gedruckt worden. *Śāntārām* hatte eine solche Kopie erhalten. Dies alles bewegte ihn, und es war nun sein brennender Wunsch, mehr über Amma zu erfahren, als durch die göttliche Vorsehung bereits vorherbestimmt war.

* * *

Jeder Tag, den ich in Mumbai verbrachte, veränderte meinen Blick auf das Leben. Die dort verbrachte Zeit wurde zum *sādhana* (geistige Übung). Der Drang, etwas zu erreichen, der sich in den Tausenden wimmelnden Gesichtern der Großstadt Mumbai spiegelte, fiel mir ins Auge. Mir fiel auf, dass pure Unzufriedenheit das Gesicht des modernen Menschen prägt, der Tag und Nacht schuftet, weil er unbedingt etwas erreichen will.

Was dem Leben Schönheit verleiht, ist innere Zufriedenheit. Sie zu erlangen ist zugleich das Schwierigste. Die aus Zufriedenheit im Selbst aufsteigende Glückseligkeit ist die eigentliche Natur des Menschen. Deshalb dürstet jeder danach. All unser Handeln wird von der Erwartung getragen, Glück und Zufriedenheit zu erreichen. Kein materieller Gewinn jedoch wird uns immerwährende Seelenruhe gewähren. Wohlhabende Menschen und Habenichtse sind gleichermaßen unzufrieden. Diese unzufriedenen Millionäre! Die gelangweilten so genannten Glückspilze! Die missmutigen Gutaussehenden und Schönen! Und darüber hinaus die ‚menschlichen Titanen', die alles im Leben erreicht haben, was sie begehrten und dennoch voller Verdruss sind.

Ein König erreicht möglicherweise nicht die Gemütsruhe, über die selbst ein Bettler verfügen mag. Der König möchte König unter Königen werden, d.h. den Rang eines Kaisers erringen. Doch selbst als gekrönter Kaiser gibt sein Leben wieder Anlass zur Unzufriedenheit. Nur wer den *Ātman* verwirklicht hat – oder *mahātmas* wie Amma kennen die Seligkeit der Selbst-Zufriedenheit. Sie sind wie Schmetterlinge, die den Nektar aus den Blumen saugen, ohne ihn für später aufzubewahren. Sie flattern von Blume zu Blume, nehmen den Nektar auf, ohne die Blume zu verletzen, ihre Schönheit anzutasten oder ihren Duft zu verringern. Ein *mahātma* behält nichts für sich selbst. Sie (oder er) nimmt, dem Schmetterling gleich, gerade nur das Notwendigste auf. Die Gegenwart erleuchteter Wesen vermehrt die Schönheit dieser Welt. Sie sind die Schönheit höchsten Wissens und beispielloser Selbstlosigkeit. Nur durch Entsagung kann diese Schönheit gewonnen werden.

Einst sah ein König am Straßenrand einen *yogi* sitzen, der in Meditation vertieft war. Er teilte dem *yogi* seinen Wunsch mit, ihn in seinen Palast einzuladen. Dieser nahm seine Einladung sofort an, was den König überraschte, hatte er doch geglaubt, der *yogi* werde nur sehr schwer zu überreden sein. Dass er seiner Einladung so bereitwillig folgte, ließ den König misstrauisch werden. Dieser *yogi* konnte auf keinen Fall ein *mahātma* sein. Würde er ihm andernfalls so bereitwillig zu den verlockenden Annehmlichkeiten des Palastlebens folgen? Er korrigierte seinen ursprünglichen Eindruck von der vermeintlichen Göttlichkeit des *yogis* und kehrte mit ihm in seinen Palast zurück. Nach einigen Tagen entschied sich der König, seine Zweifel dem *yogi* gegenüber offen zu bekennen.

In aller Demut sagte er: „Eure Heiligkeit, ich hatte gedacht, ihr wäret ein *mahātma*, doch als ich euch in den Palast einlud, wart ihr sofort dazu bereit. Das erweckte in mir einige Zweifel, die inzwischen stärker geworden sind. Seid ihr wirklich ein *yogi*? Ihr lebt jetzt in diesem Palast und erfreut euch allen Komforts. Ich selbst lebe auch so. Worin liegt denn nun der Unterschied zwischen uns beiden?"

Der *yogi* antwortete: „Damit du das begreifst, müssen wir den Palast verlassen. Folge mir."

Mit diesen Worten setzte sich der *yogi* in Bewegung, und der König folgte ihm. Nachdem sie eine gewisse Strecke zurückgelegt hatten, sprach der *yogi* zum König: „Oh König! Ich gehe nie zweimal denselben Weg. Deshalb kehre ich nicht in den Palast zurück. Wenn du willst, kannst du mit mir kommen." Als der König das hörte, war er schockiert. „Wie soll ich denn mitkommen? Ich kann doch meine Verpflichtungen nicht einfach vergessen und dich begleiten."

Der *yogi* sagte lachend: „Ja, ich weiß. Du kannst nicht mitkommen. Darin liegt der Unterschied zwischen uns beiden. Für mich macht es keinen Unterschied, ob ich meine Tage in einem Palast verbringe oder durch diesen schmutzigen Straßengraben laufe. Ich bin immer frei. Nichts bindet mich."

Mit diesen Worten ging der *yogi* weiter. Der König wurde sich seiner Dummheit bewusst. Trotz seiner Versuche, ihn zur Rückkehr zu überreden, ging der *yogi* einfach weiter, ohne sich nochmals umzudrehen.

Gott hat uns einen Körper geschenkt. Um Amma zu zitieren: „Dieser Körper ist Gottes Geschenk an uns. Er ist voller Wunder und Geheimnisse. In Wahrheit sind wir uns ja der Arbeitsabläufe im Innern des Körpers gar nicht bewusst. Die erstaunlichen Prozesse, mittels derer die von uns aufgenommene Nahrung in Blut umgewandelt wird, gehen unaufhörlich weiter. Ist der Körper einerseits eine Art von Maschine, so verfügt er andererseits über selbstheilende Eigenschaften. Der Wissenschaftler misst den im Körper entdeckten Chemikalien nur den Wert von ein paar Cents zu. Doch ist er nicht in der Lage, durch Kombination eben dieser Chemikalien einen Menschen zu schaffen. Der Körper besteht aus fünf Elementen: *ākāśa* (Äther), *vāyu* (Luft), *agni* (Feuer), *jalam* (Wasser) und *pṛthvi* (Erde). Alles, was man in der äußeren Welt findet, gibt es auch in uns selbst. Man könnte sagen, dass jeder von uns ein Mikrokosmos des Universums ist. Aus diesem Grund waren die *ṛṣis* fähig, die Erkenntnis der materiellen Welt durch Innenschau zu erlangen. Obwohl der Wert dieses Körpers unschätzbar ist, wird er später zur Ursache ungezählter Schmerzen und Leiden. Sie suchen uns heim, weil uns das Wissen fehlt, wie wir mit Körper, Geist und Intellekt umzugehen haben. Dieser Körper ist das Medium der Verwirklichung Gottes."

Es ist notwendig, dass wir im Leben eine gewisse Disziplin einhalten. Zum einen gilt es, sich um die Reinlichkeit des Körpers zu bemühen Außerdem sind wir verpflichtet, ihn gesund zu erhalten. Er ist ein Werkzeug für gute Taten. Wenn wir ihn schlecht behandeln, wird er krank. Für einen klaren Geist benötigt man eine persönliche Diät. Die Zunge zu kontrollieren ist besonders wichtig. Unsere Worte seien angenehm, und der Zunge sollten wir Gelegenheit geben, Gottes Lob zu singen. Nutzloses Gerede ist zu vermeiden, stattdessen sollte jedes Wort aus unserem Mund anderen zum Trost gereichen. Um von der empirischen Ebene in den Bereich klarer Einsicht *(buddhi)* aufzusteigen, bedürfen wir der Hilfe des Körpers.

Ein Wissenschaftler führte einmal ein Experiment durch. Er teilte ein Glasgehäuse durch eine Zwischenwand, die ebenfalls aus Glas war. In den einen Teil setzte er einen großen Fisch und in den anderen einen kleinen Fisch, den der größere in freier Natur instinktmäßig zu erbeuten pflegt. Mehrmals versuchte nun der große Fisch, den kleinen zu fangen, wobei er jedes Mal hart gegen die Glaswand schlug. Dies muss ihm erhebliche Schmerzen zugefügt haben, denn er gab seine Versuche, den kleinen Fisch zu fangen, auf. Selbst nachdem die Glasscheibe entfernt worden war, versuchte der große Fisch niemals wieder, zu dem kleinen zu gelangen, denn er glaubte, die durchsichtige Trennscheibe sei noch da. Er war sozusagen aus Erfahrung klug geworden – und nun konnte er diese nicht einfach wieder vergessen.

Bei den Menschen verhält es sich ähnlich. Eigentlich sind die durch die Welt gewonnenen Erfahrungen ebenso fiktiv wie die Erfahrung des Menschen, der im Seil eine Schlange sieht. Wer den Erfahrungen der Welt unverhältnismäßige Bedeutung beimisst, kann niemals den durchsichtigen Schleier zerreißen, um seine wahre Natur zu entdecken. Er ist dazu nicht tapfer genug. Spiritualität ist etwas für Mutige. Nur der Furchtlose kann hinübergelangen in die *andere* Sphäre. Was man hier opfern muss, ist das vom Ego bestimmte Leben.

Der Mensch im Maschinenzeitalter

24

„Sohn, dies ist das Zeitalter der Maschinen.“ — Ammas Worte kamen mir in den Sinn.

Der Mensch gleicht immer mehr einer Maschine. Sie verrichtet bessere Arbeit als wir Menschen. Im Bereich der modernen Medizin vermögen Roboter sogar Operationen durchzuführen. Was Maschinen jedoch nicht können ist zu lieben; auch können sie den Schmerz der anderen nicht verstehen.

In *Mumbais* Schnelllebigkeit arbeiten die Menschen tatsächlich wie Maschinen: Sie verhalten sich völlig mechanisch. Jeder denkt nur an seine persönlichen Belange. Einmal sah ich, wie die Menschen an einem Mann vorübergingen, der aus lauter Erschöpfung zusammengebrochen war und am Boden lag; sie taten so, als hätten sie ihn gar nicht gesehen. Einige schauten zu ihm hin, um dann weiterzugehen. Ein Menschenleben wird als wertlos betrachtet! In einem Dorf könnte das nie passieren. Würde jemand am Wegesrand hinfallen, käme ihm sofort ein anderer zu Hilfe. Ich ging auf den Mann zu, der kaum atmete. Mit einer Gebärde bat er um Wasser; ich goss ihm etwas in den Mund.

Beim Anblick dieses Mannes erinnerte ich mich an einen Ausspruch von Amma: „Man sollte Sympathie für die Mitmenschen empfinden. Mitgefühl mit Armen und Leidenden ist unsere Pflicht gegenüber Gott. Versäumt niemals eine Gelegenheit zu guten Taten. Menschen in Not zu trösten ist nichts anderes als eine Verehrung des Herrn.“

Nachdem der Mann das Wasser getrunken hatte, begann er zu reden. Ich erfuhr, dass er seit Tagen nichts zu sich genommen hatte; also kaufte ich ihm in einem nahe gelegenen Restaurant etwas zu essen und gab es ihm. Als ich den alten Mann verließ, konnte ich den Glanz in seinen Augen nicht übersehen. Ich fühlte Ammas liebende Barmherzigkeit aus diesen Augen strömen.

„Zufriedenheit erwächst nicht aus Nehmen sondern aus Geben." Ammas Worte hallten in meinen Ohren nach.

Mir ging auf, dass alles, was zuvor bedeutungslos schien, in Wirklichkeit tausend Bedeutungen enthielt. Es kommt nur darauf an, dem Leben Sinn zu verleihen. Denen, die selbstsüchtig sind, gelingt dies freilich nicht. Was können wir denn, sobald uns Ammas alldurchdingende Natur einmal bewusst geworden ist, anderes tun als alle Wesen zu lieben und zu verehren? Ich habe beobachtet, dass sogar selbstsüchtige Menschen ihr Verhalten ändern, wenn wir uns vorstellen, dass Amma in ihnen ist.

Auch nachdem ich nach Hause zurückgekehrt war, konnte ich das Bild des alten am Straßenrand liegenden Mannes nicht vergessen. Ich vergegenwärtigte mir seine schmächtige Gestalt. Der Moment, als aus seinen tief liegenden Augen die Bitte um Wasser sprach, kam mir immer wieder in den Sinn. Wie viele Menschen auf dieser Welt müssen sich durchs Leben schlagen und derartige Schwierigkeiten ertragen! Wie viele leiden, ohne die nötigen Mittel für zumindest eine Mahlzeit am Tag zu haben! Beim Nachdenken über all das verspürte ich kein Verlangen mehr, an diesem Abend noch etwas zu essen und gelobte, mehrere Tage zu fasten.

Jeder Mensch hat Probleme, und zwar zuhauf. Wo nimmt man sich die Zeit, dem Leid eines Menschen Gehör zu schenken? Als ich in dieser Nacht, ganz in Meditation versunken, ruhig dasaß, spürte ich, wie Amma auf mich zukam und mich streichelte. „Wo Liebe ist, gibt es keine Distanz", — ihre Worte wurden buchstäblich wahr, und während ich ihrem Wiegenlied lauschte, fiel ich in Ohnmacht. Im Schmerz der Trennung wurde mir göttliche Erfahrung zuteil.

Das Fasten sollte am nächsten Tag beginnen. Doch gleich am ersten Tag musste ich bereits mein Gelübde brechen. Es wäre aber korrekter zu sagen, dass Amma mein Fasten unterbrach. Sie bewirkte dies durch *Bālakṛṣṇan*, der in meinem Büro arbeitete. *Bālakṛṣṇan* stammte aus *Pālakkād*, lebte aber schon seit vielen

Jahren in Mumbai. Obwohl er ungefähr 70 Jahre alt war, arbeitete er mit größerem Eifer als die jungen Leute. Seine Späße lockerten die langweilige Büroarbeit auf. Ich erzählte ihm Geschichten von Amma, aber *Bālakṛṣṇan*, dessen Stolz es war, zur Gemeinschaft der Tamil-Brāhmanen zu gehören, war nicht sehr interessiert an Amma, die aus der Kaste der Fischer stammt. In meiner damaligen Phase konnte ich aber nicht aufhören über sie zu sprechen. Wenn ich schon etwas sagen sollte, dann nur über Amma. So erzählte ich Geschichten über sie, ohne Rücksicht darauf, ob *Bālakṛṣṇan* sie nun mochte oder nicht. Obwohl er ihnen aufmerksam zuhörte, glaubte er nicht an sie.

An jenem Tag nun kam er mit zwei Päckchen Reis direkt auf mich zu und fragte: „Bist du wirklich entschlossen, nichts zu essen?"

Seine Frage löste Erstaunen in mir aus. Ich hatte zu niemandem etwas über mein Gelübde gesagt! Woher wusste er davon?

„Fastest du gerade?"

Als ich die Frage erneut hörte, wurde ich aus meinen Tagträumen geweckt. „Ja", antwortete ich und bemerkte sein großes Erstaunen.

Bālakṛṣṇan erzählte mir daraufhin von einem Traum, den er in der Nacht zuvor gehabt und in dem er die Amma aus *Vallikāvu* gesehen hatte! Einen *Mahātma* im Traum zu sehen ist ein großer Segen. Und dies war nicht einfach nur ein Traum, sondern ein *svapna-darśan*, ein göttlicher Besuch im Traum. Amma hatte ihn nicht nur über meine Absicht zu fasten informiert, sondern ihn angewiesen, darauf zu bestehen, dass ich trotz dieses Gelübdes etwas essen würde! Sie bekommt wahrhaftig alles geregelt.

Da es nun ihrem Wunsch entsprach, dass *Bālakṛṣṇan* den Reis mitbrachte, konnte ich mich schlecht weigern, davon zu essen. Auf diese Weise fand Amma einen dauerhaften Platz in *Bālakṛṣṇans* Herz. Er fing an, sich ernsthaft nach einer Begegnung mit ihr zu sehnen. Da ich ihm vorher das Foto von ihr gezeigt hatte, das ich besaß, wusste er, dass die im Traum gesehene

Gestalt tatsächlich Amma war. Von da an wuchs sein Interesse an Geschichten über sie.

Etwas später merkte ich, dass es in *Bālakṛṣṇans* Leben noch etwas mehr gab, als andauernd Scherze zu machen. Es war da eine andere Seite, und zwar eine sorgenvolle. Er hatte Hab und Gut sowie seine Gesundheit verloren. Selbst im Alter musste er noch die Hauptlast in der Familie tragen. Ammas Einzug in sein Herz gereichte ihm zu großem Segen. *Bālakṛṣṇan*, von dem ich angenommen hatte, er sei ein Zweifler, entwickelte auf einmal sehr viel *bhakti* für Amma. Er legte ihr all seine Probleme zu Füßen. Bald darauf kam er wieder mit seinen Kindern zusammen, die ihn nach einem Streit verlassen hatten. Ich sah, wie überschwänglich er sich über das Wiedervereintsein mit seinen ihm zuvor entfremdeten Angehörigen freute.

Warum müssen Menschen so viel leiden? Wann werden alle Qualen ein Ende haben? Wenn wir auf unserer kummervollen Lebensreise durch den *darśan* von *mahātmas* gesegnet werden, finden all unsere Nöte ein Ende. Der *guru* wartet darauf, die Last unserer Sünden zu schultern. In der Tat ist es Gott, der mit Hilfe der äußeren Gestalt des *guru* versucht, uns aus den abgrundtiefen Nöten des Lebens emporzuziehen.

Leiden ist unwirklich. Dennoch leiden wir, weil wir begehren. Ein jeder möchte frei sein von Kummer und Leid, doch da wir weiterhin Wünsche haben, nehmen unsere Sorgen zu. Sobald wir die Eigenheiten des Gemütes *(manas)* verstehen, können wir alles Leid zum Versiegen bringen. Ständig verlangt es nach irgendetwas und verharrt so in dauernder Unzufriedenheit. Nichts macht es glücklich. Auch wenn das Verlangen unmittelbar nach der Wunscherfüllung etwas abnimmt, tauchen bald danach wieder neue Begierden auf. *Mahātmas* verkünden der Welt: „Die Menschen leiden aufgrund des Verlangens, das der Same allen Leidens ist.“ Wenn man das Verlangen hinter sich lässt, kann man Glückseligkeit erfahren.

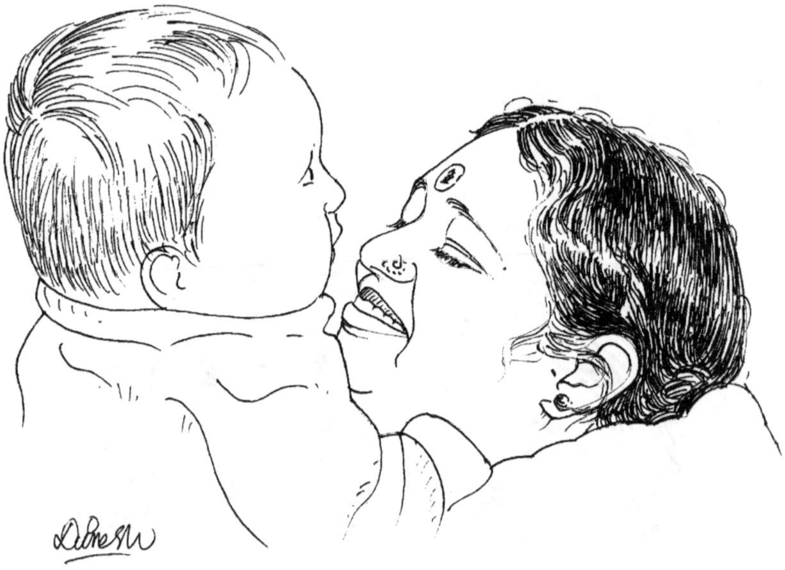

Wieder an Ammas Seite

25

Obwohl die Menschen heutzutage von materiellem Wohlstand umgeben sind, wandern sie unruhig hin und her, ohne zu wissen, was Zufriedenheit ist. Von Reinheit geprägte Verhaltensweisen gehen den Menschen in rasantem Tempo verloren. Statt Erfüllung zu finden, sind sie auf ihrer Lebensreise dazu verdammt, wie Tiere zu sterben, ohne jemals Frieden zu finden. Was haben Menschen den Vögeln und wilden Tieren voraus? Die Nester, die Vögel bauen, sind schöner als die von Menschen errichteten prunkvollen Gebäude. Honigbienen bauen ihre Waben nach genauen mathematischen Berechnungen, und zwar in einer Geschwindigkeit, die selbst fachkundige Ingenieure staunen lässt. Die Natur hatte längst vor der menschlichen Erfindung der Flugzeuge ihre eigene ‚Luftfahrttechnik'! Unsere Flugzeuge sind Vögeln und Schmetterlingen nachgebildet.

Die *ṛṣis* hatten bereits den *Ātman* entdeckt und das gesamte Universum in sich selbst erfahren. Obwohl sie allwissend waren, lebten sie, als seien sie Unwissende. Solange wir im Bereich der Dualität verweilen, scheint das Dasein voller Leid zu sein. Was uns *mahātmas* wie Amma gewähren, ist eine Schulung, die uns ermöglicht, die Einheit selbst in der Welt der Polarität zu erkennen.

Mitten im Getümmel von *Mumbai* begegnete ich *Dāmu*, auch er ein Devotee von Amma, der schon oft ihren *darśan* erhalten hatte. Er arbeitete im Bhābha-Forschungszentrum und kam von Zeit zu Zeit ins *Sāndīpani Sādhanālaya*. Er war Nachwuchswissenschaftler und nahm regelmäßig an Seminaren über die *Bhagavad Gīta* und an anderen *satsangs* teil. *Dāmus* Gegenwart war mir während meines Aufenthaltes in Mumbai ein großer Trost, gab er mir doch viele Gelegenheiten, mein Herz zu öffnen und von Amma zu sprechen. *Dāmu* legte keinen besonderen Wert auf Kleidung oder sein Äußeres, aß nur einmal am Tag und führte ein äußerst entsagungsvolles Leben. In mondhellen Nächten spazierten wir durch ausgestorbene Straßen, sprachen über Amma und waren uns oftmals gar nicht bewusst, wie lange wir schon unterwegs waren. In manchen Nächten wanderten wir bis in den frühen Morgen hinein. Wir mussten dann mit dem Zug zu unserem Ausgangspunkt zurückfahren.

Sieben Monate waren schon seit meiner Ankunft in Mumbai vergangen. Je mehr ich Ammas Größe zu würdigen verstand, desto schwerer fiel es mir, weit weg von ihr zu sein. Ich beschloss, meine Arbeitsstelle zu kündigen und nach *Vallikāvu* zurückzukehren. Mehrmals schrieb ich ihr, bis sie es mir endlich erlaubte. Ich sagte also meinem Leben in Mumbai Adieu und kehrte nach Hause zurück. *Dāmu* musste noch sehr viel länger in Mumbai arbeiten. Schließlich wurde auch er Āśram-Bewohner. Später erhielt er den Namen *Svāmi Prajñānāmṛtānanda Pūri.*

Im *āśram* hatte sich während der Monate meiner Abwesenheit viel verändert. Amma hatte den ihr von ihren Kindern verliehenen Namen *Mātā Amṛtānandamayi Devī* (göttliche Mutter der unsterblichen Glückseligkeit) angenommen. Eine Stiftung unter dem Namen *Mātā Amṛtānandamayi Mission Trust* war gegründet worden, zu der auch die mit ihren Familien im *āśram* lebenden Devotees gehörten. Aus dieser Stiftung wurde später der *Mātā Amṛtānandamayi Math.* Auf Ammas Wunsch hin wurde ich zum Generalsekretär des *math* ernannt. In der Nähe von Ammas Haus waren einige neue Hütten entstanden. Die ersten Bewohner des *āśram* hatten nicht einmal eine Hütte zum Wohnen gehabt. Amma selbst brachte uns bei, wie man die Wedel von Kokospalmen für den Bau der Hütten verwendet und ein Dach deckt. Erst später wurde mir klar, dass das zu unserer Schulung gehörte, die uns befähigte, alles selbst herzustellen, um nicht von anderen abhängig zu sein. Wenn Devotees zu Besuch in den *āśram* kamen, mussten wir für sie die Hütten räumen. Sie kamen aus verschiedenen Gegenden, meistens an den Tagen des *bhāva-darśan.* Wenn wir ihnen Essen serviert hatten, war für uns meist nichts mehr übrig.

Amma selbst ging dann in die Nachbarhäuser und brachte uns etwas Nahrung. Inmitten der erfrischenden Brise ihrer Liebe war das Leben im *āśram* zauberhaft.

Meine Angehörigen hatten gegen meine Rückkehr und das Quittieren der Arbeitsstelle in *Mumbai* keine Einwände. Einmal im Monat schickte mich Amma in meinen *pūrvāśram* (Elternhaus). Eines Tages bemerkte mein Vater, dass der *muṇḍu*[21], den ich trug, an vielen Stellen geflickt war. Er meinte, ich solle keinen zerrissenen *muṇḍu* tragen und schenkte mir einen neuen. Mit diesem neuen *muṇḍu* kehrte ich in den *āśram* zurück. Als ich mich einmal mit Amma in ihrem Zimmer unterhielt, bemerkte ich nicht, wie der Saum meines *muṇḍu* auf dem Boden an einem brennenden Räucherstäbchen vorbeistreifte. Als Amma sah, dass mein *muṇḍu* Feuer gefangen hatte, schlug sie die Flammen mit bloßen Händen aus. Sie bemerkte den neuen *muṇḍu* und fragte mich: „Sohn, woher hast du diesen neuen *muṇḍu*?"

Ich erklärte, was sich bei mir zu Hause ereignet hatte.

„Sohn, hast du keinen anderen *muṇḍu*?" Mit einer Kopfbewegung verneinte ich ihre Frage. Amma schwieg eine Weile. „Ist denn nicht vorgesehen, dass meine entsagenden Kinder alles, was sie benötigen, hier bekommen? Niemals braucht ihr nach irgendetwas zu suchen, denn Gott wird euch mit allem Notwendigen versorgen. Durchsuche aufmerksam dein Zimmer, mein Sohn."

Bei Ammas Worten fiel mir etwas ein. Seit vielen Tagen hatte ich ein in Papier gewickeltes Päckchen in meinem Zimmer gesehen. Ich hatte gemeint, ein Devotee habe es dort hingelegt und dann vergessen mitzunehmen. Ich erzählte Amma von diesem Päckchen. Sie sagte, ich solle es schnell holen. Als ich mit dem Päckchen zurückkam, gab ich es ihr, und sie öffnete es. Zwei neue *mundus* lagen darin. Amma schaute mich an und sagte: „Hat Amma dir nicht gesagt, dass Gott alles herbeischafft, was nötig ist?"

---

[21] Kleidungsstück, das sich Männer um die Taille binden, um die untere Körperhälfte zu bedecken.

Die Aussagen von *mahātmas* werden wahr. Jedes Wort Ammas wird eine erfahrbare Wahrheit. Alles, was wir morgen benötigen, ergibt sich heute von selbst. Das haben mich spätere Lektionen oft genug gelehrt. Ich musste mich nie um irgendetwas sorgen. Wenn wir unser Leben Gott einmal hingegeben haben, brauchen wir nicht mehr zu zweifeln. Der Gedanke, in seinen Händen sicher zu sein, verleiht uns Lebenskraft und Begeisterung.

Amma ist wahrhaftig ein Strom göttlicher Weisheit. Auch wenn wir noch so viel über sie erfahren, bleibt sie ein unermesslicher Ozean des Wissens. Möglicherweise verstehen wir sie nicht, wenn wir ihr begegnen, ihr nahe waren oder bei ihr gelebt haben. Da Gott den Horizont des Intellekts überschreitet, sind die Schlussfolgerungen unseres Geistes töricht. *Arjuna* lebte viele Jahre bei *Śrī Kṛṣṇa*. Er behandelte Gott den Herrn wie einen Freund. *Śrī Kṛṣṇa* ließ sich auch auf alle Streiche *Arjunas* ein. Der Herr war zu dieser Zeit noch nicht bereit, *Arjuna* seine göttliche Weisheit zu offenbaren. Als *Arjuna* jedoch in der Schlacht von *Kurukṣetra* so weit war, sein Ego vollkommen hinzugeben, offenbarte Gott ihm seinen Schatz an Weisheit. Mit dem Bewusstwerden der eigenen Hilflosigkeit entsteht eine Haltung der Hingabe. Der *guru* bewirkt, dass unser Ego dahinschwindet.

Der Patient empfindet vielleicht den Arzt, der die Wunde säubert, als erbarmungslos. Dem Arzt bleibt aber nichts anderes übrig, wenn er eine Infektion beseitigen soll, die sich im ganzen Körper ausbreiten könnte. Wenn die Schale des Egos aufgebrochen wird, empfindet der Schüler wohl einige Schmerzen. Derjenige, der zuvor sein Lob auf den *guru* gesungen hatte, beschimpft ihn jetzt möglicherweise. Vielleicht verlässt er ihn sogar, um sich erneut im Schlamm von *tamas* (Trägheit) zu wälzen. Damit setzt er sich - wie die Seele eines Verstorbenen, der sich nicht genug Verdienste erwarb - dem Hagel von Flüchen der Natur aus und brennt im Höllenfeuer.

Allein aus Mitgefühl kommt Gott in Gestalt des Meisters mitten unter uns. Amma hat sich inkarniert als Verkörperung der Opferbereitschaft. Sie ist bereit zu leiden und die gesamte Sündenlast der Welt auf sich zu nehmen. Sie schont ihren eigenen Körper in keiner Weise und verausgabt sich bis zur Erschöpfung – bei alledem verströmt sie den Duft der Liebe. Wer einmal diesen Duft eingeatmet hat, für den ist Gott keine Vorstellung mehr, sondern unmittelbare Erfahrung.

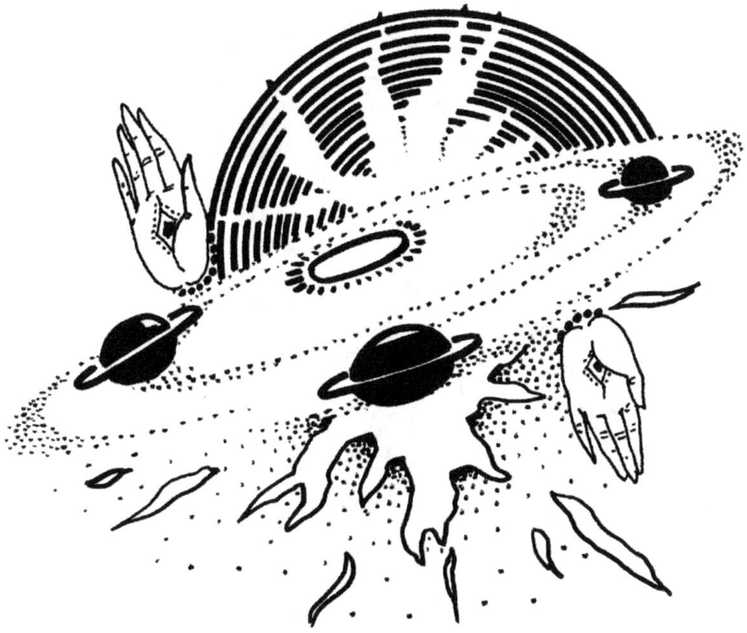

Die inneren göttlichen Bhāvas

26

Im Zeitalter des *satya-yuga* (Zeitalter der Wahrheit) brauchte man keine Tempel. Die Menschen hatten vollkommenes Vertrauen in die erleuchteten *gurus.* Die Herzen der damaligen Menschen waren so rein wie Tempelschreine. Aus diesem Grund konnten sie stets die Herrlichkeit Gottes in sich selbst erkennen und spüren.

Diejenigen, die davon überzeugt waren, eine göttliche Kraft wirke in ihnen, gerieten nicht in den Bann des Ego, sondern empfanden ihr Einssein mit dem *Paramātma* (Höchstes Selbst).

Wann immer göttliche Inkarnationen ihre *līlās* (göttlichen Spiele) im menschlichen Bereich eröffneten, tauchten viele Ungläubige auf. Nur wenige besaßen vollkommenes Vertrauen. Selbst wenn wir noch so oft Herrliches erleben, errichtet unser ungeläuterter Geist Mauern des Zweifels. Ein Mensch mag uns noch so sehr lieben - hören wir aber oft genug auf jemanden, der gerade diesen Menschen kritisiert, steigen Zweifel in uns auf. Wie können solche wankelmütigen Naturen jemals Gott erkennen?

Unsere *ṛṣis* hatten das vorhergesehen. Sie waren sich bewusst, dass die zukünftigen Menschen nicht ohne weiteres das Göttliche in sich wahrnehmen oder sich *mahātmas* vollkommen hingeben können. Die *ṛṣis* übertrugen ihr göttliches Bewusstsein auf Tempelbildnisse. Aus den Tempeln, die auf diese Weise von *mahātmas* geweiht wurden, entwickelten sich heilige Orte der Gottesverehrung.

Man sagt, dass in uns 330 Millionen Götter leben. Jeder von uns ist Erbe von unendlich vielen göttlichen *bhāvas.* Uns wurde diese menschliche Geburt geschenkt, damit wir göttliche Tugenden in uns nähren und Vollkommenheit erreichen. *Mahātmas* offenbaren uns deutlich alle Eigenschaften Gottes. Die Gesegneten, die Gott verehren und zur Erfüllung ihres Lebens Zuflucht bei *mahātmas* suchen, können in relativ wenigen Lebensjahren von den Fesseln des *karma* und dem Kreislauf von Geburt und Tod frei werden. Sobald ihnen die Erfahrung göttlicher Glückseligkeit zuteil wird, gewinnen sie Unsterblichkeit.

Ich entsinne mich eines Vorfalls, der sich vor vielen Jahren im *āśram* ereignete. In einem nahe gelegenen Tempel wurde ein Fest gefeiert. Zu den Riten gehörte es, das Gottesbildnis zu Beginn des Festes aus dem Tempel heraus- und in einer Prozession in die Häuser der Dorfbewohner hineinzutragen. Die Dorfleute glaubten, Gott besuche sie somit zu Hause. Der Priester trug das Bildnis, durch welches das Göttliche angerufen wurde, auf dem Kopf und besuchte jedes Haus. Die Dorfleute hießen das Göttliche mit wahrer Hingabe und Verehrung willkommen und geleiteten es mit einem reisgefüllten Kessel, einer brennenden Öllampe und verschiedenen anderen Opfergaben ins Haus. Eine Gruppe zeremonieller Trommler begleitete das Bildnis in das Haus, das dem *āśram* am nächsten lag, ohne den *āśram* selbst zu betreten. Dort war gerade *Devī-bhāva*. Devotees, die neben Amma saßen, fragten: „Amma, sie haben nur diesen Ort nicht besucht. Kannst du sie nicht auch hierher kommen lassen?"

Amma lächelte nur. Nach einiger Zeit bemerkten die Devotees, dass die Klänge der Trommeln immer lauter wurden. Es schien, als würden die Klänge angezogen. Bald schon wurden die Devotees Zeuge eines erstaunlichen Schauspiels. Der Mann, der das Bildnis trug, begann einen tranceähnlichen Tanz und taumelte in den *āśram.* Die Trommler folgten ihm, und die Dorfleute rannten hinter den Trommlern her. Kaum hatte der Priester das Bildnis auf dem Boden abgesetzt, kam er wieder zu sich. Rasch hob er es auf, setzte es sich auf den Kopf und schritt von dannen. Jeder bemerkte, dass Amma ihre Augen eine Weile geschlossen hielt.

Nach einer Weile begann der Priester wieder alleine zu tanzen, lief in den *āśram* und setzte das Bildnis dort ab. Sobald er wieder zu sich kam, nahm er das Bildnis an sich und ging fort, wie bereits zuvor. Amma schloss erneut ihre Augen, und wieder kam der Mann in Trance zurück. Dieses Phänomen wiederholte sich insgesamt achtmal. Schließlich war der Priester völlig erschöpft, stellte das Bildnis vor dem Kalari-Tempel ab und erschien vor Amma, die *Devī-bhāva-darśan* gab. Er streckte seine Hand aus, um ein wenig *tīrtham* (geweihtes Wasser) zu bekommen. Amma gab ihm etwas und nahm ihn liebevoll in die Arme. Nachdem er sich knieend vor ihr verneigt hatte, hob er das Bildnis auf und ging fort.

Die Devotees beobachteten all dies mit äußerstem Erstaunen. Einige verstanden nicht, was da gerade geschehen war. Warum hatte der Priester seinen tranceähnlichen Tanz begonnen, sobald Amma ihre Augen geschlossen hatte? Bei den Fragen der Devotees lächelte sie erneut. Alles findet in ihrem Inneren statt. In unserem Inneren existieren die unterschiedlichen göttlichen Aspekte zwar auch, doch unterstehen sie nicht unserer Kontrolle. Denjenigen jedoch, die die absolute Wahrheit kennen, sind alle göttlichen Aspekte verfügbar. Sie können jegliches göttliche *bhāva* manifestieren oder beherrschen. Denjenigen, die um die Existenz von 330 Millionen göttlichen Stimmungen oder *bhāvas* in ihrem Innern wissen, fällt es nicht schwer, diese zu erwecken und zu lenken. Die Devotees können sehen, dass Amma während des *Devī-bhāva* die göttlichen *bhāvas* von *Jagadambika*, der göttlichen Mutter des Universums, manifestiert.

Es ist dringend geboten, dass wir uns der dämonischen Tendenzen in unserem Inneren entledigen. Soll das gelingen, müssen wir unsere positiven Eigenschaften entwickeln. Mit dem Heranreifen göttlicher Eigenschaften tritt unsere innere Göttlichkeit klarer hervor. Wenn sich die dämonischen Tendenzen auflösen, werden wir entsprechend geläutert und erkennen das gesamte innere Götter-Pantheon. Um dieser Läuterung willen beten wir zu Gott.

Man sagt, der Geist *(manas)* sei wie ein Schloss. Drehen wir den Schlüssel nach der einen Seite, schließen wir zu, und nach der anderen schließen wir auf. Unser Geist kann also einerseits Ursache dafür sein, dass wir im *saṁsāra* verstrickt bleiben

– andererseits kann er dazu beitragen, dass wir von unseren Anhaftungen befreit werden. Der Geist muss mit edlen Gedanken gefüllt werden. Daher ermahnt uns Amma, die Gedanken auf Gott zu lenken, doch richten die meisten Menschen ihre Vorstellungskraft auf die falschen Dinge.

Gott ist wie die Sonne, die beständig ihr Licht verströmt. Sie verteilt Licht und Kraft gleichmäßig an alle Dinge. Wer sich in Dunkelheit einschließt, empfängt kein Sonnenlicht. Ebenso verströmt Gott unablässig seinen Segen über uns, doch die Schleier des Egos lassen die göttliche Gnade nicht in uns eindringen. Um diese Schleier zu beseitigen, brauchen wir einen *guru*. Das ist es, was wir aus Ammas Leben lernen können. Es gibt kein Haupt, das sich nicht vor ihrer Liebe verneigt hätte, kein Herz, das nicht angesichts ihrer Opferbereitschaft dahingeschmolzen wäre. Im Lichte von Ammas Weisheit wird die vom Ego erzeugte Dunkelheit vertrieben. Das von Egoismus befreite Handeln wandelt sich zur Gottesverehrung.

Es war einmal ein Dieb, der jede Nacht in den Kokoshain nahe bei einem Haus einbrach, um Kokosnüsse zu stehlen. Nach dem Raub warf er eine Kokosnuss ins Opferfeuer und brachte sie zur Sühne *Śrī Gaṇapati* dar. Daraufhin empfand er die gekochte Kokosnuss als *prasād* Gottes, aß sie auf und verschwand. Das machte er regelmäßig so. Nach einiger Zeit erkrankte der Dieb und konnte daher nicht mehr auf Kokosbäume klettern. Dennoch ging er Nacht für Nacht an die Stelle, an der er *Śrī Gaṇapati* seine Kokosnuss geopfert hatte. Er versuchte sich mit dem Gedanken zu trösten, die Krankheit sei die Strafe für seinen Diebstahl. Jeden Tag betete er zu Gott, ihm seine Sünden zu vergeben. Es machte ihm ernstlich Sorge, dass er Gott jetzt nichts mehr darbringen konnte. Einmal um Mitternacht erschien *Gaṇapati* vor dem Dieb, der völlig ermattet in dem Kokoshain lag. Innerhalb weniger Augenblicke wurde er von seiner Krankheit befreit. Als Beweis für das Erscheinen Gottes manifestierte sich an dieser Stelle eine Statue *Gaṇeśas (d.h. Gaṇapatis)*. Devotees erbauten dort einen

Tempel, in dem Zehntausende von Kokosnüssen geopfert wurden. Unzählige Menschen fanden an dieser Verehrungsstätte Trost. Es wurde ein Zentrum, in dem sich die Wünsche von Tausenden von Menschen erfüllten. Die göttliche Kraft kann bewirken, dass sich sogar der unschuldige Wunsch eines Diebes erfüllt.

Gott ist bereit, uns alles zu gewähren, wenn wir uns ihm vorbehaltlos hingeben. Er kommt uns nicht etwa aufgrund unserer Verdienste entgegen. Wenn wir beim Denken an ihn feuchte Augen bekommen, ergießen sich ganz von selbst segensreiche Ströme über uns.

Annapūrṇeśvarī

27

Es entspricht der Natur des Menschen, nach Erkenntnis zu streben. Im letzten Grunde ist das Dasein eine Reise zur Fülle, und alles Leid des weltlichen Lebens gründet im Gefühl der Unvollkommenheit. Da das wahre Wesen des Menschen Allwissenheit ist, gibt es in jedem von uns das Bedürfnis, alles zu erkennen. Wir interessieren uns nicht nur für unsere eigenen Angelegenheiten, sondern auch für die der anderen und der Welt. Wir bemühen uns um Erkenntnis all dieser Dinge – doch kein intellektuelles Bemühen kann jemals unseren Erkentnishunger stillen. Er erinnert an den Hunger von *Śrī Gaṇeśa*: Selbst nachdem er das gesamte Universum verschluckt hatte, blieb er hungrig. Sein Hunger wurde jedoch gestillt, als er nur eine Handvoll gekochten Reis von *Parameśvara* empfing. Nur ein *sadguru* kann den Hunger nach Weisheit befriedigen. Einem Schüler, der sein Leben auf der Suche nach der Wahrheit verbracht hatte, flüsterte der *guru* ins Ohr: „*Tat tvam asi*" – „Oh Kind, *jenes* bist du!"

Die Äußerungen des Meisters versetzen den Schüler, der ganze Bände gelehrsamer Literatur verschlungen hat, in einen unbeschreiblichen Erfahrungsbereich, aus dem die Morgenröte der Weisheit geboren wird.

Wahrheit führt zu echter Erkenntnis. Es ist Wahrheit, die Schönheit in uns erzeugt. Wahrheit ist *Śiva (satyam paraśivah).* ‚*Śiva*' bedeutet eigentlich ‚der Segensreiche' oder ‚der Verheißungsvolle', aber einer seiner Namen ist auch ‚der Unvergängliche'. Alles Unvergängliche ist glanzvoll. Im Licht des strahlenden Seelenbewusstseins empfängt alles seine Leuchtkraft. Die Menschen befassen sich bei ihrer Suche nach Glück meist mit flüchtigen Dingen. Rückblickend erkennen wir, dass all diese flüchtigen Dinge eine Quelle von Leid sind. Diejenigen, die sich im Leben um den Besitz vergänglicher Dinge bemühen, werden dies später bereuen. Deshalb umarme lieber das Unvergängliche und erlange Schönheit der Seele! Benutze Geist und Körper einzig zu diesem Zweck. Der Tod wird dir alle irdischen Güter rauben; bemühe dich also lieber um Unsterblichkeit. Überwinde die Zeit. Suche Zuflucht bei *Yama*, dem Bezwinger der Zeit. Unterwirf dich dem glorreichen *guru*, der die Macht besitzt, dein Gefühl von Individualität im Feuer der Weisheit zu verbrennen. – Das ist die Botschaft der *mahātmas*.

Ich erinnere mich an einen Vorfall, der sich vor Jahren während Ammas Geburtstagsfeierlichkeiten zutrug. Zur Eröffnung des Geburtstagsfestes brannte auf der Veranda des Kalari-Tempels, in dem Amma die *bhāva-darśans* gab, eine Öllampe. Nach der *pāda-pūja* für Amma begannen die *bhajans*. Während die Devotees in die *bhajans* versunken waren, eilte ein Mann mitten durch die Schar auf Amma zu. Da ihre Augen geschlossen waren, schien sie ihn nicht zu bemerken. Auch die Devotees schienen den Mann nicht gesehen zu haben. Alle Augen waren auf Amma gerichtet. Sobald die *bhajans* endeten, flüsterte der Mann Amma etwas ins Ohr. Seinem Gesichtsausdruck war zu entnehmen, dass es sich um etwas Ernstes handelte. Amma streichelte den Mann und tröstete ihn. Niemand verstand, um was es ging. Nach den *bhajans* verteilte Amma an alle Devotees *prasād* und ging in die Küche. Einige von uns folgten ihr. Als wir in die Küche kamen, merkten wir, was passiert war: Der Koch fehlte! An diesem Tag waren 3.000 Devotees in den *āśram* gekommen, aber das traditionelle Essen war nur für 500 Menschen vorbereitet worden. Keiner hatte erwartet, dass so viele Devotees kommen würden!

Die Menge an vorbereitetem Essen basierte auf der Zahl der Menschen, die morgens im *āśram* anwesend waren. Man hatte auch nicht für ausreichende Vorräte gesorgt. Der Koch, der keinen Ausweg aus der misslichen Lage sah, hatte vermutlich das Weite gesucht. Amma tröstete die verzweifelten Menschen in der Küche und übernahm die Arbeit des Servierens selbst.

In der mit Stroh gedeckten Hütte saßen die Devotees, gleich neben dem Gebäude, in dem *vedānta* unterrichtet wurde. Die Menschen aus der nahegebenachbarten Küstenregion hatten Töpfe mitgebracht, um Speisen mit nach Hause zu nehmen. Dies ist in Dorfgemeinschaften üblich. Wenn irgendwo ein Fest stattfindet, bringt man denjenigen, die nicht daran teilnehmen können, Speisen mit. Amma fing an zu servieren. Als die Helfer in der Küche sahen, wie sie die Devotees bediente, wurden sie unruhig. Wir hatten gedacht, Amma werde weniger auftischen, damit jeder ausreichend zu essen bekäme. Amma enttäuschte unsere Erwartungen jedoch und häufte stattdessen die Teller voll. Wie hätte man ihr sagen können, sie solle weniger auftischen? Selbst wenn es möglich gewesen wäre, hätte sie nicht gehorcht. Sie war niemals bekannt für ihren Gehorsam, selbst in der Vergangenheit nicht! *Trikāla jñānis* (Erleuchtete, die alles wissen über die Vergangenheit, Gegenwart und Zukunft) brauchen von niemandem einen Rat anzunehmen. Trotzdem haben einige von uns versucht, ihr zumindest gelegentlich einen Vorschlag zu machen.

Oft habe ich zu Amma gesagt: „Selbst Gott muss gelegentlich gehorchen!" Für diese Bemerkung hatte ich meine Gründe. Sagt man ihr zum Beispiel, sie solle sich ausruhen oder essen, tut sie es nicht. Zur Schlafenszeit geht sie nicht schlafen. Wenn ich mitansehen musste, wie sie ihren Körper unentwegt aufopferte, wünschte ich mir oft, Amma wäre so gehorsam wie die Götter im Tempel. In einem Tempel kann man der Göttergestalt geweihtes Essen anbieten, und man kann sie schlafen legen. Nachts kann der Priester den Tempel abschließen und nach Hause gehen. In unserem Falle kann man so etwas nicht. Der Grund liegt darin, dass die hiesige Gottesgestalt nicht einmal ins Haus kommt. Sie sitzt auf dem Boden vor dem *kalari* und meditiert. Sie gibt an diesem Platz *darśan*. Es wurde für Amma eine kleine Hütte gebaut. Außerdem wurde ein zweistöckiges Gebäude fertiggestellt mit dem Plan, den unteren Raum als Meditationsraum und den oberen für Amma einzurichten. Doch was sollten wir tun, wenn

Amma lieber auf der Erde liegen wollte? Infolgedessen hatten auch wir das Glück zu entdecken, wie schön es war, im Freien auf der nackten Erde zu schlafen.

In meiner Kindheit hatte ich den sehnlichen Wunsch, mich nassregnen zu lassen, aber meine Eltern erlaubten es nicht. Sie meinten, ich würde dann krank werden. Vermutlich hatten sie recht; diejenigen, die nicht an das Nasswerden im Regen gewöhnt sind, werden gewiss krank. Im Freien lebende Waldbewohner, die der Sonne genauso ausgesetzt sind wie dem Regen, werden hingegen niemals krank. Ich habe gesehen, wie Amma voller Seligkeit in strömendem Regen tanzte. Das Vergnügen, vom Regen durchnässt zu werden, kann man nur durch Erfahrung kennenlernen, oder? Mich hat es beim Sturm nach draußen gezogen. Ich wartete auf jede Gelegenheit, bei schweren Regenfällen hinauszugehen, um das *abhiśekam* (zeremonielle Bad) der Natur zu empfangen. Amma lehrte uns, extreme Hitze, schwere Regenfälle und intensive Kälte zu genießen.

Einige Hausfrauen, die alarmiert waren von Ammas Art und Weise zu bedienen, schlugen vor: „Liebste Amma, wie wäre es, etwas weniger zu servieren?"

Amma schenkte dem, was sie sagten, keinerlei Beachtung. Einer der Dorfältesten murmelte: „Sie lässt sich überhaupt nichts sagen! Sie hatte schon immer die Angewohnheit, großzügig zu sein."

Amma bediente also weiter. Die Lebensmittelkessel leerten sich, während sie sich beeilte.

„Wenn die Kleine serviert, werden alle bedient", sagte Damayanti-Amma, Ammas Mutter, entschieden und voller Vertrauen. Wie viele wundersame *līlās* hat Damayanti-Amma gesehen, die das einmalige Glück hat, Ammas Mutter zu sein! Diese Worte erleichterten und beruhigten diejenigen, die mit angehaltenem Atem zugeschaut hatten, wie Amma das Essen servierte. Sie hörte erst damit auf, als sie Essen auf das letzte Bananenblatt gehäuft hatte. Wunder über Wunder – selbst als mehr als 3.000

Menschen bedient worden waren, blieb in den Kesseln noch Reis und Curry übrig! Amma bedachte uns, die wir ihr verblüfft ins Gesicht schauten, mit einem süßen Lächeln.

„Kinder, kann denn Liebe bemessen und zugeteilt werden? Liebe kann sich nie erschöpfen. Umgekehrt ist all das, was ein Ende findet, auch keine Liebe. Es ist die Liebe der hier hart arbeitenden Kinder, die die Speisekessel füllte."

Amma bemüht sich immer, darauf hinzuweisen, es sei alles der Kraft der Liebe ihrer Kinder zu verdanken anstatt ihrer eigenen göttlichen Macht. Schließlich lobt Gott seinen Devotee sehr gerne. Nie hat er das Gefühl, selbst irgendetwas zu machen, denn er ist egolos. Wie könnte auch ein Wesen, das zu reiner Liebe wurde, ein Ego besitzen?

Was sollte dem Wesen, das die Verkörperung der Liebe ist, wohl unmöglich sein? Vor langer Zeit hatten viele Menschen aus *Ālappād* zusehen können, wie Amma aus einem kleinen Topf *pañcāmṛtam* (süßen Pudding aus fünf Zutaten) Tausenden von Menschen servierte. Es schien, dass der kleine Topf auch dann noch von Pudding überquoll, als alle bedient worden waren! An jenem Tag war Ammas Liebe selbst als *pañcāmṛtam* übergeflossen.

„Wird denn Ammas Liebe – wenn sie sich weiterhin so verausgabt – nicht irgendwann erschöpft sein?" Diesen Zweifel äußerte einmal ein Devotee.

Amma gab eine deutliche Antwort. „Niemals Kinder! Sie wird nie zu Ende gehen. Ich gebe einfach vom Überströmenden ab. Das geschieht nicht bewusst. Die Liebe fließt einfach."

Wenn schon die Liebe, die von Amma ausströmt, derart weit ist, wie kann man dann die ozeanische Liebe, die ihr Herz erfüllt, ermessen?

Es wird überliefert, dass *Durvāsa* und sein riesiges Gefolge, bereits von einem Stück Spinat, das erfüllt war von *Pāñcālis* Liebe, gesättigt wurden.[22]

Bekannt ist uns auch die Geschichte von Christus und seiner Speisung der 5.000 Menschen mit nur 5 Broten und 2 Fischen. Aber haben wir das alles mit eigenen Augen gesehen? Die Rationalisten unter uns verwerfen diese Geschichten womöglich als zweifelhaft.

Die Geschichten von Ammas Inkarnation ereigneten sich jedoch nicht vor Jahrhunderten. Sie wurden von Tausenden Menschen, die *jetzt* leben, erfahren. *Śrī Kṛṣṇa* hat der Welt gezeigt, welch großartige Wunder Liebe vollbringen kann. Wenn wir diese Liebe durch das Zartgefühl einer Mutter in uns aufnehmen können, wird alles wundervoll.

Amma hat gesagt, dass die Welt von Liebe getragen wird. Um selbst zur Verkörperung von Liebe zu werden, müssen wir eintauchen in den Ozean der Liebe, der Amma ist. Darin besteht wahre Hingabe. Selbst-Hingabe führt uns in einen Zustand der Sehnsucht, die Wahrheit zu umarmen.

---

[22] *Pāñcāli* und die *Pāṇḍavas* waren mit einem *akṣaya pātram* gesegnet worden, einem sich selbst wieder füllenden Speisetopf. Einmal speiste *Pāñcāli* erst zu Mittag, nachdem die *Pāndavas* ihr Mittagsmahl eingenommen hatten und reinigte dann den Topf. Als sie erfuhr, dass der Weise *Durvāsa* und sein aus Tausenden bestehendes Gefolge in ihre Einsiedelei zum Mittagsmahl kommen wollten, fürchtete sie sich: Der Weise war bekannt für sein feuriges Temperament und verfluchte jeden, der seinen Zorn erregte. Sie betete inbrünstig zu *Śrī Kṛṣṇa*, der vor ihr erschien und sie um etwas zu essen bat. *Pāñcāli* erwiderte, es sei nichts mehr übrig, da sie den *akṣaya pātram* schon gereinigt habe. *Śrī Kṛṣṇa* bat sie, nochmals in den Topf zu schauen. *Pāñcāli* sah darin ein kleines Stück Spinat und bot es demütig Gott an. Der aß es und erklärte, satt zu sein. *Durvāsa* und sein Gefolge, die in einem Fluss badeten, fühlten sich ebenfalls gesättigt und beschlossen deshalb, an diesem Tag auf das Mittagsmahl zu verzichten.

* * *

Mahātmas inszenieren keine Wunder, aber alles, was sie tun, wird zum Wunder. Sie sprechen nicht über die Wahrheit, vielmehr wird alles wahr, was sie sagen! Wenn Menschen zu Ammas *darśan* kommen und darum bitten, dass ihre Schwierigkeiten beseitigt und ihre Wünsche erfüllt werden, sagt sie: „Amma wird einen Beschluss *(sankalpa)* fassen."

Was bedeutet das? *Sankalpas* von *jñanis* sind nie vergebens. Sie erzeugen kraftvolle Schwingungen in der Natur, die dazu beitragen, dass sich diese *sankalpas* einfacher erfüllen können.

Wenn ich bei Amma im *āśram* war, gehörte es zu meinen Aufgaben, auf englisch geschriebene Briefe an sie ins *Malayālam* zu übersetzen, sie ihr vorzulesen und aufzuschreiben, was sie antwortete. Ich habe gesehen, wie sorgfältig Amma Tausende von Briefen liest, egal, wieviel Zeit es benötigt. Kommt jemand auf die Idee, Briefe an sie zu verstecken, damit sie sich ausruhen kann, spürt Amma sie alle auf und liest sie.

Eines Tages, als Amma nach dem Morgen-Dārśan in ihr Zimmer zurückgekehrt war, kam ich wie üblich mit den Briefen zu ihr. Ich las ihr jeden einzelnen vor. Da es sehr viele waren, musste ich schnell lesen. In jenen Tagen legte sich Amma meistens auf den Boden und hörte zu. Meine Aufmerksamkeit konzentrierte sich völlig auf die Briefe, die ich ihr ununterbrochen vorlas. Plötzlich hörte ich ein „Platsch" hinter mir. Ich drehte mich um. Amma hatte sich auf dem Boden gerollt wie ein Kind und lag hinter mir!

Sie erklärte mir: „Sohn, dieses ‚Platsch' war das Geräusch der Katze, die in den Teich fiel. Keine Sorge, sie kann schwimmen!"

Erst jetzt merkte ich, dass sie die ganze Zeit über dagelegen hatte und ein Comic-Buch las! Das gefiel mir überhaupt nicht. In beleidigtem Ton sagte ich: „Warum bin ich überhaupt hier und mache mir die Mühe, dir die Briefe zu übersetzen? Wenn das so läuft, höre ich auf damit!"

„Sei nicht ärgerlich, Liebling. Ein Junge gab mir heute Morgen beim *darśan* dieses Buch. Er gab es mir mit so viel Liebe und sagte, ich solle es nach dem *dārśan* lesen. Ich konnte seinen unschuldigen *sankalpa* (Entschluss) nicht übergehen. Sohn, Amma hat trotzdem aufmerksam gehört, was du vorgelesen hast."

Ich wollte jedoch von all dem nichts hören, sondern forderte sie auf, mir den Inhalt der Briefe zu erzählen. Amma referierte den Inhalt aller 10 Briefe, die ich ihr vorgelesen hatte.

Dann fügte sie hinzu: „Und nun höre auch mein Sohn, was in den ungeöffneten Briefen steht."

Daraufhin gab sie mir den Inhalt jedes einzelnen ungeöffneten Briefes wieder! Deren Inhalt hatte sie längst vor der Öffnung erfasst. Als ich die Briefe öffnete, entdeckte ich, dass alles, was sie gesagt hatte, stimmte.

Erstaunt fragte ich sie: „Amma, du kennst den Inhalt all dieser Briefe, ohne sie selbst zu lesen. Warum lässt du mich dann so viel Zeit mit Übersetzen und Vorlesen verbringen?"

Sie erwiderte: „Selbst die Armen, die nicht die Mittel haben, einen Brief per Post zu senden, schicken Amma Briefe, und zwar über andere. Diese Menschen schreiben ihre Briefe mit dem ausdrücklichen Willen, Amma solle sie lesen. Amma kann nicht anders, als sich dem Willen ihres Herzens zu beugen."

Sie fuhr fort: „Wenn die unschuldigen Kinder ihre Briefe schreiben, wird bereits ihr Wunsch von der Natur aufgezeichnet. Die Botschaften ihrer von Herzen kommenden liebevollen Briefe erreichen Amma schneller als die per Post gesandten."

Eine Mutter wird den Hunger ihres Kindes doch nicht aus Briefen erspüren, oder? Durch das tiefe Band der Liebe werden die Herzen von Mutter und Kind eins. Genauso können *mahātmas*, die eins sind mit dem Universum, durch ihre Liebe die Gedankenschwingungen aller Kreaturen in sich selbst wahrnehmen.

Schnitzer eines Schülers

28

Man sagt, dass zwei Dinge in der Welt niemals enden: Das Mitgefühl des Meisters und die Torheit des Schülers. Von Zeit zu Zeit fallen mir meine Torheiten gegenüber Amma, vor allem aus der Anfangszeit meines Aufenthaltes im *āśram,* wieder ein. Damals verbrachte Amma die ganze Zeit mit uns. Ähnlich wie eine Henne sorgfältig auf ihre Küken aufpasst, erhielten wir von Amma reichlich Gelegenheit, uns unter ihren schützenden Flügeln zu wärmen. In jenen Tagen war unsere Gemütsverfassung so, dass wir es nicht fertigbrachten, auch nur einen Augenblick von ihr getrennt zu sein. Wir meditierten, sangen gemeinsam *bhajans* und tanzten miteinander. Von Zeit zu Zeit spielte Amma uns Streiche, die uns in Gelächter ausbrechen ließen. Doch gerade in dieser Zeit, in der man alles im Rausch der Hingabe – hervorgerufen durch die Gegenwart des *sadgurus* – vergessen konnte, unterliefen mir einige Schnitzer.

Bevor ich in den *āśram* eintrat, hatte ich völlig andere Vorstellungen von Spiritualität. Ich ging davon aus, nie mehr ins materielle Leben zurückkehren zu müssen und dachte, Amma würde uns dazu anhalten, auf den Gipfeln des Himalayas oder mitten im Urwald strenge Bußübungen zu praktizieren, um schließlich Gott zu erreichen. Derartige falsche Vorstellungen von Spiritualität wurden von ihr rasch korrigiert.

Um Amma näherzukommen, war ich entschlossen, mich meinen spirituellen Übungen mit größter Ernsthaftigkeit zu widmen. Außerdem beschloss ich, die *Devī-Pūja* zu erlernen, um Ammas wirkliche Gestalt anschauen zu können. Jemand hatte mir gesagt, man könne ihr näherkommen und eine göttliche Vision *Devīs* empfangen, wenn es einem gelänge, *Devī* auf eine makellose Weise zu verehren. Also bemühte ich mich, die *Devī-Pūja* zu erlernen. Der Devotee, der mir dies empfohlen hatte, gab mir die notwendigen Gerätschaften und ein Bildnis von *Devī*.

Damit begann meine Beschäftigung mit *pūjas*. Amma entging nicht, wieviel Zeit ich damit verbrachte, die Pūja-Gefäße auf Hochglanz zu polieren. Da ich glaubte, *Devī* wäre hoch erfreut, wenn die Gefäße bei der *pūja* golden glänzten, nahm ich mir mehr Zeit als nötig, um die Pūja-Gefäße zu reinigen. Als ich eines Morgens gerade dabei war, eine *pūja* auszuführen, kam Amma in meine Hütte. Ich glaubte, sie würde mir *darśan* in Gestalt von *Devī* geben, sie erschien aber in ihrer üblichen Gestalt. Ich war stolz auf die Kraft meiner *pūja*. Wie schnell war es mir doch kraft meiner Anstrengungen gelungen, Amma herbeizuholen. Die Illusion, sie sei aus Entzücken über meine *pūja* erschienen, währte allerdings nicht sehr lange. In Wirklichkeit waren all meine Berechnungen fehlgeschlagen. Nicht ein Fünkchen Freude zeigte sich in Ammas Gesicht, stattdessen schaute sie mich ernst an. „Sohn, du brauchst keine *pūja* mehr zu machen“, sagte sie. „Es genügt, wenn du die Mānasa-Pūja machst.“

Bei ihren Worten versteinerte ich. Noch bevor ich etwas fragen konnte, nahm Amma all meine Pūja-Gefäße und ging hinaus. Damit hatte mein Pūja-Sādhana ein Ende gefunden.

Später glaubte ich dann, spirituellen Fortschritt könne man durch fleißiges Studium der Schriften erreichen. Amma engagierte damals einen Sanskrit-Gelehrten, der uns diese Sprache lehrte. Bald schon wurde das Studium des Sanskrit meine Hauptleidenschaft. Ich begann viele meiner täglichen spirituellen Übungen zu vernachlässigen, weil ich die meiste Zeit mit dem Sanskrit-Studium verbrachte. Amma beobachtete das alles. Ich hatte die Vorstellung, wenn sie erführe, wie eifrig ich die Schriften studierte, würde sie mich mehr lieben. Es kam aber ganz anders.

Eines Nachts um 2 Uhr, als ich bei Laternenlicht noch die Sanskrit-Grammatik studierte, kam Amma plötzlich in meine Hütte. Sie sah, dass ich - anstatt wie sonst zu dieser Zeit zu meditieren – über einer Grammatik brütete. Ich hatte ihre Anwesenheit gar nicht bemerkt, so sehr war ich vertieft ins Einpauken der Grammatikregeln! Sie sammelte alle meine Sanskrit-Texte ein und ging hinaus. Also beschloss ich, vorübergehend auch meine Sanskrit-Studien zu beenden.

Ich begriff, dass Amma es nicht gerne sah, wenn ich meine täglichen spirituellen Übungen ausließ. Wenn dem so war, wäre es ihr vermutlich lieb, wenn ich sie intensivieren würde. Es gab keine andere Wahl – ich musste strengste Askese praktizieren, die mich auf den Gipfel der Spiritualität erheben würde! Es war nicht schwierig, Ammas Erlaubnis zu erhalten. Sie gestattete mir, in einer Höhle *tapas* zu üben.

„Sohn, wie lange möchtest du dort bleiben?“, fragte sie.

Da ich nicht gleich antworten konnte, schwieg ich zunächst und sagte dann: „Einundvierzig Tage.“

Amma lächelte und erteilte mir die Erlaubnis. Zu diesem Zeitpunkt verstand ich die Bedeutung ihres Lächelns noch nicht. Am nächsten Morgen stand ich früh auf, ging in die Höhle und begann meine Übungen. Nach einiger Zeit erreichte mich der Klang von Ammas ungestümem Gelächter draußen vor dem *kalari*. Als ich das Lachen hörte, konnte ich nicht länger still sitzen. Ich stand auf und schaute verstohlen durch die Tür. Meine Brüder *Bālu*, *Venu* und *Rao* saßen um Amma herum, die vor Scherzen nur so sprühte und alle zum Lachen brachte. Da ich nicht genau hören konnte, was sie sagte, schlich ich mich aus der Höhle und setzte mich hinter sie. Als Amma meine Schritte hörte, drehte sie sich um. Sie sah mich und fragte lachend: „Lieber *Śrī-Mon,* wann wirst du mit deinem *tapas* in der Höhle beginnen?“

Ich hatte ihr nicht erzählt, dass ich bereits am frühen Morgen meine Askese beginnen würde. Bereits jetzt litt ich heftig unter dem Schmerz der Trennung von ihr. Sie schaute mich mitfühlend an, wie um mich zu ermutigen. Ich senkte meinen Kopf, damit sie die Tränen in meinen Augen nicht sah.

Als ich Amma von meinem Wunsch, *tapas* zu machen, erzählte, hätte ich nicht gedacht, wie schwer es mir fallen würde, physisch von ihr getrennt zu sein. Am nächsten Tag ging ich wieder in die Höhle und begann meine Askese-Übungen. Es mussten einige Stunden vergangen sein, als ich draußen Bhajan-Klänge hörte. Mein Geist stimmte sich darauf ein. Wie sehr ich mich auch um Selbstkontrolle bemühte, es gelang mir nicht, dort noch länger sitzen zu bleiben. Ich redete mir zwar ein, dass ich nicht aufstehen würde, konnte aber nicht anders als es doch zu tun! Ich stand am Eingang der Höhle und schaute hinaus. Amma sang *bhajans* mit den *brahmacāris*. Viele Devotees aus Kollam saßen im Kreis um sie herum. Damals spielte ich gewöhnlich für Amma auf dem Harmonium. Ich pirschte mich näher heran, um zu sehen, wer jetzt für sie auf dem Harmonium spielte. Es war Nealu. Ich stürzte aus der Höhle! Amma erzählte den Umsitzenden, um was es ging. Alle schauten zu mir und begannen zu lachen. Ich stand hilflos da und fühlte mich elend. Wortlos ging ich zurück in die Höhle, setzte mich hin und schwor, dass mir dies nicht noch einmal passieren würde.

Ich musste zu dem Wort stehen, das ich Amma gegeben hatte und beschloss, die Höhle erst nach 41 Tagen zu verlassen. Die ersten Tage waren sehr schwierig. Immer wenn ich Ammas Stimme hörte, brach meine Sehnsucht, sie zu sehen so stark hervor, dass ich in Gefahr war, alle Gelübde zu brechen. Ich betete zu ihr, mir die Kraft zu verleihen, diese Schwierigkeit zu überwinden. Wenn sie doch nur in die Höhle käme, dachte ich sehnsüchtig. Mit dem Gedanken, sie würde kommen, blieb ich die ganze Nacht wach und wartete auf sie. Doch sie kam nicht. Langsam begann ich, mich mit der Umgebung der Höhle auszusöhnen.

Eines Tages betrat Amma die Höhle. Ihre Liebe und Zuneigung entfachten neues Leben in mir. „Sohn, wenn du aus der Höhle wieder auftauchst, musst du Devi-Amma mitbringen“, ermahnte sie mich.

Erst später begriff ich, dass sie mich mit einer Erfahrung gesegnet hatte: Die Göttin *Devī,* das ist Amma, die im Herzen wohnt. In den folgenden Tagen erfuhr ich wirklich ihre ständige

Nähe, auch wenn sie physisch entfernt war. Ohne diese Erfahrung hätte ich nicht länger in der Höhle bleiben können. Nun aber verbrachte ich meine Zeit dort mit der Meditation über sie.

Eines Tages hörte ich wieder ihre Stimme vor der Höhle. „Geliebter Sohn, die 41 Tage sind vorbei. Kommst du nicht heraus?"

Ich war unfähig zu antworten. Mein Gemüt war vollkommen im Einklang mit der Höhlenatmospähre. Zwei Tage später kam Amma in die Höhle und zog mich heraus. Unter großem Gelächter sagte sie: „Sohn, wer unablässig an den *guru* denkt, macht *tapas,* sei er nun innerhalb oder außerhalb der Höhle. In diesem Fall ist es nicht mehr nötig, *tapas* in einer Höhle zu machen. Sobald ein inneres Band mit dem *guru* geknüpft ist, wird unser Handeln Askese."

Ich habe gelesen, dass ein Schüler in der ersten Etappe seiner geistigen Übungen unbedingt die physische Gegenwart seines *gurus* benötigt. Wenn es uns gelingt, voller Hingabe in der Gegenwart des *gurus* zu leben, gibt es nichts, was wir nicht bewerkstelligen könnten. Ich erkannte, wie töricht mein Versuch gewesen war, mich außerhalb von Ammas physischer Nähe aufzuhalten in einer Phase, in welcher sie täglich 24 Stunden mit ihren Kindern verbrachte, mit ihnen tanzte und sang. 41 unschätzbar kostbare Tage hatte ich verloren. Amma tröstete mich liebevoll mit Segensworten.

Es ist wohl am allerwichtigsten, sich unablässig an den *guru* zu erinnern. Wir sollten versuchen, so oft wie möglich in der Gegenwart des *gurus* zu verweilen. Die Gelegenheit, sich in der Gegenwart von *mahātmas* aufzuhalten, ist ein kostbarer Segen. Es ist schon schwierig genug, als Mensch geboren zu werden. Noch schwieriger ist es, sich für spirituelle Dinge zu interessieren. Das Schwierigste ist, in die Nähe eines *mahātma* zu gelangen. Das ist es, was wir durch Ammas Gegenwart geschenkt bekommen. Mit liebevollem Vertrauen und Hingabe sollten wir Ammas Worten folgen und ohne unsere Vorlieben und Abneigungen unterdrücken zu wollen, zulassen, dass sie uns führt.

Wir müssen die Stärke entwickeln, aus ungünstigen Umständen das Beste zu machen und lernen, über unsere Vorlieben und Abneigungen hinauszuwachsen. Wenn wir Geist und Herz öffen, entwickeln wir Mitgefühl mit dem Leiden der Welt. Wir sollten uns der Ichbezogenheit und schlechten Gewohnheiten bewusst werden, sie überwinden und versuchen, unser Ego loszuwerden. Das alles gehört zum spirituellen Leben. Amma erzeugt die äußeren Umstände, damit uns das gelingt. In Gegenwart des *guru* vermögen wir in sehr kurzer Zeit das zu erreichen, wozu es andernfalls vieler Leben in strenger Askese bedurft hätte. Amma drückt mit jeder Geste mehr Weisheit aus als Tausende von Büchern. Erst dann, wenn wir die unzähligen, von Augenblick zu Augenblick wechselnden Ausdrucksweisen in Ammas Gesicht verstehen und die Bedeutung der sich verändernden *mudras* ihrer Finger begreifen, fehlt uns nichts mehr, um spirituelle Weisheit zu erlangen.

Spiritualität besteht nicht einfach darin, *pūjas* durchzuführen, Sanskrit oder die Schriften zu studieren oder sich in einer Höhle einzuschließen. Es ist eine Sichtweise, die einem die Stärke verleiht, allen Lebenslagen zu begegnen. Es ist die Schönheit glückseliger Losgelöstheit, die das Leben zu einer Kunst macht. Jede unserer Regungen sollte eine spirituelle Übung werden. Spirituelle Wissenschaft ist die Weisheit, die einen dazu befähigt, dem Leben Glanz zu verleihen, indem man den Duft und die Schönheit der Liebe verströmt, ohne sich von der Welt beeinträchtigen zu lassen - dem Lotus gleich, der auch im Schlamm emporwächst.

Gegenwärtig ist das, was wir mit Geist und Körper anstellen, reine Narretei. Das wird sich erst ändern, wenn wir unseren Verstand transzendieren. Wir können noch so viele Informationen ansammeln und ein lebendiges Lexikon des Wissens werden; trotz alledem produzieren wir nur endlose Nichtigkeiten. Um Ammas Wort zu zitieren: „Wir haben Kenntnisse aber kein Bewusstsein."

Amma überträgt die Art von Weisheit auf uns, die uns ins höchste Bewusstsein führt.

Wir sollten unser Leben ganz und gar der Spiritualität weihen. Mittlerweile widmen sich unzählige Devotees als Kinder Ammas der spirituellen Praxis und erwerben sich so Gottes Segen. Sie übernehmen in vielen Teilen der Welt selbstlosen Dienst. Amma ermutigt sie, sich dadurch innerlich zu läutern. Nicht jeder wird denselben Weg zur Gottes-Verwirklichung gehen können. Es gibt nicht viele Top-Aspiranten, die reich an sattvischen Eigenschaften sind. Im Verhalten der meisten Menschen drücken sich überwiegend Rajas- oder Tamas-Eigenschaften aus. Daher verordnet der *guru* dem Schüler jeweils den seiner geistigen Verfassung gemäßen spirituellen Weg.

Die meisten Menschen interessieren sich das ganze Leben hindurch nur für ihre eigenen Angelegenheiten. Was uns Gottes Segen erwerben lässt, ist selbstloses Tun. Selbst wenn wir für unsere Lieben arbeiten, sollten wir um eine selbstlose Haltung bemüht sein. Handlungen, die frei sind von Ichsucht, erfüllen unser Leben mit Schönheit und Zufriedenheit.

Die Ursache allen Leidens liegt in der kosmischen Täuschung der Dualität. Wir sehen, was wir nicht sehen sollten und sehen nicht das, was wir sehen sollten! Es gilt hingegen, sich innerlich zu läutern, um die Welt so sehen zu können, wie sie wirklich ist. Wenn sich die Augen der Weisheit öffnen sollen, bedürfen wir der Gnade des *guru*. Nur mit seiner bzw. ihrer Gnade können wir unser an der Welt orientiertes Bewusstsein verlagern und stattdessen die Wahrheit sehen. Unser Leben in dieser Welt sollte eine Pilgerschaft zur Ganzwerdung sein, wobei wir unsere karmischen Lasten abwerfen. Dieses *saṁsāra* eignet sich gut als Lehrstelle. Wir sollten aus diesem göttlichen Leben Kapital schlagen, um den Zustand eines *paramahaṁsa* (Heiliger) zu erreichen und jegliche Dualität zu überwinden. In der Gegenwart des *guru* wird uns das möglich.

Die Liebe, die unserem Herzen entströmt, sollte sich als *seva* (Dienst am Nächsten) ausdrücken, wenn wir auch zuerst lernen sollten, dem *guru* zu dienen. Wer ist fähig, einen *sadguru* wie Amma, deren göttliche Eigenschaften alles überstrahlen, nicht zu lieben? Wie sich doch jeder dafür begeistert, ihren heiligen Füßen zu dienen! In den Anfangsjahren wetteiferten alle im *āśram* miteinander, Amma zu dienen. Die aus dem Wetteifern der Devotees entstehenden Probleme waren nicht gering. Mir ist klar geworden, dass auch ich zu diesen Devotees gehörte.

Ein Teil der Hütte, in der Amma wohnte, diente als Küche. Normalerweise bereitete ihr *Svāmi Rāmakṛṣṇānanda* den Morgentee. Als er einmal nicht im *āśram* war, beschloss ich, an seiner Stelle den Tee für sie zuzubereiten. Noch nie in meinem Leben hatte ich Tee gekocht. Nun rannte ich so geschäftig herum, als hätte ich einen Teeladen. Es ist die Pflicht des Schülers, seinem *guru* zu dienen, nicht wahr? Warum sollte ich mir diese Gelegenheit, Amma zu dienen, entgehen lassen? Noch bevor jemand auch nur einen Fuß in die Küche setzen konnte, verkündete ich, Amma den Tee bereiten zu wollen. Nicht nur das, ich erzählte sogar Amma selbst von meinem Vorhaben. So kam auch niemand, der mich störte.

Nach einer halben Stunde rief Amma draußen vor dem *kalari*: „Lieber Sohn, wo ist der Tee?“

„Ich mache ihn gerade“, antwortete ich laut.

Amma kam persönlich in die Küche, um zu schauen, wie ich meinen Spezialtee zubereitete. Als sie die Farbe des im Topf kochenden Wassers sah, fragte sie: „Sohn, warum ist das so schwarz?“

„Ich habe mich auch schon gewundert, Amma. Ich habe mehrere Versuche gemacht, kann mir aber nicht erklären, warum das Wasser so schwarz ist!“

Amma nahm, ohne auf meine Worte zu achten, den Teetopf hoch. „Da stimmt etwas mit dem Teepulver nicht. Es geht immer schief, Amma, egal, wie oft ich es versuche.“ Ich gab meine

Hilflosigkeit zu, öffnete die Büchse mit dem Tee und zeigte sie ihr. Sie begann laut zu lachen. Wie konnte der Anblick von Tee denn solches Gelächter hervorrufen? Da ich nicht begriff, was los war, stand ich hilflos da. Nach einer Weile begriff ich, was passiert war. Was ich als Teepulver ins heiße Wasser geschüttet hatte, waren in Wirklichkeit geröstete Reisschalen, die als Zahnreinigungspulver verwendet wurden. Amma akzeptierte bereitwillig, dass ich versehentlich Zahnreinigungspulver für Teepulver gehalten hatte.

Ich sagte: „Amma, bitte erzähle das niemandem. Jeder kann Fehler machen. Warum magst du nicht nach draußen gehen und dich vor den *kalari* setzen? Ich koche den Tee und bringe ihn dir in wenigen Minuten!"

Amma ging wie ein gehorsames Kind, setzte sich auf die offene Veranda des *kalari* und wartete. Im Handumdrehen bereitete ich eine Tasse Tee wie ein professioneller Koch zu. Es entging meiner Aufmerksamkeit nicht, dass die Aufgabe, die ich da auf mich genommen hatte, keine geringe war. Stolz ging ich mit dem Tee auf Amma zu. Kaum hatte sie jedoch einen Schluck genommen, als sie die Tasse auch schon abstellte und sich lachend auf dem Boden rollte. Verschiedene Male hatte ich gesehen, dass sie das tat, und zwar dann, wenn sie in *samādhi* fiel. Das war aber nur während der *bhajans* geschehen. Es war mir unerklärlich, wie eine Tasse Tee so etwas bei ihr auslösen konnte. Vielleicht hatte ich während des Teekochens mein Mantra zu oft rezitiert! Ich nahm deshalb einen Schluck Tee aus der Tasse, um zu sehen, ob ich dieselbe Erfahrung machen würde. Da endlich begriff ich die Ursache für Ammas Gelächter. Die Tatsache, dass Zucker und Salz dieselbe Farbe und Form besitzen, hatte sich in diesem Falle als nicht ungefährlich erwiesen: Ich hatte anstelle von Zucker Salz in den Tee getan! Anstatt Amma zu bedienen, hatte ich sie belästigt! Diese Tatsache bereitete mir Kummer. Schließlich ging sie selbst in die Küche, bereitete den Tee zu und gab mir ebenfalls eine Tasse. Ammas Gesicht war reine Zärtlichkeit, erfüllt von überströmender mütterlicher Liebe. Die hypnotisierende Kraft dieser göttlichen Liebe, durch die die Unwissenheit und das Ego des Schülers beseitigt werden, trieb mir Tränen in die Augen.

Die meisten von denjenigen, die dem *guru* dienen wollen, bereiten ihm in Wirklichkeit Unannehmlichkeiten. Wir sollten das tun, was wir können und nicht darauf bestehen, das *seva* eines anderen zu machen.

Die ersten *sevaks*, die zu Amma kamen, um ihr zu dienen, waren Vögel und Wildtiere. Zu diesem Thema sagte sie einmal: „Die Vögel und Wildtiere waren fähig, Amma unmittelbar zu verstehen, den Menschen jedoch fiel dies schwer."

Oft kann Unschuld erfassen, was dem Intellekt unbegreiflich bleibt. So gelang es den animalischen Geschöpfen deshalb zuerst, Ammas Größe zu verstehen, weil sie sich in Einheit mit der Natur befindet. Die Menschen kamen erst zuletzt an die Reihe. Als Amma nichts zu sich nahm, eilten Adler, Kühe und Hunde herbei, um ihr zu dienen, wohingegen die Menschen sie ohne Umschweife für verrückt erklärten und verhöhnten. Aus dem Leben von Vögeln und Wildtieren können wir viel lernen. Deswegen sahen *avadhūtas* gerne in ihnen ihre Lehrer (*Avadhūta Gīta).* Die sogenannten modernen Gebildeten vergessen oft, dass die Wesen, die uns unintelligent erscheinen, in Wirklichkeit ein Beispiel an Selbstlosigkeit sind. Statt von diesen stummen Geschöpfen auch nur eine Lektion zu lernen, töten wir sie, um sie zu essen. Wie können die Menschen je Frieden finden in einer Welt voller Schmerz und Elend stummer Geschöpfe, deren Jammer die Schlachthäuser erfüllt?

Sehr oft schon mussten die Menschen schockiert mitansehen, wie Naturkatastrophen in einem wilden Zerstörungs-Tanz alles, was sie aufgebaut hatten, vernichteten. Trotzdem fehlt es ihnen nach wie vor an Ehrfurcht vor der Natur. Die großen spirituellen *gurus* werden auch heute noch kritisiert. *Mahātmas*, die nur Gutes bewirken, werden noch immer verfolgt. Dessen ungeachtet reist Amma weiterhin durch die Welt, einem unaufhaltsamen Fluss vergleichbar, der aus einem ewigen Liebes-Quell entspringt. Sie betet für das Wohlergehen derer, die sie kritisieren und verspotten. Freimütig ergießt sie ihr Mitgefühl über alle Wesen.

Wunder göttlicher Liebe

29

Ich vergegenwärtige mir, mit welcher Überfülle von Erfahrungen uns damals jeder vorbeiziehende Tag beschenkte. Amma schuf um sich einen Mikrokosmos der gesamten Welt, in dem es anrührende Szenen gab. Ihre ganz unterschiedlich begabten Kinder wurden durch das Band der Liebe miteinander verbunden und umgewandelt in eine Girlande Gottes, ja in einen Schmuck für die Welt. Ammas Gegenwart verwandelt ein Bildnis in die Gottheit selbst, verschönt alle vermeintlichen Fehler, lässt das Ego dahinschmelzen und die spirituelle Welt zur größten Universität werden. Sie erstrahlt als Personifikation der Selbst-Aufopferung und schenkt spirituell Suchenden unzählige Gelegenheiten, den Nektar göttlicher Liebe zu trinken und sich im Ewigen aufzulösen – wie unterschiedlich der Pfad zur göttlichen Wahrheit für einen jeden auch sein mag. In Ammas Nähe geschieht täglich so viel, was uns zum Lachen oder Nachdenken veranlasst.

In den Anfangsjahren gab es im *āśram* noch keine Häuser. Der *āśram*, das waren ein paar Hütten und der Kalari-Tempel, in dem Amma *darśan* gab. Die spirituellen Übungen wie *mantra-japa* und Meditation wurden am Ufer der Backwaters praktiziert. Sie saß meistens auf dem Boden vor dem Kalari-Tempel. Niemals benutzte sie eine Matte, nicht einmal zum Hinlegen. Angesichts eines solchen Vorbildes an Opferbereitschaft taten die Bewohner des *āśrams* dasselbe. Die *brahmacāris* räumten ihre Hütten, wenn Besucher in den *āśram* kamen. An vielen Tagen mussten wir, nachdem gekocht war, den Devotees das Essen servieren, ohne dass wir selbst etwas zu uns genommen hätten. Oft, wenn wir ohne gespeist zu haben, auf dem nackten Boden lagen – die Devotees hatten wir inzwischen beköstigt – versuchte Amma uns aufzuwecken und dazu zu bringen, etwas zu essen. Auch wenn wir noch so viele Tage hungerten, so fühlten wir uns dennoch nie erschöpft. In jenen Tagen wurde uns bewusst, dass Glück und Zufriedenheit im Geben statt im Nehmen liegen. Jene Tage waren voller wahrhaft glücksverheißender Momente.

Ein Devotee, der sich als Gast in der Hütte von *Uṇṇikṛṣṇan* (heute *Svāmi Turīyāmṛtānanda Pūri*), der die *pūja* im *Kalari* ausführte, aufhielt, brachte beim nächsten Besuch eine neue Strohmatte mit. Ihn hatte Mitleid ergriffen angesichts der Tatsache, dass *Uṇṇi* auf dem nackten Boden schlief. Er reiste ab, nachdem er *Uṇṇi* gesagt hatte, er solle künftig auf der Matte schlafen.

Bald darauf ereignete sich etwas anderes. Ein Mann aus *Kāttūr* hörte zufällig Ammas *brahmacāris* im Occira-Tempel *bhajans* singen. Es war seine Begeisterung für *bhajans,* die ihn zu Amma brachte. Er war erstaunt, welch unglaubliche Dinge er in *Vallikāvu* zu sehen bekam. Neugierig blickte er auf die *brahmacāris,* die bereits in jungen Jahren fähig waren, zum Wohle der Welt allen Dingen zu entsagen, und in Meditation versunken am Ufer der Backwater saßen. Er schaute ehrfurchtsvoll auf sie, die bei Ammas Lotusfüßen Zuflucht gesucht und jeglichen Komfort aufgegeben hatten; und das im gegenwärtigen Zeitalter, in dem die Menschen orientierungslos hinter sinnlichen Vergnügen herlaufen. Diese Āśram-Bewohner sangen überall im *āśram* hingebungsvolle Hymnen, arbeiteten entsagungsvoll in der Küche, im Kuhstall und auf Baustellen. Er versuchte, mehr über Ammas gesegnete *brahmacāris* zu erfahren, sprach jeden von uns persönlich an und empfahl uns sogar, die Schlusszeile der *bhajans* jeweils dreimal zu wiederholen.

Sein Hauptaugenmerk konzentrierte sich auf *Uṇṇi*, der die meisten *bhajans* komponiert hatte. Wie konnte *Uṇṇi* so viele wundervolle Gedichte schreiben? Wie war es möglich, dass er Lieder komponierte, die anspruchsvolle spirituelle Prinzipien enthielten, ohne eine Einführung in Sanskrit oder eine höhere Ausbildung erhalten zu haben? Was ist nicht alles möglich durch die Gnade des *guru*? Beharrlich versuchte er, das Geheimnis hinter *Uṇṇis* Poesie zu ergründen. Er fragte *brahmacāris* und Devotees genauestens aus. Die klarste Antwort erhielt er von einem Devotee, namens *Ayyappan*, der seine Zeit lesend im Kokoshain verbrachte. Wenn jemand seinen Esprit dazu benutzt, andere zum Lachen zu bringen, ist dies nur gutzuheißen, nicht wahr? Was sich später ereignete, liefert hierfür ein Beispiel.

Im Handumdrehen erfand *Ayyappan* eine Geschichte über das Geheimnis hinter *Uṇṇis* Poesie, die er dem Devotee aus *Kāttūr* erzählte. „Vor einigen Jahren kam ein *yogi* hierher. Er blieb ein paar Tage und ging dann wieder fort. Der *yogi,* der über starke okkulte Kräfte verfügte, hielt sich in *Uṇṇis* Hütte auf und hinterließ diesem seine mit göttlicher Energie getränkte Matte, auf die er sich immer gelegt hatte. Das Wunder geschah, nachdem der *yogi* fortgegangen war. Als *Uṇṇi* sich auf seine Matte setzte, strömten Gedichte auf ihn ein, und er schrieb sie ohne Unterbrechung auf. Von diesem Tag an pflegte *Uṇṇi* immer auf dieser Matte zu sitzen, wenn er Gedichte schrieb!"

Der Devotee glaubte, dass die göttliche Kraft der Strohmatte das Geheimnis hinter *Uṇṇis* Poesie war. In dieser Nacht blieb er im *āśram.*

Als *Uṇṇi* am nächsten Tag aufwachte und seine Matte aufrollen wollte, merkte er, dass die Hälfte der Matte fehlte! Was war passiert? *Uṇṇi* zeigte jedem den Rest seiner Matte. Alle lachten, als sie den bedauerlichen Zustand seiner Matte sahen, aber niemand kannte die Ursache. *Uṇṇi* war jedenfalls froh, dass ihm die Hälfte seiner Matte abhanden gekommen war, so musste er sie nicht länger benutzen!

Ungefähr zwei Jahre später hielt Amma ein Programm in *Kāttūr* ab, wo sie im Haus jenes Devotees wohnte. Sie öffnete die Türe zum Pūja-Raum und ging hinein. Jeder sah ein in Seide gewickeltes Bündel vor der Öllampe liegen. Nach der *pūja* fragte Amma den Gastgeber: „Sohn, was ist in dem Bündel?"

Der Mann erwiderte voller Demut: „Amma, warum öffnest du es nicht?"

Sie begann die Verpackung langsam zu entfernen. Alle schauten erwartungsvoll zu. Was war es nur, was er da so sorgfältig vor die Öllampe gelegt hatte? Amma entfernte nach und nach viele Schichten schimmernder Seide, in die das Bündel eingewickelt war. Als wir schließlich ein Stück zerfetzte Strohmatte inmitten der seidenen Stoffe sahen, brachen wir in Gelächter aus. Es war das Stück Matte, das *Uṇṇi* abhanden gekommen war! Auch diejenigen lachten, die die vorausgehende Geschichte nicht kannten; aber wer von uns sie kannte, konnte sich vor Lachen nicht halten! Amma zog diesen unschuldig naiven Mann zu sich und umarmte ihn. Im Anschluss an jenes Ereignis kam der Mann in den *aśram* mit Liedern, die er komponiert hatte. Durch Ammas Gnade wurden seine Lieder zum Beweis dafür, welche Wunder ein unschuldiger Glaube bewirken kann.

Es wird immer so sein, dass in Ammas heiliger Gegenwart Wunder geschehen. In den Herzen von Menschen, die vor Langeweile abgestumpft waren, erweckten die seltsam gedeckten Hütten auf dem Platz vor dem *Kalari* die Begeisterung und Reinheit eines Kindes. Von wievielen Ausdrucksformen inspirierten Strebens dieser *Kalari* nicht schon Zeuge gewesen ist! Was jeder in diesem gesegneten Heiligtum erreichen kann – sei er nun Devotee, Gelehrter, Rationalist, Wissenschaftler, Politiker oder religiöser Führer – ist die göttliche Erfahrung der Einswerdung, die durch ein reines und demütiges Herz möglich wird.

Aus der Lebensgeschichte *Kālīdāsas,* des großen indischen Dichters, wissen wir, dass *Kālī* durch ihren Strom von Mitgefühl einen Einfaltspinsel in einen Dichter verwandelte. Auf *Kālīs* Frage: „Wer ist da drinnen?“ antwortete er nicht: „Ich“, sondern sagte: „Dein Diener“. Wird Gott einen Menschen in der Haltung eines Dienenden etwa nicht segnen? Mutter *Kālī* überschüttete ihn tatsächlich mit ihren Segnungen.

Wunder ereignen sich auch an diesem heiligen Platz ständig. Der *sadguru* kann jeden Menschen zum Redner, Gelehrten, Barden oder begeisterten Devotee machen. Als Werkzeug in

Gottes Hand kann alles aus uns werden. Ein Werkzeug kennt keine Vorlieben, Abneigungen oder Klagen. Ein Musikinstrument wartet geduldig auf die Berührung der Finger des Musikers. Still unterwirft es sich ihm. So können alle, wenn sie geduldig auf den Strom des Mitgefühls warten, den der *guru* über sie ergießt, zu unvergänglichen Blumen werden, die den süßen Duft der Spiritualität verströmen – einer Knospe gleich, die alle Mühen auf sich nimmt, um aufzublühen.

* * *

Es gibt auch Geschichten von Menschen, die versuchten, Amma dazu zu benutzen, sich ihrer Feinde zu entledigen, nachdem sie erkannt hatten, dass sie mit ihrem Segen alles erreichen konnten. Viele bezahlen in Tempeln für *pūjas*, die dazu dienen sollen, ihre Feinde zu vernichten. *Devī* zerstört jedoch nicht den Feind eines Menschen, sondern die Feindseligkeit in uns selbst. Anders gesagt, man wird die Feinde los, indem man sie in Freunde verwandelt.

An einem Dienstagabend während des *Devī-bhāva* ging ein Mann in den *Kalari*. Jeder bemerkte ihn, da er laut Mantren rezitierte und den Schrein betrat, ohne die lange Schlange von Menschen zu beachten, die sich zum *darśan* angestellt hatten. Kaum hatte er den *Kalari* betreten, ließ er Blumen über Ammas Haupt regnen und rezierte dabei Mantren. Amma schloss ihre Augen und versank in Meditation. Sie verharrte mindestens 10 Minuten in Bewegungslosigkeit. Als der Mann sein Blumenopfer beendet hatte, öffnete sie ihre Augen. Amma fragte ihn mit ernstem Gesichtsausdruck: „Sohn, gilt alles, was du für das Idol machst, auch dem Körper?"

Niemand verstand den Sinn ihrer Frage.

„Amma, es gab keinen anderen Weg. Bitte vergib mir!"

Obwohl diejenigen, die in der Nähe des Mannes saßen, seine Antwort hörten, begriffen sie nicht, wovon er sprach.

„Amma, es genügt, wenn du mir einige Blumen mit deiner rechten Hand gibst. Ich werde dann sofort gehen."

Sie nahm einige Blumen in ihre linke Hand und reichte sie ihm hin. Der Mann wollte sie nicht nehmen. Er bestand darauf, Amma solle ihm die Blumen mit ihrer rechten Hand anbieten, doch sie zeigte keinerlei Bereitschaft, nachzugeben. Diejenigen, die auf den *darśan* warteten, wurden ungeduldig. Schließlich nahm der Mann einige Blumen, drückte sie auf Ammas rechte Hand und ging mit den Blumen von dannen.

Was hatte der Mann da gemacht? Das Unbehagen der Devotees wuchs. Amma lächelte nur. Für sie waren das alles nur *līlās*. Die Devotees, verzaubert vom süßen Lächeln der Mutter, die sich an der Narretei eines ihrer Kinder erfreut, vergaßen dann sogar Ammas Frage – ich allerdings nicht.

Am nächsten Tag erklärte Amma von sich aus, was passiert war. Der Mann, der die Mantren rezitiert hatte, war Besitzer einer Bäckerei. Amma erinnerte sich genau, dass sie ihn schon oft zum *darśan* hatte kommen sehen. Ein anderer Mann hatte direkt neben seiner Bäckerei einen Laden eröffnet, wodurch die Einnahmen des Bäckers deutlich zurück gegangen waren. Er wollte jenen Laden los werden, koste es was es wolle. Aus diesem Grund hatte er Amma schon mehrmals bestürmt. Seine Überzeugung, dass sich die Dinge für ihn gut gestalten würden, wenn der Ladenbesitzer verschwände, hatte ihn angetrieben, Amma um Hilfe zu ersuchen. Als ihm bewusst wurde, dass Amma nie jemanden zum Schaden eines anderen unterstützen würde, nahm er zuletzt Kontakt zu jemandem auf, der Schwarzmagie praktizierte. Er lernte einige Mantren, die *Devī* zwingen sollten, einiges in seinem Sinne zu bewerkstelligen. Während er solche Beschwörungsformeln sang, hatte er die Blumen über Amma gestreut. Vermutlich hatte ihm der Zauberer erzählt, dass sein Plan dann erfolgreich sein werde, wenn Amma ihm mit ihrer rechten Hand Blumen geben würde!

„Werden sich die Dinge so entwickeln, wie er möchte?" fragte ich.

„Nein, mein Sohn. Amma hat ein *sankalpa* zum Wohle seiner Bäckerei gefasst. Gleichzeitig hat sie nichts gemacht, was dem Laden des anderen Mannes Schaden zufügen könnte. Als der Mann begann, dem Körper Blumen darzubringen und dabei Mantren zu singen, musste Amma den Körper vorübergehend verlassen.“ Ich rief mir ins Gedächtnis zurück, wie vollkommen bewegungslos Amma gewesen war, während ihre Augen geschlossen waren.

„Er konnte nur dem inaktiven Körper Blumen darbringen. Seine Absichten werden deshalb keine Früchte tragen. Amma betet aber für sein Wachstum.“

Was ist unmöglich für *mahātmas*, die ihren Körper willentlich verlassen können? Sie ersehnen nur das Gute für die Welt und können niemandem Schaden zufügen. Ihr Leben ist der Gesang unvergänglicher Liebe. Solange diese Welt besteht, wird das Echo dieses Mantren der Liebe durch das gesamte Universum hallen.

* * *

Man kann den höchsten Zustand der Glückseligkeit niemals mit Worten zum Ausdruck bringen. In Ammas Gegenwart geschehen laufend Dinge, für die es keine Worte gibt. Alles, was uns unmöglich erscheint, kann man durch kindlichen Glauben erreichen. Dazu braucht man nur ein Herz, das rein genug ist, um zu glauben. Dann erkennen wir, dass alles, was im Bereich des inneren Bewusstseins geschieht, Wirklichkeit wird.

Ständig schwirrt der Geist herum und hegt Zweifel. Er sucht nach Beweisen für den Intellekt. So wie die Blätter am Baum sprießen, brütet er Fragen voller Zweifel aus. Man vergeudet die Zeit damit, nach Antworten zu suchen. Was man durch Hingabe leicht gewinnen kann, geht verloren durch das Störmanöver des Geistes. Ein Herz, das von Liebe überströmt, kann nicht zweifeln; es kann nur glauben. Man kann nicht einmal sagen, dass es glaubt. Zweifel ist das Kind der Furcht und Vertrauen das Kind der Liebe.

Vertrauen kann nur, wer lieben kann – denn wo Liebe ist, gibt es weder Zweifel noch Tadel. Hingabe ist der Duft des Vertrauens. Logik ist das Produkt einer Gesellschaft, die richtungslos untergeht, ohne irgendein Ziel. Ein Rationalist, der mit seinem sterbenden Kind ins Krankenhaus eilt, hat blindes Vertrauen in den Arzt. Er wird nicht erst die Zulassung des Arztes prüfen, bevor er ihm die Behandlung seines Kindes erlaubt, und genau so wenig wird er seinem Kind die Medizin erst geben, wenn er die chemische Zusammensetzung des Medikamentes geprüft hat. Auch das ist blindes Vertrauen. Die subtilen, eigenwilligen Neigungen des Geistes ermuntern uns, Gott zu leugnen. Doch sobald dem Ego der Kopf abgeschlagen wird, werden wir demütig. In der Gegenwart eines *sadgurus* wie Amma wird der Geist eines Menschen geläutert und er entdeckt seine natürliche Unschuld wieder. Glaube ist immer blind. Dennoch vertreibt ein Glaube, der aus Hingabe erwächst, die Dunkelheit des Unwissens. Der Glanz göttlicher Liebe vertreibt die Schatten des Zweifels. Das geschieht in der Gegenwart des *guru.*

Eines Tages rief Amma während des *darśan* einen Jungen zu sich, der zwischen den Devotees saß. Sie ließ ihn neben sich sitzen und sprach lange Zeit mit ihm. In seinem Gesicht spiegelte sich die Freude, dass Amma ihn wiedererkannt hatte.

„Amma, du hast mich nicht vergessen!“ sagte er.

Amma lachte, als sie seine Worte hörte. „Sohn, es ist schwer zu vergessen, nicht wahr?“

Ich begriff, dass ihre Antwort nicht nur ihm galt. Sie spielte vermutlich darauf an, wie schwer es ist, einen Zustand zu erreichen, in dem man alles vergessen hat – außer Gott.

Dieser Junge hatte vor einigen Monaten erstmals das Glück, Ammas *darśan* zu bekommen, als ihr Devotees in der Nähe von Konni, in Ost-Kerala, einen Empfang bereitet hatten. Nach dem Programm hatte ein Hausbesuch stattgefunden. Während die Devotees mit Amma begeistert *bhajans* sangen, bemerkte sie einen Jungen, der sie ehrfürchtig anschaute. Der Gastgeber stellte ihn Amma vor. „Amma, er singt wirklich gut!" Amma zog ihn an sich und segnete ihn. Er sang eine Hymne zu Ehren des Gottes *Ayyappa*, die sie zutiefst erfreute.

An jenem Tag nun kam er erstmals in den *āśram,* um Amma zu sehen. Er dachte, sie würde sich nicht an ihn erinnern, aber ihren Worten entnahm er, dass sie sich sogar noch an den Text seines Liedes erinnerte. Er blieb neben Amma sitzen bis zum Ende des *darśan.* Er wollte ihr etwas erzählen, brachte es aber nicht fertig. „Sohn, was möchtest du Amma erzählen?"

„Ich hätte so gerne eine Violine", sagte er schüchtern.

„Sohn, kannst du denn Violine spielen?"

„Nein, das habe ich noch nicht gelernt. Ich möchte aber wirklich die Fähigkeit entwickeln, sie zu spielen. Ich habe unsere klassische Musik studiert, und wenn ich eine Violine bekomme, kann ich lernen, selbst zu spielen. Ich weiß, dass mir alles gelingen wird, wenn Amma mich segnet."

Ammas Herz war ganz offensichtlich von diesen Worten des Knaben sehr berührt. Sofort rief sie mich: „Lieber Sohn, bring' deine Violine her."

Erst vor wenigen Tagen hatte ich eine Violine geschenkt bekommen. Obwohl ich eigentlich Flöte spielte, hatte ich versucht, als ich die Violine bekam, auch auf ihr zu spielen. Es gab noch einen anderen Grund für mein neuerwachtes Interesse am Violinspiel. Ich hatte einmal gesehen, wie Amma Violine spielte, als ihr ein Mann dieses Instrument in die Hände legte, um es segnen zu lassen. Damals hörte ich Amma ein Lied spielen. Als sie sagte: „Sohn, *Gaṇapati Svāmi* brachte Amma das Violinspiel bei", begriff ich ihre Worte zuerst nicht. Ich stellte mir verwundert vor, wie groß wohl eine Violine sein müsste, auf der Gott *Gaṇapati* spielte. Amma, die meine Gedanken las, sagte: „He, Dummkopf! Nicht Gott *Gaṇapati*, sondern *Svāmi Gaṇapati*!"

Bald verstand ich, was sie meinte. *Gaṇapati Svāmi* war ein Devotee aus Kollam, einer von den ersten. Er hatte einen besonderen Wunsch: Amma irgendwie das Violinspiel beizubringen. Er brachte auch ganz klar zum Ausdruck, warum er das wollte. Er hatte nämlich das Gefühl, er solle eine Gelegenheit herbeiführen, bei der die Devotees sehen und hören könnten, wie *Devī* selbst – die ja als *Sarasvatī* auch die Göttin der Künste ist – auf einem Instrument spielt. *Gaṇapati Svāmi* fragte Amma direkt: „Kind, darf ich dir beibringen, Violine zu spielen?"

Gott macht es nicht verlegen, das Gewand eines Spaßvogels anzuziehen, um seinen Devotee zu beglücken! Amma willigte also ein, das Violinspiel zu erlernen.

Normalerweise sahen die Menschen in Amma die Gestalt und Anlage eines jungen Mädchens. Deshalb nannten viele sie ‚Kleine'. Für die Devotees waren das Momente unsagbar glücklicher Erfahrungen, wenn sie Amma wie ein schelmisches Kind herumtollen sahen. Am nächsten Tag kam *Gaṇapati Svāmi*, um Amma zu lehren, die Violine zu spielen. Er rechnete damit, dass *Kunju* möglicherweise – während er ihr Geigespielen beibrachte – huckepack auf den Rücken genommen werden wollte und wusste deshalb, dass er wachsam sein musste. Amma reagierte immer auf das, was die Devotees in ihr sahen. Redete sie jemand mit ‚Kind' an, antwortete sie mit ‚Vater' oder ‚Mutter'. Wurde sie mit ‚Mutter' angesprochen, nannte Amma diese Person entweder ‚Sohn' oder ‚Tochter'. Wer in ihrem Wesen gleichermaßen Mutter und Kind erkannte, nannte sie *‚Ammachi-kunju'*. Einige wenige wie *Gaṇapati Svāmi* sahen in Amma, die Göttin selbst.

Dieser musste in der ersten Unterrichtsstunde eine Niederlage einstecken. Amma, die bereit war, Violine spielen zu lernen, bat *Gaṇapati Svāmi*, ein Lied zu spielen. Er begann mit einer Hymne auf Amma, deren Antlitz in der Glorie *Devīs* erstrahlte. Sobald er zu spielen begann, sah er, dass Amma in *samādhi* versunken war. Während seines Spiels schaute er *Devī* hingebungsvoll an, und seine Augen füllten sich mit Tränen. Jeden Tag kam *Gaṇapati Svāmi*, um Amma Violinunterricht zu geben – und jedesmal passierte dasselbe. So wurde er gesegnet, Amma unzählige Male in *samādhi* zu sehen. Er wird die segensreichen Schwingungen des *samādhi* sicherlich in sich aufgesogen haben.

„Hast du Amma nun eigentlich das Violinspiel beigebracht?“, wurde er später von einigen Leuten gefragt.

„*Ich* habe gelernt“, scherzte er.

„Was hast du gelernt?“, fragten sie zurück.

„Ich habe gelernt, dass man *Devī* nichts beibringen kann.“

Diese Antwort war bedeutungsvoll. *Wir* sind diejenigen, die aus jeder Regung von Amma etwas zu lernen haben. Das ist die Art, wie die Meisterin uns in all das einweiht, was man nicht lernen kann. Sie kommt auf unsere Ebene herab und inszeniert ihre göttlichen Spiele. Aus reinem Mitgefühl nimmt sie diese äußere Erscheinung an.

Als ein Devotee Amma seine Violine gab, um sie segnen zu lassen, spielte sie ein Lied für uns. Da entstand mein Wunsch, das Violinspiel zu erlernen. Wenige Tage später schenkte mir ein Mann auch tatsächlich eine Violine. Mit Ammas Erlaubnis nahm ich das Geschenk an und machte verschiedene Ansätze, das Instrument zu erlernen. Es kam sogar ein Violinlehrer aus *Karunagapally* in den *āśram.* Beglückt sah ich, wie Amma verschiedene Sitationen komponierte, um mir zu ermöglichen, das Violinspiel zu erlernen.

Während also mein Unterricht seinen Lauf nahm, sagte Amma: „Lieber Sohn, bringe deine Violine her.“ Dann händigte sie die Violine dem Jungen aus. Ich entschied, dass die Flöte doch mehr meinem Geschmack und meiner Begabung entsprach. So hatte mein Violinunterricht ein Ende gefunden.

Nur wenige Wochen später sah ich auf dem Titelblatt einer Zeitung ein Foto, das mich erstaunte. Es war das Foto des ersten Preisträgers für Violine beim alljährlichen staatlichen Jugendfestival; alle Zeitungen erwähnten ihn an markanter Stelle. Das war niemand anderes als der Junge, dem Amma meine Violine und ihren Segen geschenkt hatte!

„Kinder, erwacht!“

30

Warum hat Gott diese leidvolle Welt geschaffen? Warum ist menschliches Leben so voller Kummer? Warum stellt uns Gott riesige Hindernisse in den Weg? Überall auf der Welt stellen sich gläubige Menschen diese Fragen. In kritischen Lebensumständen fragen sie unwillkürlich: „Warum gab Gott uns ein Leben, das voller Sorgen ist?“

Amma sagt: „Kinder, in Gottes Welt gibt es kein Leiden. Er ist die Verkörperung der Glückseligkeit.“

Selbst wenn wir versuchen, der Sonne Dunkelheit zu zeigen, kann sie sie nicht sehen – in ihrer Welt gibt es keine Dunkelheit. Dementsprechend gibt es auch in Gottes Welt kein Leid. Er ist nicht verantwortlich für die Probleme, die die Dunkelheit der Unwissenheit hervorruft.

Gibt es also keine Lösung für unsere schmerzlichen Erfahrungen? Doch gewiss, sagt Amma. Es gibt eine Lösung für alle unsere Probleme.

Von Gottes Standpunkt aus sind diese Leiden nicht wirklich, obwohl sie uns real erscheinen mögen. Auf dieser Verwechslung beruht all unser Leiden. Aus unserer Sicht sind Schmerz und Leid, wie wir es erfahren, wirklich. Deshalb muss Gott sich in Gestalt des *gurus* auf die menschliche Ebene hinab begeben. Die göttlichen Inkarnationen verbleiben aber auf der göttlichen Ebene, während sie sich zwischen normalen irdischen Personen, Männern und Frauen, bewegen. Sie verbergen dann aber ihre Herrlichkeit und nehmen die äußere Erscheinung eines normalen sterblichen Wesens an.

Stellen wir uns eine Wand zwischen Gottes Welt und der menschlichen Welt vor. Die Türe, die beide Welten verbindet, ist der *guru*. Er (oder sie) bewohnt beide Welten und kennt beider Geheimnisse. Der *guru* weiß um die kummervolle Welt des normalen Menschen ebenso wie um die Glückseligkeit der göttlichen Erfahrung. Sie wartet darauf, uns das Geheimnis der Befreiung von den Mühen des *samsāra* zu offenbaren und uns an das grenzenlose Potential menschlichen Lebens zu erinnern. Sie entzündet in unendlich vielen Devotees die göttliche Liebe. Wir können immer zu Gott beten, ohne jedoch sicher zu sein, dass er unsere Gebete erhört. Amma ist in unsere Mitte herabgestiegen als Reaktion auf solche Gebete. Ihr offensichtliches Erscheinungsbild ist die Verkörperung der Liebe, des Mitgefühls und des Sich-Selbst-Opferns. Sie birgt alle göttlichen Eigenschaften in sich und sendet für Millionen von Menschen goldene Strahlen der Hoffnung aus.

Obwohl Gott immer bei uns ist, gelingt es uns nicht, ihn mit unseren Sinnen zu erfassen. Um ihn zu erkennen, müssen wir den Bereich unserer Sinne überschreiten, was für den normalen Menschen nicht einfach ist. Gott muss deshalb eine Gestalt annehmen, für die unsere fünf Sinne empfänglich sind. Amma als göttliche Inkarnation zeigt uns durch ihr eigenes Leben, wie wir von den Leiden des Lebens befreit werden können. *Mahātmas* haben die absolute Fülle, *pūrṇata,* erreicht – mehr gibt es nicht zu erreichen. Und dennoch kann man sehen, wie sie andauernd tätig sind. Amma arbeitet unablässig, um der Welt ein Beispiel zu geben und uns zu lehren, welch kostbares Gut die Zeit ist. Sie will uns bewusst machen, welch große Aufgaben innerhalb eines kurzen Lebens bewältigt werden können, Aufgaben, die uns so herausfordern, dass wir die Fülle der Gottesverwirklichung erreichen können. All unser Handeln spiegelt unsere Erwartungen. Selbstbezogenheit beeinträchtigt unser Handeln. Ammas Handeln dagegen leuchtet in der Schönheit der Selbstlosigkeit und verströmt die hoheitsvolle Würde absoluter Loslösung.

Sie hört unseren Nöten geduldig zu und erklärt uns, wie wir davon frei werden können. Sie versucht auch durch spirituelle Unterweisung, auf die endgültige Lösung dieser Probleme hinzuweisen. Wenn wir uns in einem Traum krank fühlen, gehen wir ins

Traum-Krankenhaus. Der Traum-Doktor wird uns einige Medikamente verabreichen. Auf diese Weise erfährt die Traum-Krankheit eine Traum-Heilung. Wenn in unseren Träumen Dinge aus unserem Haus gestohlen werden, erstatten wir Anzeige auf der Traum-Polizeistation. Sobald die Traum-Polizei das gestohlene Gut aufgespürt hat, bekommen wir es zurück und sind erleichtert. Auf ähnliche Weise kommen Tausende von Menschen zu Amma, um vorübergehend Linderung ihrer Sorgen zu bekommen. Sie löst ihre Probleme. Wenn ein Kranker geheilt wird, fühlt er sich sehr erleichtert. Wer Arbeit sucht, ist erleichtert, wenn er Arbeit findet. Manche sind erleichtert, wenn sie schließlich heiraten, andere, wenn sich ihre finanzielle Situation verbessert.

Es ist der Macht von Ammas *sankalpa* zu verdanken, wenn unsere kleinen Probleme gelöst werden, doch erwarten uns noch viele andere Schwierigkeiten. Dies ist die Natur der Welt. Die Lösungen, die wir finden, sind alle nur von kurzer Dauer. Wenn uns das bewusst geworden ist, werden wir uns dem *guru* hingeben und Zuflucht nehmen bei ihren heiligen Füßen, um dauerhaften Frieden zu genießen. Sie zerstört alle unsere Wünsche. Dinge, die uns aus der Ferne reizvoll erscheinen, erweisen sich als überhaupt nicht reizvoll, wenn wir uns ihnen nähern! Ein Mann hörte einmal die faszinierenden Klänge von Musikinstrumenten und ging den Klängen nach. Sie kamen von weit her. Wie herrlich, dachte er! Als er näher kam und genau hinhörte – war es das Geräusch, das entsteht, wenn viele große Trommeln gleichzeitig geschlagen werden. Man benutzte große Stöcke, um auf die großen Trommeln zu schlagen. Und als er noch näher ging? Nun waren die Donnerschläge stark genug, sein Trommelfell zu zerreißen! Der Klang hatte nichts mehr von der Süße, die er aus der Ferne vernommen hatte. Seine Begeisterung erlosch und er musste um sein Leben laufen!

Viele Dinge der materiellen Welt, die uns heute attraktiv erscheinen, erfüllen uns, wie die Erfahrung zeigt, morgen bereits mit Schrecken. Vielleicht kommt eine Zeit des Bedauerns, wenn wir auf all die Dinge, mit denen wir unser Leben vergeudet haben, zurückblicken. Daher sagt Amma: „Kinder, wir müssen bereit sein, aus den Erfahrungen unseres Lebens zu lernen und unsere Fehler zu korrigieren. Wenn wir hingefallen sind, sollten wir nicht auf dem Boden liegen bleiben und weinen, sondern versuchen aufzustehen."

Ammas Empfehlung ist, uns begeistert auf die Höhen der Spiritualität emporzuschwingen und Niederlagen als Vorboten des Erfolgs anzusehen. Wenn sie da ist, um uns zu unterstützen, ist der Sieg gewiss. Um die absolute Fülle zu erlangen, müssen wir den Bereich des *Ātman* erreichen, der sich jenseits von Körper, Geist und Intellekt befindet. Es wäre töricht, wie ein Baby immer in der Wiege bleiben zu wollen. Die Eltern möchten, dass das Kind heranwächst, lernt und die Gipfel des Lebens erklimmt. Dementsprechend erwartet auch Gott bestimmte Dinge von uns.

Mutter Natur wartet auf den glorreichen Augenblick, da ein jeder von uns in dieser Fülle ist. Wir können den Weg zu immerwährendem Frieden entdecken, wenn wir empfänglich werden für den grenzenlosen Segen des *guru.*

Amma sagt, dass es für alle unsere Sorgen nur eine Lösung gibt, nämlich die, aus dem Schlaf aufzuwachen! „Erwacht, Kinder!" – Das ist es, wozu sie uns ermuntert. Vor den Schrecken der Traumwelt brauchen wir uns nicht zu fürchten. Sie können den Erwachten nichts anhaben. Allerdings muss jemand in der Nähe sein, der selbst nicht schläft, um den, der unter Alpträumen leidet, aufzuwecken – und dies ist die Aufgabe des *guru.* Die ganze Welt ist im Schlummer der Täuschung versunken. Der *guru* versucht alles, um jedermann aufzuwecken. Doch selbst heute noch verhöhnt und verfolgt die Welt die *mahātmas*, die tatsächlich ihre Wohltäter sind.

Unbeeindruckt von alledem hört jener Ganges der Liebe, jene wahrhafte Verkörperung der Selbstaufopferung, nicht auf, sich überallhin zu verströmen.

Glossar

Abhiśekam — Rituelles Bad, in der Regel für eine Gottheit in einemTempel.

Ādi Śaṅkarācārya — Großer indischer Heiliger, der als guru verehrt wird und Hauptvertreter des advaita, der Philosophie des Nicht-Dualismus. Sie besagt, dass die Schöpfung und der Schöpfer eins sind, d.h. letztendlich nichts außer dem Absouten existiert.

Acchan — In Malayalam das Wort für Vater. Der Vokativ ist Accha.

Ambāḍi — Der Ort, an dem *Śrī Kṛṣṇa* aufwuchs.

Amma — Das Malayālam Wort für Mutter.

Annapūrṇeśvarī — Die Göttin, die die Nahrung gibt und uns überreichlich sättigt.

Antaryāmin — der allen Wesen Innewohnende

Arcana — Das Rezitieren der Namen einer Gottheit

Āśram – Eine Art Kloster; Amma definiert Āśram als ein Kompositum aus zwei Worten, nämlich ā und śram, dies bedeutet diese Bemühung (Gott zu verwirklichen).

Ātman — Das Selbst oder die Seele

Avadhūta — Ein Erleuchteter, oftmals exzentrisch und sich den sozialen Normen entgegen verhaltend.

Avadhūta Gīta — Der Rat des Heiligen *Dattātreyas* an König *Yadu*, eine in Versform acht Kapitel umfassende Schrift

Bhagavad Gīta — Wörtlich: Das Lied Gottes. Die in Versform überlieferte Schrift besteht aus 18 Kapiteln, in denen *Kṛṣṇa Arjuna* spirituelle Belehrungen erteilt. Die Unterweisung findet auf dem Schlachtfeld von *Kurukṣetra* statt, kurz bevor der Krieg der rechtschaffenen *Pāṇḍavas* gegen die übel gesinnten *Kauravas* beginnt. Es handelt sich um vedische Weisheit in konzentrierter Form und ist zugleich eine praktische Anleitung für Krisen im persönlichen oder sozialen Bereich.

Bhajan –Hingebungsvoller, spiritueller Gesang zur Lobpreisung Gottes

Bhāva — Göttliche Stimmung oder Haltung

Bhakti — Hingabe

Brahmā — In der Hindu-Trinität der Schöpfergott

Brahman — Die höchste Wahrheit, jenseits aller Zuschreibungen, das allwissende, allmächtige, allgegenwärtige Seiende im Kern von allem, das im Universum existiert. (Auch das Selbst oder der Atman)

Brahmacāri — Ein im Zölibat lebender männlicher Schüler, der unter Anleitung eines *gurus* spirituelle Übungen praktiziert. (Das weibliche Pendant ist *brahmacārini.*)

Brahmane — Angehöriger der Priesterkaste

Crore — Ein *Crore* sind 100 *Lakh* (1 Lakh = 100.000), d.h. 1 *Crore* sind 10 Millionen.

Dakṣiṇa — Honorar, das dem *guru* vom Schüler als Ausdruck von Dankbarkeit und Wertschätzung überreicht wird.

Darśan — Begegnung mit einem Heiligen, eine Vision des Göttlichen

Devī — Göttin; die göttliche Mutter

Devī-Bhāva — Die göttliche Stimmung *Devīs*, der Zustand, in dem Amma ihre Einheit und Identität mit der göttlichen Mutter offenbart.

Dharma — Wörtlich: Das, was (die Schöpfung) aufrecht erhält. Im allgemeinen bezieht sich dharma auf die Harmonie im Universum, einen ethischen, rechtschaffenen Verhaltenskodex, eine heilige Pflicht oder auch das ewige Gesetz.

Durgā — Eine Personifikation der göttlichen Mutter

Gaṇapati — Siehe *Gaṇeśa*

Gaṇeśa — Ein anderer Name für *Gaṇapati*, den elefantenköpfigen Gott, Sohn *Śivas*. Er wird angerufen als Gottheit, die Hindernisse beseitigt.

Gopī — Die Kuhhirtinnen und Milchmädchen aus *Vṛndāvan*. Die gopīs waren bekannt für ihre innige Hingabe an *Śrī Kṛṣṇa*, und dienen als Beispiel für die größte, sehr intensive Liebe zu Gott.

Gottheit — Gott oder Göttin im Hindu-Pantheon. Hindus glauben, dass es 330 Millionen Gottheiten gibt. Dies kann so verstanden werden, dass der eine unsichtbare Gott eine unendliche Vielzahl an Formen annehmen kann.

Guṇa — Eine von drei universellen Eigenschaften, *sattva*, *rajas* oder *tamas*. Die Menschen verfügen über eine Kombination dieser Eigenschaften. Sattvische Eigenschaften werden mit Ruhr und Weisheit assoziiert, rajasische mit Aktivität und Ruhelosigkeit und tamasische mit Dumpfheit und Apathie.

Guru — Spiritueller Lehrer

Gurukula — Wörtlich: Familie (*kula*) des Lehrers (*guru*); traditionelles Schulsystem im alten Indien, die Schüler lebten für die gesamte Dauer ihrer Ausbildung (ca.12 Jahre) beim guru. Während dieser Zeit vermittelte der guru ihnen Kenntnisse der heiligen Schriften, akademisches Wissen sowie spirituelle Werte.

Hatha Yoga — Ein Zweig des *yoga*, der sich mit körperlichen Übungen beschäftigt, die die Harmonisierung von Körper, Geist und Seele zum Ziel haben.

Ilanji — Blütenbaum, Mimusopus Elengi

Iṣṭa Devatā — Die persönlich bevorzugte Gestalt des Göttlichen

Jagadambikā — Mutter des Universums

Jagadīśvarī — Herrscherin des Universums

Jaganmāta — Mutter des Universums

Japa — Wiederholtes Rezitieren eines Mantra

Jīvātma — Das individuelle Selbst, dieEinzelseele

Jñāna — Die Erkenntnis der Wahrheit

Jñānin — Ein Kenner der Wahrheit

Kaḷamezhuttu — Mit farbigem Pulver auf den Boden gezeichnete dekorative Bilder von Gottheiten. *Kalamezhuttu*-Gesänge sind Hymnen auf diese Gottheiten.

Kaḷari — Allgemein ein Tempel, in dem sich kein Götterbild befindet. Hier bezieht sich *Kalari* auf den Ahnenschrein von Ammas Familie. Amma pflegte dort darśan zu geben, einschließlich *Kṛṣṇa-bhāva* und *Devī-bhāva.*

Karma — Bewusste Handlungen; auch die Auswirkungen, die wir durch unsere Handeln produzieren.

Kārtika — Name der dritten Sternenkonstellation (die Pleiaden)

Kārtika-Lampe — Öllampe, die am Tag des *Kārtika*-Festes entzündet wird.

Kauravas — Die hundert Kinder König *Dhṛtarāṣṭras* und seiner Königin *Gāndhāri*, von denen der ungerechte *Duryodhana* der älteste war. Die *Kauravas* waren die Feinde ihrer Cousins, der tugendhaften *Pāṇḍavas*, gegen die sie im *Mahābhārata*-Krieg kämpften.

Kāvaḍi — Verzierter gebogener Stab, den die Verehrer *Murugas* während des *Taypūyam*-Festes tragen.

Kṛṣṇa – Die wichtigste Inkarnation *Viṣṇus. Kṛṣṇa* wurde in eine königliche Familie geboren, wuchs jedoch bei Pflegeeltern auf und lebte als junger Kuhhirte in *Vrindavan.* Seine Kollegen, die *gopīs* und *gopas*, waren seine ergebenen Freunde, sie liebten und verehrten ihn sehr. Später gründete er die Stadt *Dvāraka.* Er war der Berater und Freund seiner Cousins, der *Pāṇḍavas*, besonders von *Arjuna*, dem er während des *Mahābhārata*-Krieges als Wagenlenker diente und seine Lehren in Gestalt der *Bhagavad Gīta* offenbarte.

Kṛṣṇa-bhāva — Die göttliche Stimmung *Kṛṣṇas*, der Zustand, in dem Amma ihre Identität mit *Śrī Kṛṣṇa* offenbart.

Kunju — Kleine, manche Devotees nannten Amma früher *Kunju* oder *Ammachi-Kunju.*

Kuṇḍalīnī śakti — Spirituelle Kraft, die durch eine Schlange symbolisiert wird. Sie liegt zusammengrollt im *mūlādhāra-cakra*, einem Zentrum spiritueller Kraft im Körper, an der Wurzel der Wirbelsäule, beim Steißbein. Im Prozess des spirituellen Erwachens erhebt sich die Schlange und bewegt sich durch den Kanal der Wirbelsäule, um schließlich das sahasrāra oder Kronen-*cakra* (am Scheitelpunkt) zu erreichen, das man sich als tausendblättrigen Lotus vorstellt. Dies ist der Augenblick, in dem man spirituelle Erleuchtung erlangt.

Lalitā sahasranāma — Litanei der 1000 Namen *Lalitā Devīs*, einer Form der göttlichen Mutter.

Lākh — Hunderttausend

Līlā — Göttliches Spiel

Māḍan — Dämonartiger Halbgott

Mahā — Eine Vorsilbe, die das nachstehende Wort verstärkt; so ist zum Beispiel ein *mahā-jñāni* ein großer oder bedeutender Kenner der Wahrheit.

Mahābali — Siehe *Oṇam*

Mahābhārata — Antikes indisches Epos, als dessen Autor *Vyāsa* gilt. Es schildert den Krieg zwischen dem Klan der rechtschaffenen *Pāṇḍavas* und dem Klan der unrechtmäßigen *Kauravas.*

Mahātma — Wörtlich: Große Seele; er, der die höchste Verwirklichung erlangt hat.

Malayāḷam — Sprache, die im indischen Bundesstaat Kerala gesprochen wird.

Malayāḷi — Jemand, dessen Muttersprache Malayālam ist.

Mānasa Pūja — Geistige oder innerliche Form der Anbetung

Maṭh — Hindu-Kloster

Māyā — Kosmische Illusion oder Täuschung, symbolisch als Verführerin dargestellt.

Mīnākṣī — Eine Form *Devīs*, deren Schrein sich im gleichnamigen Tempel von *Madurai* befindet; daher auch der Name *Madurai-Mīnākṣī.*

Mokṣa — Spirituelle Befreiung

Moḷ — Tochter auf Malayālam.

Mon — Sohn auf Malayālam.

Mudra — Besondere Haltung von Hand und Fingern, besitzt eine mystische Bedeutung.

Mūlādhāra-cakra — Siehe *Kuṇḍalīni-śakti.*

Mundu — Ein Stück Stoff, das Männer um die Hüfte gewickelt tragen um die untere Hälfte des Körpers zu bedecken.

Muruga — Sohn *Śivas*, sein göttliches Gefährt ist der Pfau. Er ist auch als *Subrahmanya* bekannt.

Nāga — Schlange; *Nāga*-Tempel beherbergen Schlangengötter. Die Hindus verehren alle Lebewesen als Verkörperungen des Göttlichen.

Oṁ — Der Urklang des Universums; der Ursprung der Schöpfung

Oṇam — Keralas Erntedankfest. Dieses äußerst populäre Fest wird zehn Tage lang gefeiert. Es geht zurück auf die Legende von *Mahābalis* Begegnung mit *Vāmana. Mahābali* war ein freundlicher und gerechter König, dessen utopische Herrschaft ihn bei allen seinen Untertanen beliebt machte. Sein einziger Makel bestand darin, dass er auf seine Großherzigkeit stolz war. Einst, als er Güter an seine Untertanen verteilte, kam ein junger Brahmanenknabe namens *Vāmana* zu ihm. Er bat um etwas Land, dass man mit drei Schritten ausmessen könnte. Angesichts der geringen Größe des Jungen stimmte *Mahābali* zu. *Vāmana*, der in Wirklichkeit niemand anderer als *Viṣṇu* selbst war, begann ins Riesenhafte zu wachsen. Mit dem ersten Schritt umspannte er die ganze Erde, mit dem zweiten alle anderen Regionen des Universums. Da er nun nichts anderes mehr besaß, was er ihm darbringen konnte, bot *Mahābali* seinen Kopf für den dritten Schritt an. Diese Geste symbolisiert die Hingabe des Ego. *Viṣṇu* verbannte ihn in die Unterwelt und wurde selbst der Wächter von *Mahābalis* Wohnstatt. Es wird gesagt, dass während *Oṇam Mahābali* auf die Erde kommt, um zu sehen, was seine früheren Untertanen machen.

Pāda Pūja — Zeremonielle Verehrung der Füße einer verehrten Person, meist eines *gurus.*

Pañcabhūta — Die fünf (*pañca*) Grundelemente (*bhūtas*), die die materielle Schöpfung ausmachen. Es sind: *ākāśa* (Ether), *vāyu* (Luft), *agni* (Feuer), *jalam* (Wasser) and *pṛthvi* (Erde).

Pañcāmṛtam — Süßer Pudding, der aus fünf Ingredenzien zubereitet wird.

Pāṇḍavas — Die fünf Söhne König *Pāṇḍus*; die Helden des *Mahābhārata*

Pappaḍam — Dünner, knuspriger Fladen aus Kichererbsenmehl

Paramahaṁsa — Überragender Heiliger

Paramātma — Höchstes (universelles) Selbst; die Überseele

Parameśvara — Der höchste Herr, Gott; ein Attribut *Shivas*

Parāśakti — Höchste Kraft und Macht, personifiziert als Göttin oder Kaiserin des Universums

Pārvatī — Gattin *Śivas*

Pāyasam — Süßer Pudding

Prāṇa śakti — Lebenskraft

Praṇava — Die mystische Silbe *Om*

Prārabdha-karma — Die Auswirkungen von Handlungen aus früheren Leben, die man in der gegenwärtigen Inkarmation zu durchleben hat.

Prasād — Gesegnete Opfergabe, gewöhnlich eine Speise

Pūja — Anbetungszeremonie

Pūrṇam / *Pūrṇata* — Fülle oder Ganzheit; spirituelle Fülle

Pūrvāśrama — Wörtlich: Vorheriger *āśram.* Wer den Pfad des Mönchtums wählt, trennt sich von seinem früheren Leben; die Familienangehörigen oder das Haus, in man vor dem Beitritt ins Kloster wohnte, sind nun der *pūrvāśrama.* Die *Pūrvāśrama*-Mutter ist die biologische Mutter (im Unterschied zur spirituellen Mutter).

Rajas — Siehe *guṇa*

Ramaṇa Maharṣi — Erleuchteter spiritueller Meister (1879-1950), der in *Tiruvannāmalai* (Tamil Nādu) lebte. Als Pfad zur Befreiung empfahl er die Selbst-Befragung, doch hieß er auch andere spirituelle Wege und Übungen für gut.

Ṛṣis — Altindische erleuchtete Seher oder Weise, die in ihrer Meditation die vedischen Mantren empfingen.

Sādhana — Spirituelle Praxis

Sādhaka — Ein spiritueller Aspirant oder Suchender
Sahasrāra cakra — Siehe *Kuṇḍalīnī-Śakti*
Samādhi — Wörtlich: Stillung aller mentalen Regung; Einheit mit Gott; ein transzendenter Bewusstseinszustand, in dem kein Gefühl einer indviduellen Identität mehr besteht.
Saṅkalpa — Entschluss, normalerweise eines *mahātmas*
Saṁsāra — Der Kreislauf von Geburt und Tod
Sanātana dharma — Wörtlich: Ewige Religion, der ursprüngliche Name für den Hinduismus.
Saṇṇyāsi — Mönch, der das formale Gelübde der Entsagung abgelegt hat (*saṇṇyāsa*) und ein ockerfarbenes Gewand trägt; die Farbe symbolisiert das Feuer, in dem alles Begehren verbrannt wird.
Sadguru — Wörtlich: Wahrer Meister. Jemand, der verankert ist in der Seligkeit des Selbst und sich entschließt, auf die Ebene der gewöhnlichen Menschen herabzusteigen, um ihnen dabei zu helfen, spirituell zu wachsen.
Sattva — Siehe *guṇa*
Satya Yuga — Siehe *yuga*
Seva — Selbstloser Dienst
Sevak — Jemand, der seva ausübt; freiwilligen Dienst leistet.
Śiva — In der Hindu-Trinität der Gott der Zerstörung
Svapna-darśan — Göttlicher Besuch in einem Traum
Taipūyam — Der Tag des *pūyam* (*puṣyam*); achter aufsteigender lunarer Zyklus des Monats *Tai* (von Mitte Januar bis Mitte Februar). Dieser Tag wird traditionellerweise *Muruga* gewidmet. Um *Muruga* freundlich zu stimmen, tragen Verehrer einen mit Pfauenfedern geschmückten *kāvadi*. Viele von diesen Trägern tanzen; einige haben ihren Körper mit Speeren oder einem Dreizack durchbohrt. Als Teil ihres Gelübdes tanzen manche auch auf glühenden Kohlen.
Tamas — Siehe *guṇa*
Tapas — Spirituelle Askese oder Buße
Tejas — Spirituelle lichtvolle Ausstrahlung

Tīrtham — Geheiligtes Wasser

Trikāla jñāni — Attribut für eine erleuchtete Seele, die alles über Vergangenheit, Gegenwart und Zukunft, die drei Zeitformen, weiß.

Tuḷasi — Heiliges oder süßes Basilikum (Ocimum Sanctum)

Umgehung — Das Herumgehen um einen einen Schrein, ein Idol oder verehrtes Objekt; eine rituelle Anbetungsform

Upaniṣad — Der abschließende Teil der Veden, der die Philosophie der Nicht-Dualität darlegt.

Upavāsa — Wörtlich: nahe leben bei (Gott); im übertragenen Sinne oft für fasten gebraucht.

Vaḷḷikāvu — Der Ort, an dem sich der *Amṛtapuri-Asram* befindet. Amma wird manchmal auch als *Vallikāvu-Amma* bezeichnet.

Vaikuṇṭha — Wohnstatt *Viṣṇus*; manchmal auch Bezeichnung für Himmel allgemein.

Vāsanā — Verborgene Tendenzen oder unterschwellige Wünsche im Gemüt, die sich als Handlungen und Gewohnheiten manifestieren.

Vāstu-śāstra — Antike indische Wissenschaft, die sich mit der Anordnung von Gegenständen befasst, um den Fluss positiver Energien zu begünstigen bzw. den Strom negativer Energie abzulenken, ähnlich dem Feng Shui.

Veda — Älteste heilige Schrift der Menschheit; die Veden wurden von keinem menschlichen Autor zusammengestellt, sondern erleuchteten Sehern (*ṛṣis*) in ihrer tiefen Meditation offenbart. Die Mantren, die die Veden formen, haben schon immer als äußerst feinsinnige Schwingungen in der Natur existiert. Die *ṛṣis* hatten solch einen tiefen Grad der Versenkung erreicht, dass sie diese Mantren wahrnehmen konnten.

Vīṇa — Traditionelles indisches Saiteninstrument

Viṣṇu — In der Hindu-Trinität der Gott der Erhaltung

Vriscika — Vierter Monat im Malayālam-Kalender

Yajña — Opfer; im Sinne von Darbringung als Teil eines Anbetungsvollzuges.

Yakṣī — Halbgöttin

Yama — Gott des Todes

Yoga / Yogi — *Yoga* bedeutet Vereinigung mit dem höchsten Wesen. Ein *yogi* ist jemand, der diese Einheit erreicht hat oder sich auf dem Weg zu diesem transzendentalen Einheitszustand befindet.

Yoga Vāsiṣṭha — Zusammenstellung von Unterweisungen des Weisen *Vasiṣṭha* an *Rāma*, einer Inkarnation *Viṣṇus*; ein alter heiliger Text, der die Philosophie der Nicht-Dualität in Form von Erzählungen darstellt.

Yuga — Zeitalter oder Epoche. Gemäß der hinduistischen Kosmologie durchläuft das Universum vom Zeitpunkt seiner Erschaffung bis zu seiner Auflösung vier Zeitalter: 1. *satya-yuga*, geprägt von großer Wahrhaftigkeit und Gerechtigkeit, die in den weiteren Zeitaltern beständig abnehmen. 2. *treta-yuga*; 3. *dvapāra-yuga* und 4. *kali-yuga*, das Zeitalter des Streits und der Dunkelheit, in dem wir uns gegenwärtig befinden.

www.ingramcontent.com/pod-product-compliance
Lightning Source LLC
LaVergne TN
LVHW051545080426
835510LV00020B/2864
* 9 7 8 1 6 8 0 3 7 5 9 7 8 *